뚝딱
손쉽게 만드는
3D 프린팅

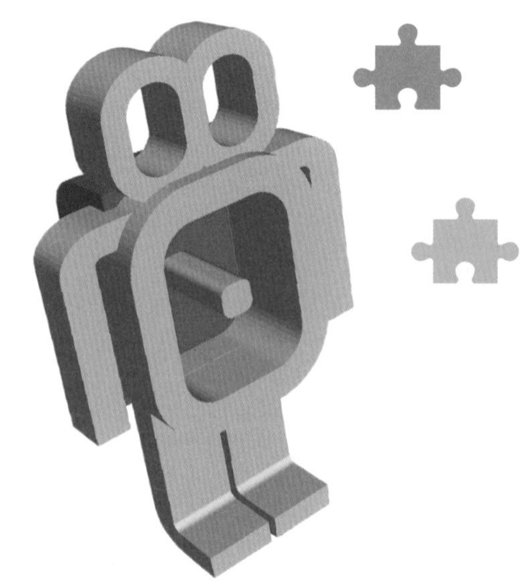

초판 인쇄일 2020년 2월 18일
초판 발행일 2020년 2월 25일
지은이 정광운
발행인 박정모
등록번호 제9-295호
발행처 도서출판 혜지원
주소 (10881) 경기도 파주시 회동길 445-4(문발동 638) 302호
전화 031)955-9221~5 팩스 031)955-9220
홈페이지 www.hyejiwon.co.kr

기획 · 진행 박혜지
디자인 김보리
영업마케팅 황대일, 서지영
ISBN 978-89-8379-352-2
정가 13,000원



이 도서의 국립중앙도서관 출판시도서목록(CIP)은 서지정보유통지원시스템 홈페이지(http://seoji.nl.go.kr)와 국가자료공동목록시스템(http://www.nl.go.kr/kolisnet)에서 이용하실 수 있습니다.(CIP제어번호 : CIP2020006075)

저자 **정광운**

혜지원

# 머리말

안녕하십니까? 작가님, 말머리 기자입니다. 『손쉽게 뚝딱 만드는 3D프린팅』은 어떤 책인가요?

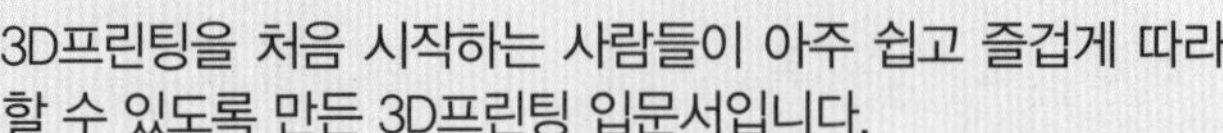

3D프린팅을 처음 시작하는 사람들이 아주 쉽고 즐겁게 따라 할 수 있도록 만든 3D프린팅 입문서입니다.

3D프린팅 초보들을 위한 책이군요? 3D프린팅하면 굉장히 어려울 것 같은데, 과연 이 책만 보고 3D프린팅을 쉽게 할 수 있을까요?

3D프린팅은 전혀 어렵지 않아요. 3D프린터 조작법도 쉬워지고, 3D 모델링도 손가락으로 쉽게 터치하며 만들 수 있는 시대에 왔습니다. 그렇듯 이 책은 3D프린팅이 정말 쉬워졌다는 것을 알려 주는 책이기도 합니다.

근데 제가 알기로는 3D모델링 프로그램도 유료이고, 비싼 3D 프린터도 사야 되고, 그러면 3D프린팅을 배우는 데 돈이 너무 많이 필요한 거 아니에요?

이 책에서 사용되고 있는 모델링 프로그램은 무료로 제공되는 오픈소스입니다. 또한, 3D프린터가 없어도 태블릿PC만 있으면 3D모델링을 할 수 있습니다. 2D프린터가 없어도 컴퓨터만 있으면 문서 작성을 할 수 있는 것처럼 말이죠. 3D프린팅에서 가장 중요한 3D모델링을 즐겁게 따라하며, 3D프린팅 메이커 능력을 키울 수 있도록 이 책을 만들었습니다.

3D프린터 없이도 이 책을 보며 3D프린팅 메이커 능력을 키울 수 있다는 말이시죠?

네, 맞습니다. 물론 3D프린터를 활용하면 훨씬 도움이 되지요. 요즈음은 학교나 메이커스페이스에 가면 3D프린터를 이용할 수 있구요, 교육용으로 가성비가 아주 좋은 3D프린터가 있어 이 책을 보며 3D모델링 능력을 어느 정도 키운 후에 구입하는 것도 좋은 방법입니다.

네. 알겠습니다. 그럼 이 책의 가장 큰 장점은 무엇인가요?

단순히 3D프린팅을 하는 방법에 대해 소개하는 책이 아닙니다. 만들고 싶은 동기와 호기심, 디자인, 관찰, 다르게 보는 관점, 융합 능력, 끝까지 시도하는 도전 정신 등 4차 산업혁명 시대를 이끌 메이커들에게 필요한 창의성을 키워갈 수 있도록 안내해 주는 책입니다.

마지막으로 이 책을 꼭 추천하고 싶은 대상이 있다면 누구인가요?

초등학생과 중학생들에게 강력히 추천을 드립니다. 4차 산업혁명 시대에는 무엇보다 창의성과 더불어 3D프린팅 메이커 능력이 중요합니다. 3D프린팅 메이커 교육은 미래의 개인 생산자 시대를 준비하는 우리 아이들이 경쟁력을 키우기 위해 가장 필요한 교육입니다.

# 창의적인 3D프린팅 메이커가 되려면..

1

아이디어를 스케치하는 습관을 가진다.

2

스케치 그림을 태블릿에서 3D도면으로 만들어서 바로 3D프린터로 출력해 본다.

항상 문제를 생각하고, 아이디어가 떠오르면!

3

태블릿에서 만든 3D도면을 컴퓨터에서도 작업할 수 있다.

4

3D도면을 3D프린터로 출력해서 잘 만들어졌는지 확인한다.

# XYZ maker 3DKit 소개

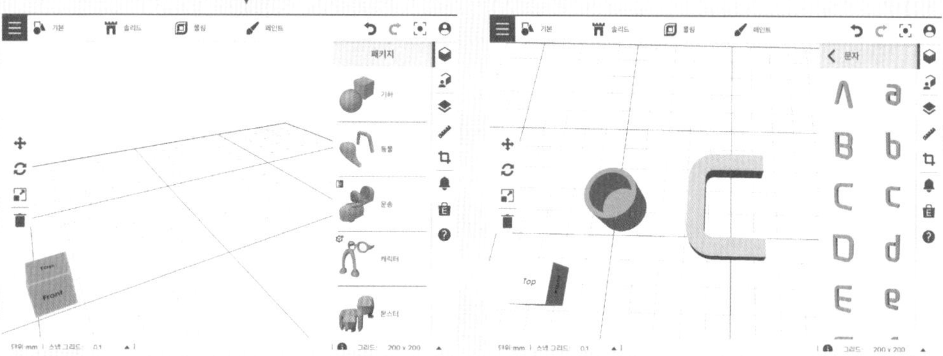

1 기하, 동물, 운송, 캐릭터, 몬스터, 퍼즐, 숫자, 문자 등 다양한 패키지 모델을 활용하여 쉽게 만들 수 있습니다.

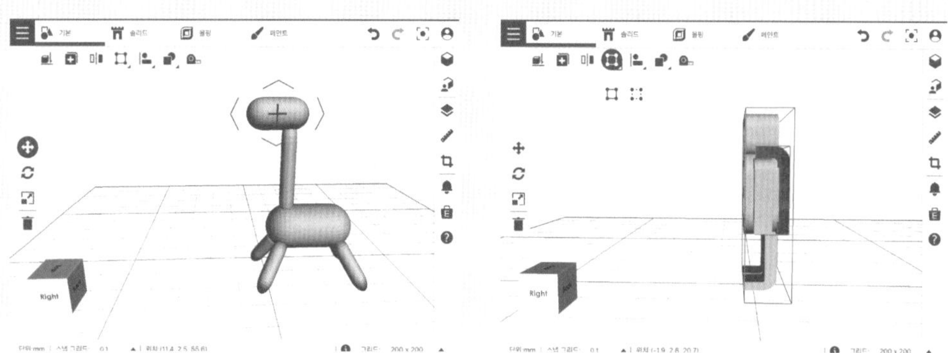

2 변형도구, 3D도구 등 다양한 도구를 활용하여 원하는 것을 재미있게 만들 수 있습니다.

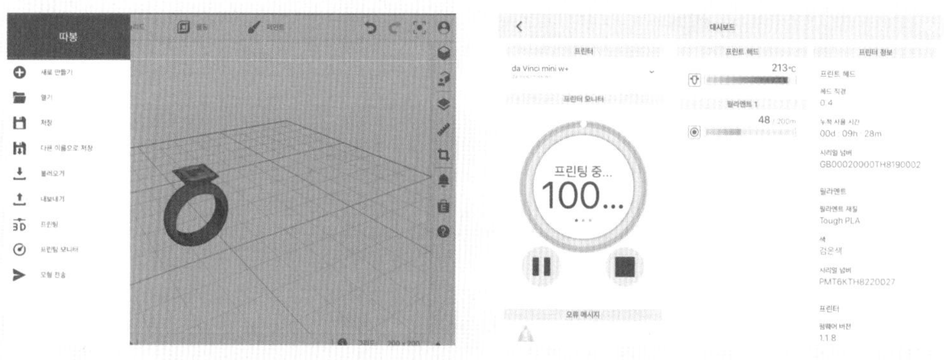


3 모델 저장과 불러오기 및 모형 전송 뿐만 아니라, 별도의 슬라이싱 프로그램 없이 3D프린팅 출력까지 바로 할 수 있습니다.

# 책 보기 꿀팁

## 1 만들기 과정

초보자도 이미지에 나온 번호 순서대로 터치하면서 3D모델링을 아주 쉽게 따라해 보세요.

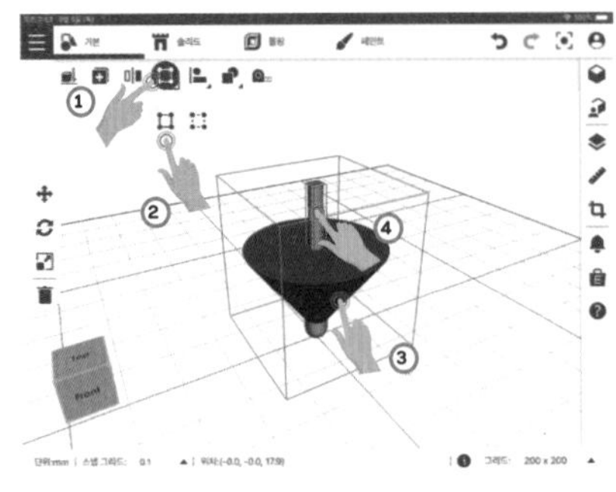


**19**

모델들을 그룹화시켜 팽이를 완성합니다.

## 2 미션 I'm possible

미션을 수행하면서 놀이하듯이 배운 것을 복습하고, 자신만의 새로운 것을 만들어 보는 신나는 경험을 해 보세요.

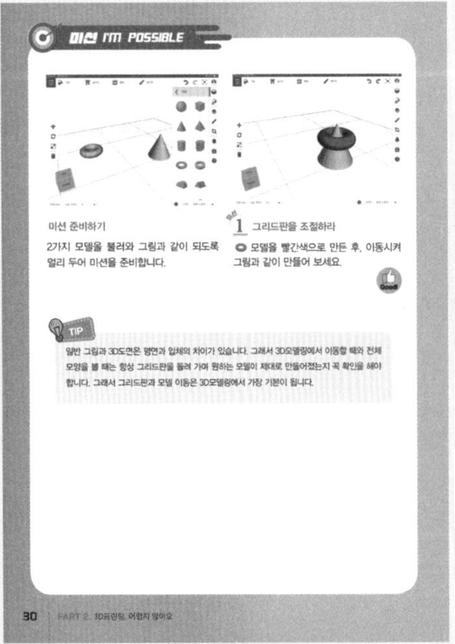

미션 I'm POSSIBLE

미션 준비하기

2가지 모델을 불러와 그림과 같이 되도록 멀리 두어 미션을 준비합니다.

미션 1 그리드판을 조절하라

모델을 빨간색으로 만든 후, 이동시켜 그림과 같이 만들어 보세요.

TIP

일반 그림과 3D도면은 평면과 입체의 차이가 있습니다. 그래서 3D모델링에서 이동할 때와 전체 모양을 볼 때는 항상 그리드판을 돌려 가며 원하는 모델이 제대로 만들어졌는지 꼭 확인을 해야 합니다. 그래서 그리드판과 모델 이동은 3D모델링에서 가장 기본이 됩니다.

30 PART 2. 3D프린팅, 어렵지 않아요

## 3 메이커 스타트

3D프린터의 등장으로 바뀌고 있는 무궁무진한 메이커 세상을 알아보며, 창의적인 메이커 활동을 우선 상상하면서 시작해 보세요.

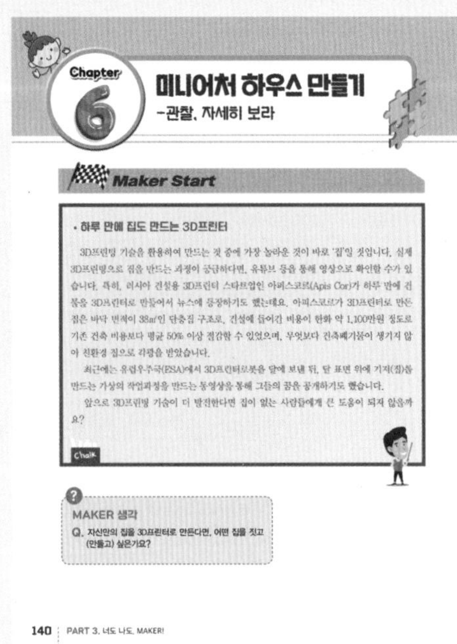

Chapter 6 미니어처 하우스 만들기 -관찰, 자세히 보라

Maker Start

• 하루 만에 집도 만드는 3D프린터

3D프린팅 기술을 활용하여 만드는 것 중에 가장 놀라운 것이 바로 '집'일 것입니다. 실제 3D프린팅으로 집을 만드는 과정이 궁금하다면, 유튜브 등을 통해 영상으로 확인할 수가 있습니다. 특히, 러시아 건설용 3D프린터 스타트업인 아피스코르(Apis Cor)가 하루 만에 건물을 3D프린터로 만들어서 뉴스에 등장하기도 했는데요. 아피스코르가 3D프린터로 만든 집은 바닥 면적이 38㎡인 단층집 구조로, 건설에 들어간 비용이 한화 약 1,100만원 정도로 기존 건축 비용보다 평균 50% 이상 절감할 수 있었으며, 무엇보다 건축폐기물이 생기지 않아 친환경 집으로 각광을 받았습니다.

최근에는 유럽우주국(ESA)에서 3D프린터로봇을 달에 보낸 뒤, 달 표면 위에 기지(집)를 만드는 가상의 작업과정을 만드는 동영상을 통해 그들의 꿈을 공개하기도 했습니다.

앞으로 3D프린팅 기술이 더 발전한다면 집이 없는 사람들에게 큰 도움이 되지 않을까요?

Chalk

MAKER 생각

Q. 자신만의 집을 3D프린터로 만든다면, 어떤 집을 짓고 (만들고) 싶은가요?

140 PART 3. 너도 나도, MAKER!

## 4 킹 메이커 되기

킹 메이커 스토리를 통해 세상을 움직이는 창의적인 킹 메이커가 되기 위해 우리는 어떤 능력을 키워야 하는지 알아보세요.

King 메이커 되기(7) - 관점, 다르게 보라

아이스크림콘의 탄생

1904년 세인트루이스 상품박람회에서 한 아이스크림 가게에서 장사가 너무 잘 되자, 컵이 모자라 아이스크림을 판매할 수 없게 되었습니다. 계속 아이스크림을 팔고 싶었던 가게 사장은 어떻게 하면 좋을까 궁리를 하게 됩니다. 우연히 옆에 있는 와플가게를 보게 되었는데요.

그의 머리에서 아주 좋은 생각이 떠올랐습니다. 바로 아이스크림을 컵 대신 와플에 담아 팔아보면 어떨까 하는 생각이었습니다. 곧장 와플가게로 가서, 와플을 사서 와플에 아이스크림을 담아 팔기 시작해서 큰 호응을 얻게 되었습니다. 그렇게 해서 과자까지 맛볼 수 있는 아이스크림콘이 탄생하게 되었답니다.

아이스크림을 컵에 담아야 하는 고정관념을 깨고, 와플을 아이스크림 컵 대용으로 바라본 관점의 변화가 없었다면, 지금의 아이스크림콘도 없었을 겁니다. 고정관념을 깨고 다른 관점으로 바라보세요. 새로운 것을 만들어 내는 메이커의 능력을 갖게 될거예요.



Chapter 7. 도넛 열쇠고리 만들기 167

## 5 메이커 노트

무언가를 만들고 싶으세요? 메이커 노트를 작성하며 3D프린팅 메이커 능력을 키워 보세요. 머릿속에 있던 것을 글로 써 가다 보면 그 아이디어는 더욱 구체화될 것입니다.

Maker Note 무엇이든 만들고 싶을 때는 Maker Note를 활용하세요.

일시: 이름(닉네임):

| 스케치하기 | | | |
|---|---|---|---|
| 브랜드(상품)명 | | 용도 | |
| 동기 | | | |
| 학습내용 | | | |

Chapter 4. 캐릭터 'tv티콘' 만들기 123

# 목차

## PART 3

# 너도 나도, MAKER!

## PART 1 - CONTENTS

PART 1

# 3D프린팅을 시작하기 전에

# Chapter 1 3D프린팅 메이커를 꿈꾸다

## 1. 미래 기술을 말하다

**Q** 아래는 6가지 미래 주요 기술인 '빅데이터, 드론, 사물 인터넷, 3D프린팅, 인공 지능, VR'에 대한 설명입니다. 설명에 해당하는 기술을 골라 적어 보세요.

* 힌트: 색깔을 보면 답이 보입니다.

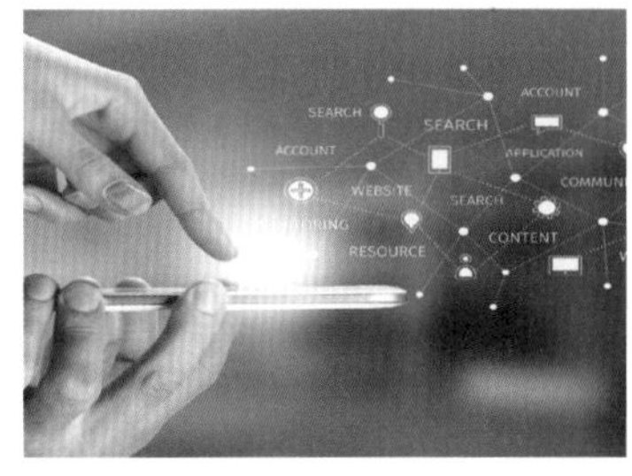


**1.**

디지털 환경에서 생성되는 대규모 데이터를 수집, 저장, 관리, 분석하는 기술

**2.**

인터넷으로 모든 사물을 연결하여 정보를 상호 소통하는 지능형 기술 및 서비스

**3.**

카메라, 통신 시스템 등이 탑재된 무인 항공기

**4.**

인간의 시각, 청각 등 감각을 이용해 컴퓨터의 소프트웨어 프로그램 속 세상을 현실인 것처럼 체험하게 하는 기술

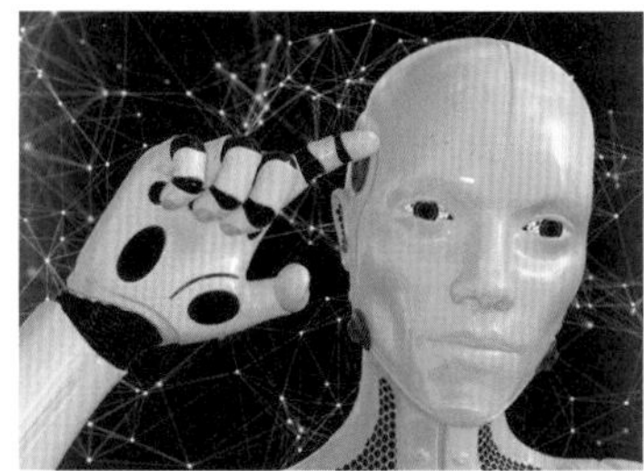

**5.**

인간의 학습, 추론, 지각, 언어 이해 능력 등을 컴퓨터 프로그램으로 실현하는 기술

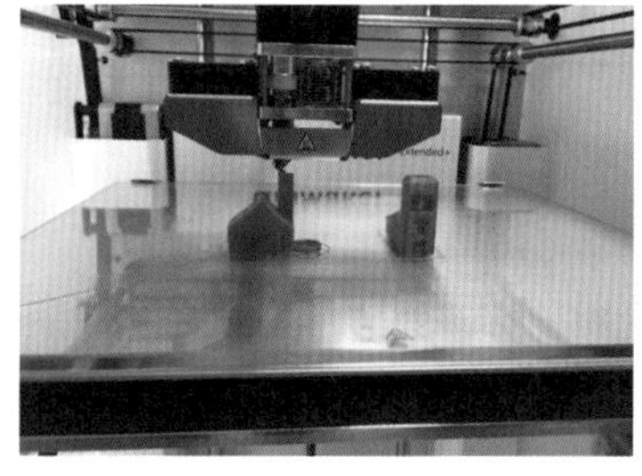

**6.**

3D프린터를 활용하여 3차원 설계도에 따라 입체 형태의 제품을 만드는 기술

**Q** 위의 미래 주요 기술로 인해 미래에는 어떤 직업(일)이 유망할까요?

(예) 로봇 디자이너, 인공 지능 개발자, 드론 촬영 전문가, VR 게임 개발자 등

## 2. 메이커 세상이 온다

### 메이커란

자신이 만들고 싶은 상품을 적절한 도구를 활용하여 소량으로 직접 만들어 공유하는 사람을 말합니다. 4차 산업혁명 시대에는 누구나 메이커가 될 수 있습니다.

### 메이커의 중요성

미래 세상에는 대량 생산을 하는 제조 기업보다 사람들의 다양한 성향을 반영하여 소량 생산을 하는 메이커들이 제조업의 중심 역할을 하게 될 것입니다.

### 메이커와 도구

손쉽게 온라인으로 결과물을 만들어 내는 저작 도구와 3D프린터 등의 제작 도구의 발전으로 소비자인 동시에 생산자가 될 수 있는 메이커 활동이 가능하게 되었습니다.

*저작 도구란 보다 쉽고 간편하게 만들도록 도와주는 소프트웨어를 말함.

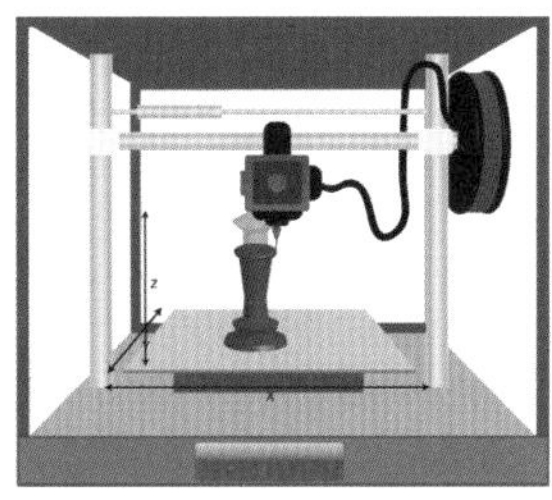

### 3D프린터와 메이커

3D프린터는 최소의 시간과 비용으로 시제품을 제작하고 원하는 제품을 소량으로 생산할 수 있는 출력장치로서, 메이커 활동에 가장 핵심적인 제작 도구입니다.

*3D프린터는 3D도면을 입체적인 형태로 출력하는 장치를 말함.

## 3. 메이커를 꿈꾸다

"비장애인에게는 존재감도 없던 카페의 작은 문턱이 휠체어를 탄 사람에게는 큰 장애물이 된다는 것을 알게 되었다."

### 메이커 이준상

미술학도 출신인 이준상 씨는 장애인들과 함께 일하면서 장애인들의 필기용 보조 기구를 만들고 싶어 했습니다.

### 메이커의 중요성

기존의 필기용 보조기구는 사이즈가 다양하지 않아 장애의 정도와 손 크기가 제각각인 사용자에게 큰 도움이 되지 못했고 비싼 가격임에도 파손 시 A/S를 받기 힘들었습니다.

### 메이커와 도구

비록 이준상 씨는 이공계 계열의 기술 공학도 출신은 아니지만, 3D프린터 기술을 독학으로 공부해서 장애인 필기용 보조 기구 '플레이그립'을 만들게 되었습니다.

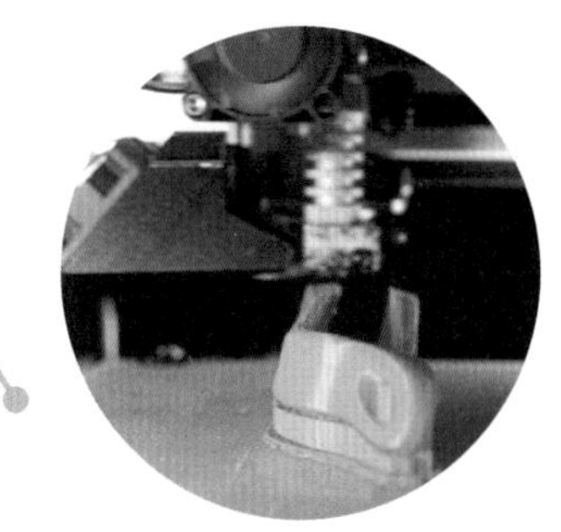

### 3D프린터와 메이커

손 사이즈 측정을 통해 완성된 정보를 3D프린터에 입력하면 제품이 완성되어, 3D프린터가 있는 곳이라면 어디든 제품을 만들 수 있습니다.

"한 장애 아동은 저희를 만날 때까지 평생 그림을 그려 본 적이 없대요. 펜을 쥐는 것도 힘드니까 부모님도 '얘가 어떻게 그림을 그리겠어.' 하셨던 거죠. 그런데 아이가 그림을 그리면서 정말 행복해 했거든요. 교실 뒤에서 아이의 행복한 표정을 지켜보던 엄마가 그렇게 많이 우시더라고요."

– 이준상 씨 인터뷰 중, 한국장애인고용공단 제공 –

## 4. 3D프린팅 과정은

**3D프린팅 과정** 다음 단어 '3D프린터 출력, 3D모델링, 후가공 처리'를 골라 아래 빈칸을 채워 보세요.

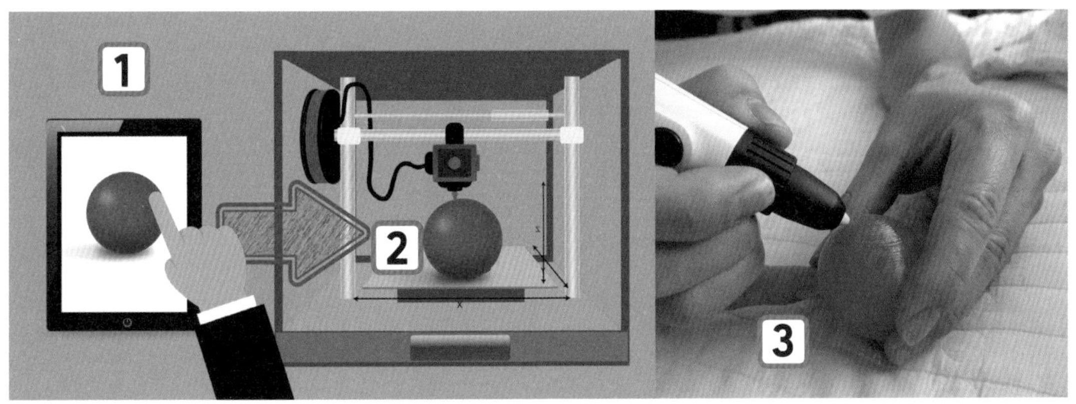


1. ________

3D모델링 소프트웨어를 통해 3D도면을 설계하는 단계

2. ________

3D도면을 입체 형태로 출력하는 단계

3. ________

출력물의 색상과 모양을 보다 정교하게 완성시키는 단계

1. 3D모델링, 2. 3D프린터 출력, 3. 후가공처리

**3D모델링 소프트웨어 소개**

**3D모델링 소프트웨어는 3D도면을 설계할 수 있는 3D디자인 프로그램을 말합니다.**

많은 3D모델링 소프트웨어가 있는데, 각각의 프로그램은 차이가 있어 개인 및 제작 특성에 맞는 소프트웨어를 찾는 게 중요합니다. 이 교재에서는 초보자에게 가장 적합한 **XYZmaker 3DKit** 무료 소프트웨어를 활용하여 3D모델링과 프린팅을 경험해 보며, 향후에는 다른 프로그램도 활용할 수 있는 3D프린팅 메이커 기초 능력을 키워 보도록 하겠습니다.

* XYZmaker 3Dkit는 3D모델링을 만들고 프린팅할 수 있는 all-in-one 3D모델링 앱입니다.

## 5. 3D프린팅 활용 분야는

### 3D프린팅 활용 분야

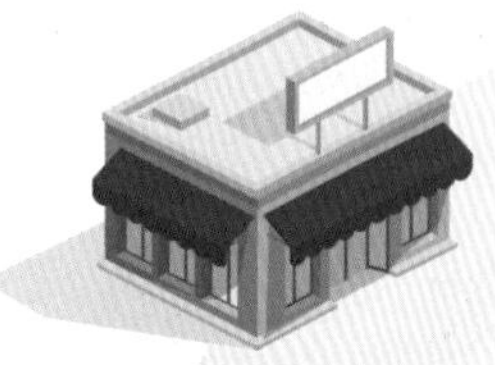

[건축 분야]
집, 건축 모형, 건축 자재 등

[기계설비 분야]
자동차, 항공기 부품, 로봇 등

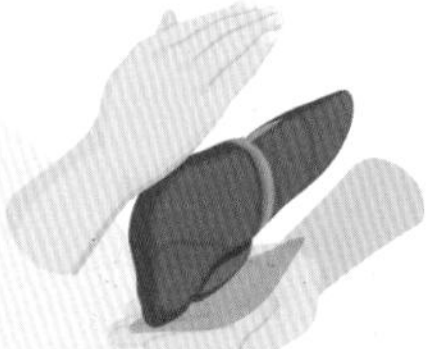

[의료 분야]
인공 뼈, 인공 장기, 인공 치아 등

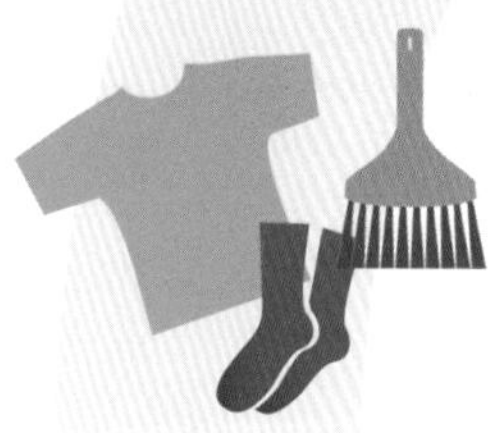

[생활용품 분야]
의류, 주방 식기, 칫솔, 장난감 등

[음식 분야]
초콜릿, 피자, 커피 등

**우주에서도 3D프린터가 활용되고 있다는 것을 알까….**

"우주정거장에 물품이 필요할 때 지구에서 쏘아 올리는 비용으로 1kg당 5천만 원가량이 듭니다. 그러나 3D프린터를 이용해 우주에서 직접 필요한 물품을 출력해 사용하면 비용과 시간이 아주 많이 절약됩니다. 최소한의 부품으로 우주선을 발사하고 중요한 부품은 우주에서 만들 수 있는 환경을 만들어 나가는 것이 저희의 목표 중 하나입니다."

– 미국항공우주국 NASA –

**"2013년 NASA, 3D프린터로 우주 로켓 부품의 생산에 성공하다"**

## 6. 미래를 상상해 보다

**Q** 10년 후 미래는 어떤 세상일까요? 마음껏 상상하며 그려 보세요.

하늘을 나는 자동차,
맛있는 요리까지 해 주는 3D프린터,
모르는 문제를 친절하게 알려 주는 로봇,
하나도 아프지 않은 주사,
홀로그램으로 재미있게 배우는 수업….
상상만 해도 재미있겠다!

## PART 2 - CONTENTS

# PART 2

# 3D프린팅, 어렵지 않아요

# 변형 도구로 변신하기

## 1. XYZmaker 3DKit 설치하기

① 7인치 이상의 태블릿 PC 준비

XYZmaker 3Dkit 설치를 위한 시스템 최소 권장 사양은 XYZ프린팅 홈페이지에서 확인합니다.

https://www.xyzprinting.com

② 앱 스토어에서 다운로드 받는 법

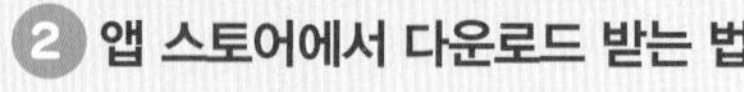

또는..

XYZ프린팅 홈페이지에서 다운로드 받는 법

XYZ 홈페이지에서 [소프트웨어] – [XYZmaker 3D kit]에 들어가 다운로드 받으세요.

③ 회원가입 후, 로그인 하기

XYZmaker 3DKit는 초보자들을 위해 다양한 기능 소개 영상을 제공하여 언제 어디서나 3D모델링을 간편하게 학습할 수 있는 환경을 제공합니다.

④ XYZmaker 3DKit 설치된 화면 모습

## 2. 모델 불러오기

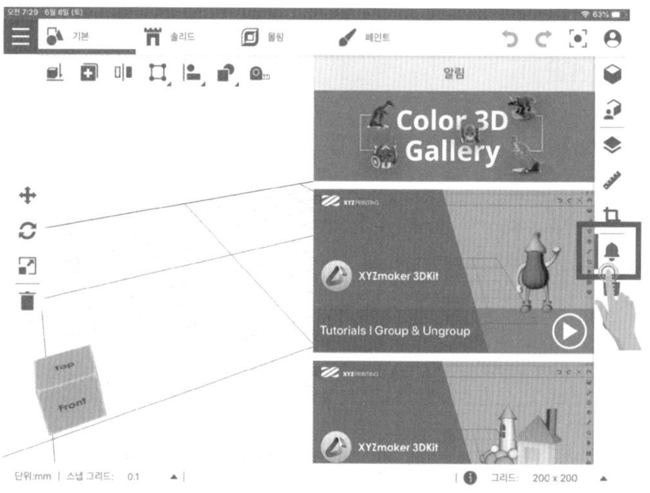


### 1 알림 화면 지우기

로그인 후 첫 화면입니다.

[알림] 아이콘 을 클릭하면, 그림2와 같이 알림 화면이 사라지고 [기본 보기] 화면이 됩니다.

기기에 따라 화면 구성이 약간 다를 수 있습니다.

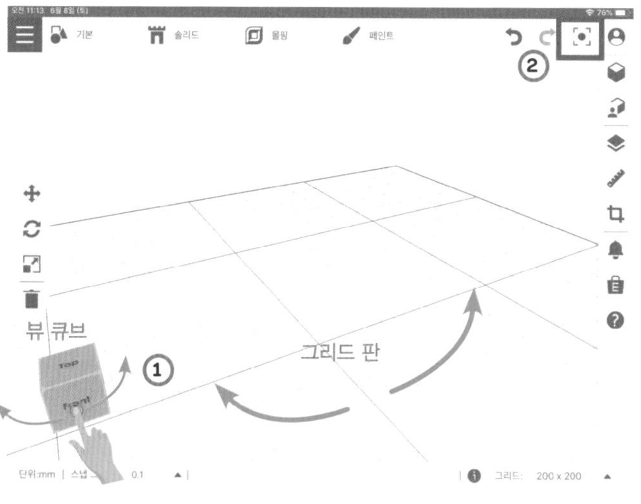


### 2 그리드판 움직이기

그림과 같이 '뷰 큐브' 또는 '그리드판'을 손가락으로 돌려 보면 눈금으로 된 '그리드판'이 움직입니다.

[기본 보기] 아이콘 을 클릭하면 처음 기본 화면으로 돌아갑니다.

[기본 보기] 아이콘 이 오른쪽 하단에 위치한 경우도 있습니다.

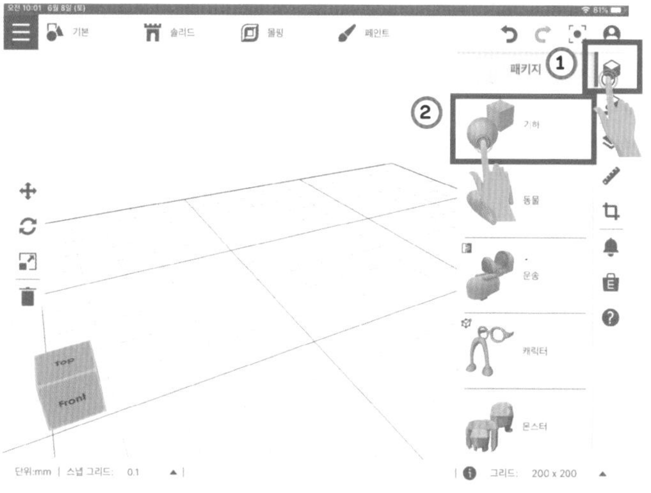


### 3 기하 메뉴 들어가기

[패키지] 아이콘 을 누르면 그림과 같이 모형별 모델 아이콘들이 나옵니다.
그중에서 [기하] 아이콘 을 클릭하세요.

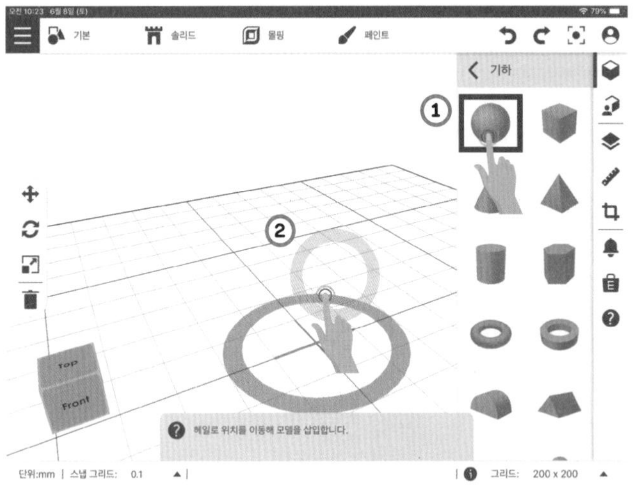


## 4 모델 불러오기

[기하] 모델들 중 ● 모델 아이콘을 클릭하면 그림과 같이 모델 위치 이동 이미지가 나타나 내가 원하는 위치로 모델을 불러올 수 있습니다.

● 모델을 불러올 위치(그리드판)에 클릭해 보세요.

## 3. 변형 도구 사용법

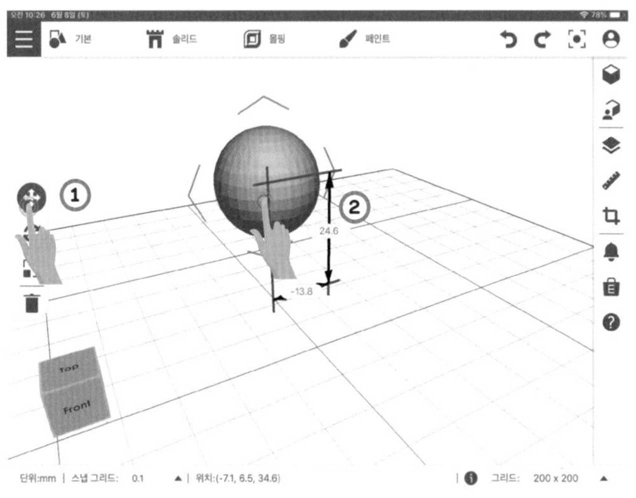


## 5 모델 이동하기

[이동] 아이콘 ✥을 누르면 모델을 그림과 같이 다른 위치로 이동시킬 수 있습니다.

모델(또는 화살표 부분)을 꾹 누른 후, 손가락을 떼지 않고 원하는 곳으로 이동하는 연습을 해 보세요.

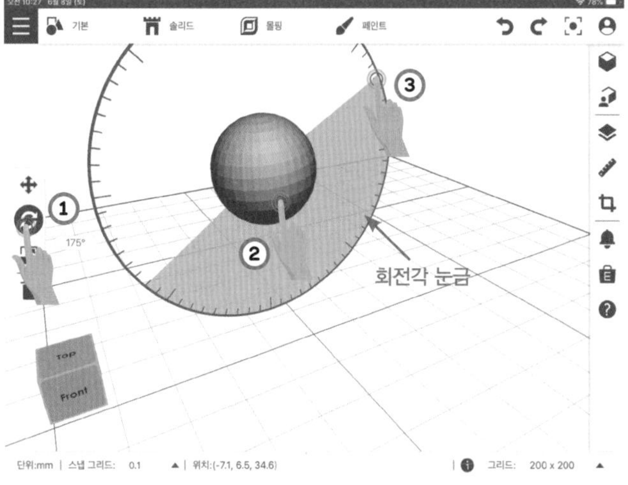


## 6 모델 회전하기

[회전] 아이콘 ⟳을 누르면 모델을 자유롭게 회전시킬 수 있습니다.

모델을 클릭하면 [회전각 눈금]이 나타납니다. [회전각 눈금] 부분을 누르면서 회전시켜 보세요.

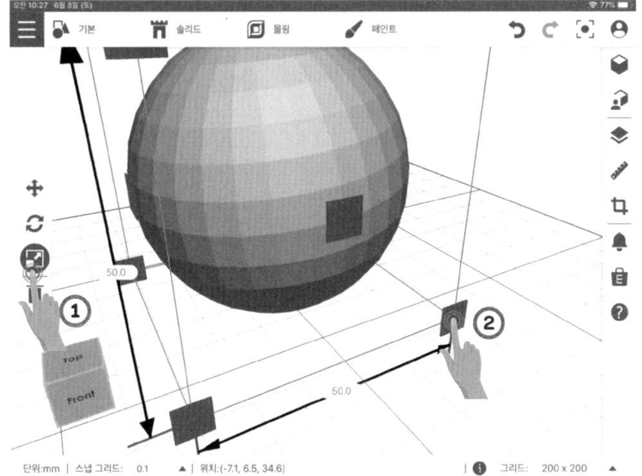


## 7 모델 크기 조절하기

[스케일] 아이콘 을 누르면 그림과 같이 모델의 크기를 조절할 수 있습니다.

모델을 클릭한 후 화면에 나오는 크기 조절 상자의 꼭짓점 부분을 누르면서 크기를 늘렸다 줄였다 해 보세요.

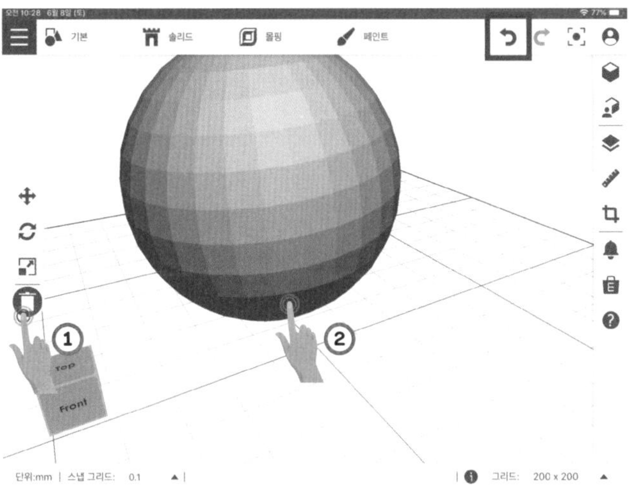


## 8 모델 삭제하기

[삭제] 아이콘 을 누른 후 모델을 클릭하면 삭제가 됩니다.

모델 삭제 후에 [실행 취소] 아이콘 을 누르면 이전으로 돌아가 사라진 모델이 다시 나타납니다.

[실행 취소] 아이콘은 전 단계로 다시 돌아가게 합니다.

## 미션 I'M POSSIBLE

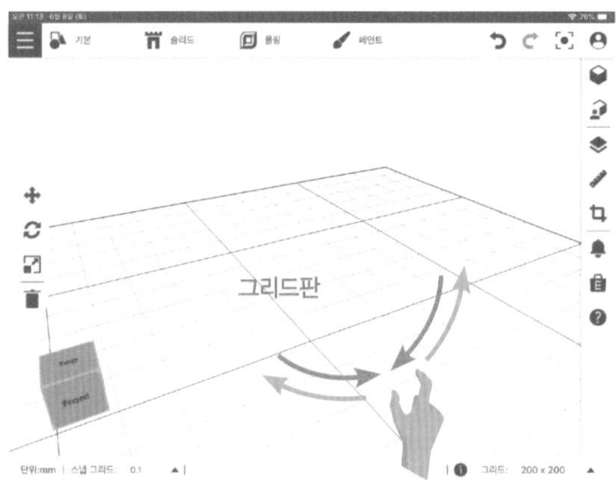


### 그리드판 조절하기

그림과 같이 엄지와 검지를 동시에 움직여서 그리드판을 자유롭게 늘였다 줄였다 할 수 있습니다.

엄지와 검지를 이용해서 실행해 보세요.

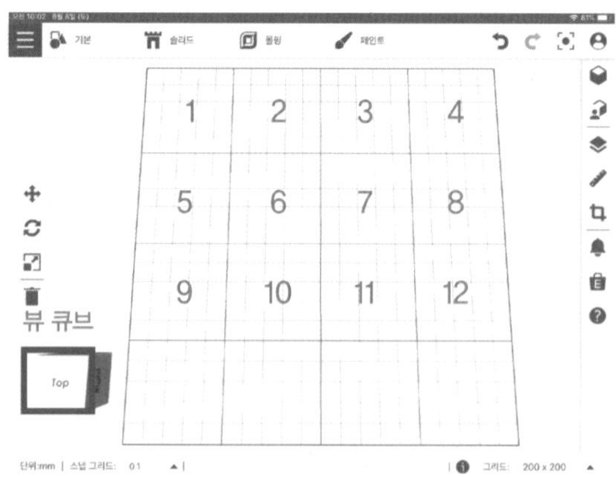


### 미션 1 그리드판을 조절하라

그림과 같이 화면에서 '뷰큐브' Top 위치를 생각하며 그리드판 12칸 이상이 위에서 잘 보일 수 있게 만들어 보세요.

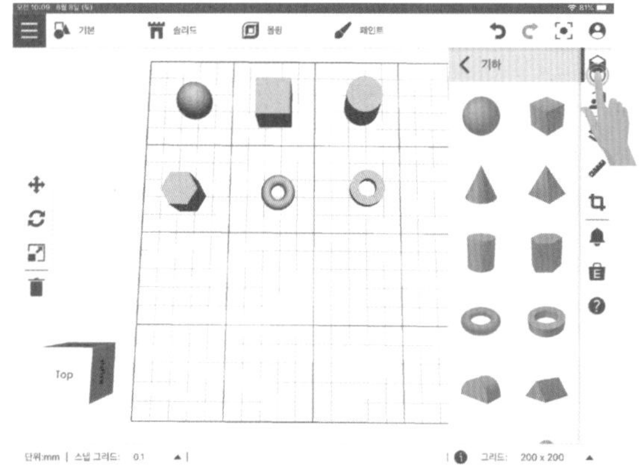

### 미션 2 모델을 불러라

그림과 같이 6가지 모델을 [기하] 메뉴에서 불러와 각각의 칸 안의 비슷한 위치에 모델들을 놓아 보세요.

Good!

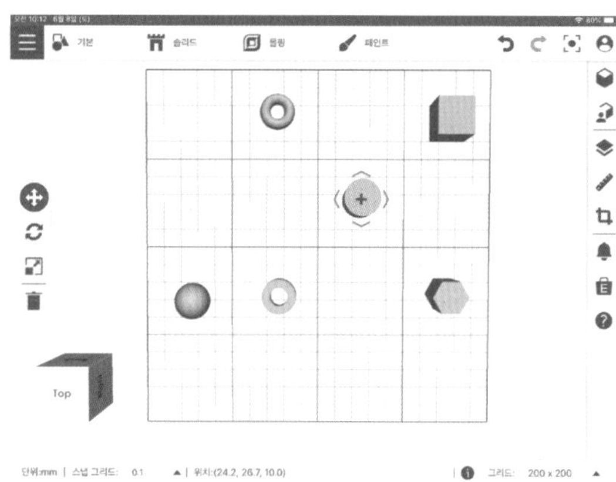

### 미션 4 모델을 옮겨라

[이동] 아이콘을 클릭한 후, 그림과 같이 6가지 모델들을 다른 칸으로 모두 옮겨 보세요.

Good!

## 4. 모델 이동하기

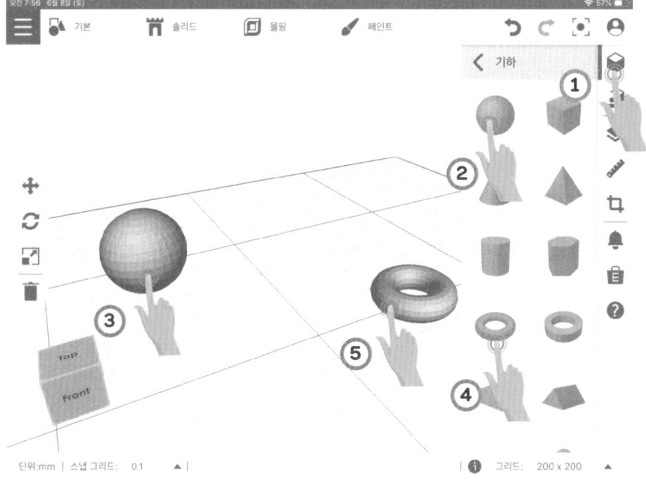

### 1 모델 불러오기

[기하] 메뉴에서 그림과 같은 2가지 모델을 그리드판에 불러옵니다.

그림과 같이 화면에서 모델 사이를 되도록 멀리 놓아 주세요.

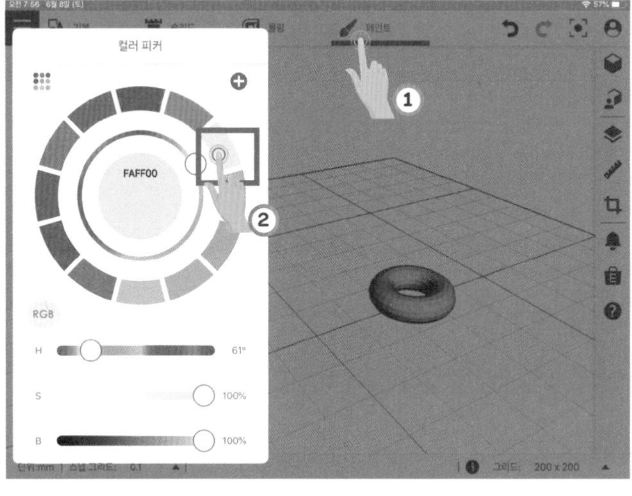

### 2 모델 색깔 바꾸기-1

[페인트] 는 모델 색깔을 바꾸는 메뉴입니다.

[페인트] 를 누르고 아이콘을 클릭하면 그림과 같이 [컬러피커] 화면이 나옵니다.

[컬러피커]에서 노란색 부분을 클릭하여, 모델 색을 노란색으로 바꿀 준비를 합니다.

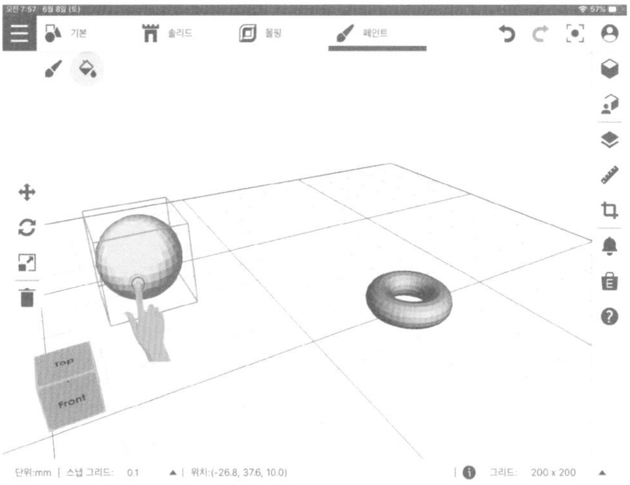

### 3 모델 색깔 바꾸기-2

모델을 클릭하면 그림과 같이 지정한 노란색으로 바뀝니다.

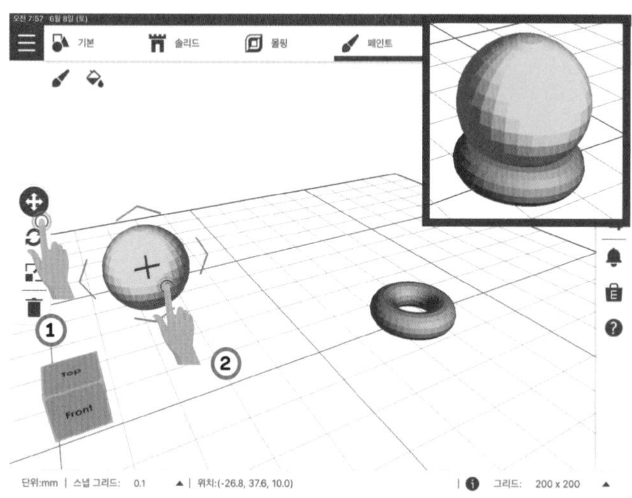


## 4 모델 이동 준비하기

□ 부분의 그림과 같은 모델을 완성해야 합니다. 어떻게 이동해야 할지 먼저 생각합니다.

[이동] 아이콘을 누른 후, 모델을 클릭해서 이동할 준비를 합니다.

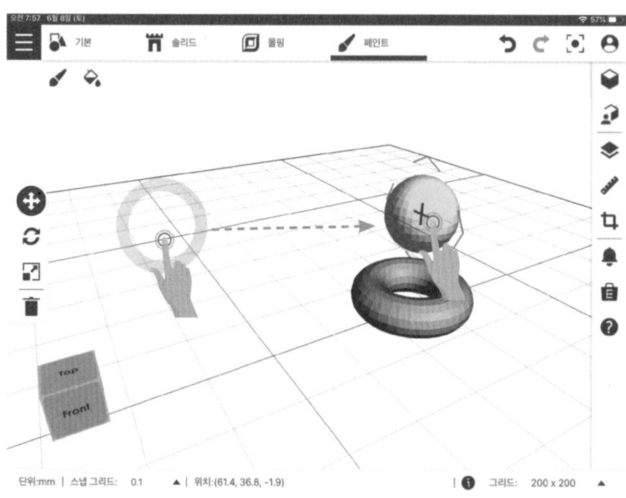


## 5 모델 이동하기

그림과 같이 클릭한 모델을 ⭕ 모델 중앙 위로 옮겨 보세요.

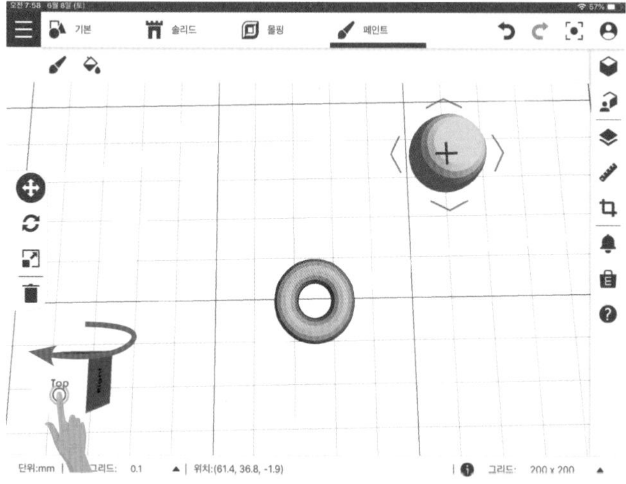


## 6 모델 색깔 바꾸기-2

'그리드판' 또는 '뷰 큐브'를 그림과 같이 돌려 위에서 보며 모델들의 위치를 확인해 봅니다.

*모델을 이동시킬 때에는 항상 그리드판을 돌려 보며 원하는 위치에 잘 옮겨졌는지 확인을 해야 합니다.

## 7 모델 이동하기

그림과 같이 다시 한번 모델 중앙으로 이동시킵니다.

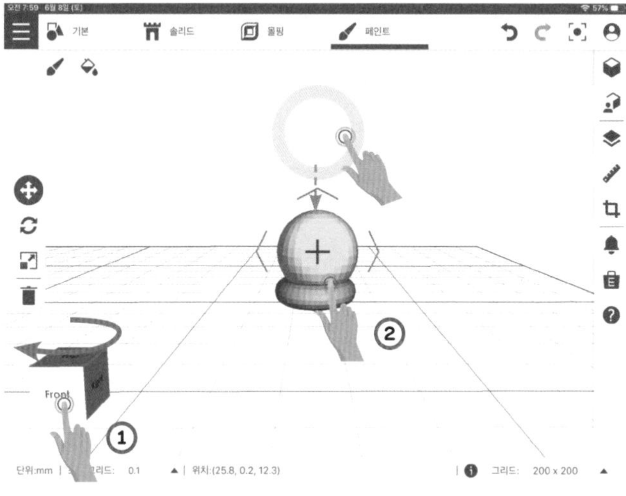


## 8 모델 완성하기

'그리드판' 또는 '뷰 큐브'를 그림과 같이 다시 돌려 봅니다.

천천히 이동하며 원하는 모델을 완성해 보세요.

## 미션 I'M POSSIBLE

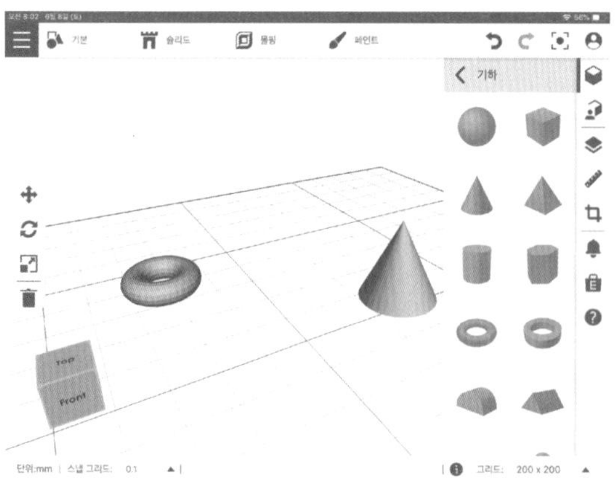

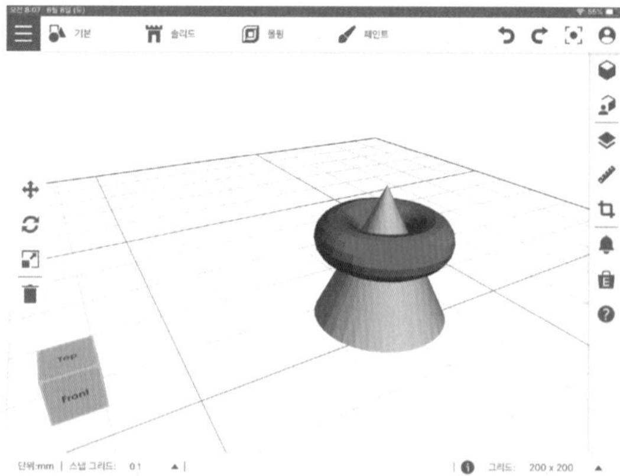

### 미션 준비하기

2가지 모델을 불러와 그림과 같이 되도록 멀리 두어 미션을 준비합니다.

### 미션 1 그리드판을 조절하라

모델을 빨간색으로 만든 후, 이동시켜 그림과 같이 만들어 보세요.

일반 그림과 3D도면은 평면과 입체의 차이가 있습니다. 그래서 3D모델링에서 이동할 때와 전체 모양을 볼 때는 항상 그리드판을 돌려 가며 원하는 모델이 제대로 만들어졌는지 꼭 확인을 해야 합니다. 그래서 그리드판 조절과 모델 이동은 3D모델링에서 가장 기본이 됩니다.

# Chapter 2 변형 도구랑 마음껏 놀기

## 1. 아이스크림콘 모델링 따라하기

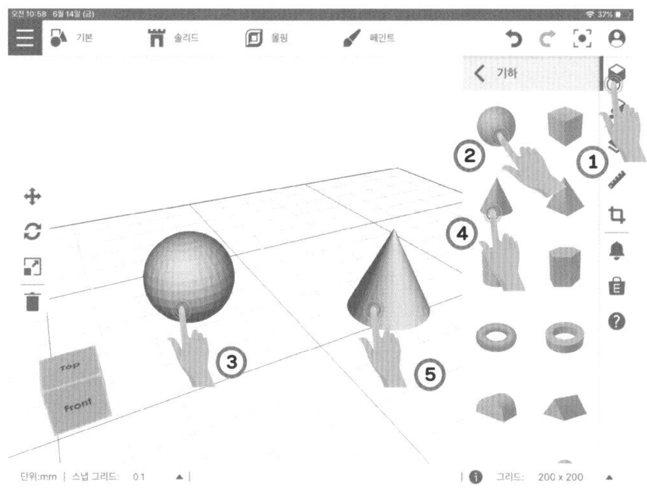


### 1 모델 불러오기

[기하] 메뉴에서 아이스크림콘을 만들 2가지 모델을 그림과 같이 그리드판에 올려놓습니다.

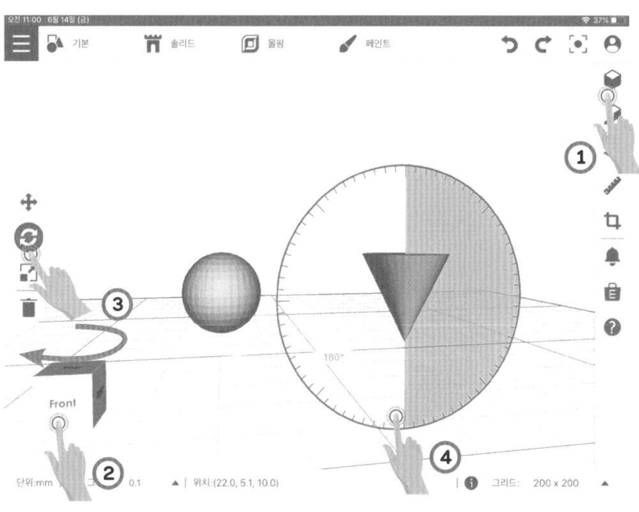


### 2 콘 모델 만들기

[패키지] 아이콘을 눌러 [기하] 메뉴창을 없앱니다.

그리드판을 돌려 그림처럼 정면으로 보이게 만듭니다.

[회전] 아이콘을 누른 후 ▲ 도형을 180도 회전시켜 주세요.

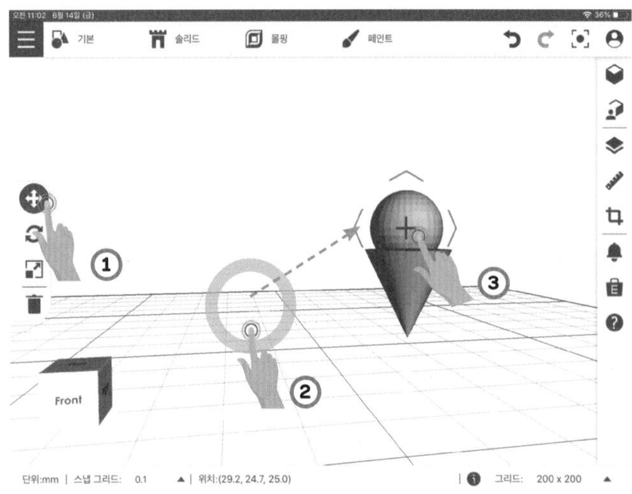


## 3 모델 이동하기-1

[이동] 아이콘을 누른 후 도형을 그림과 같이 콘 모델 위치 중앙 위에 이동시켜 줍니다.

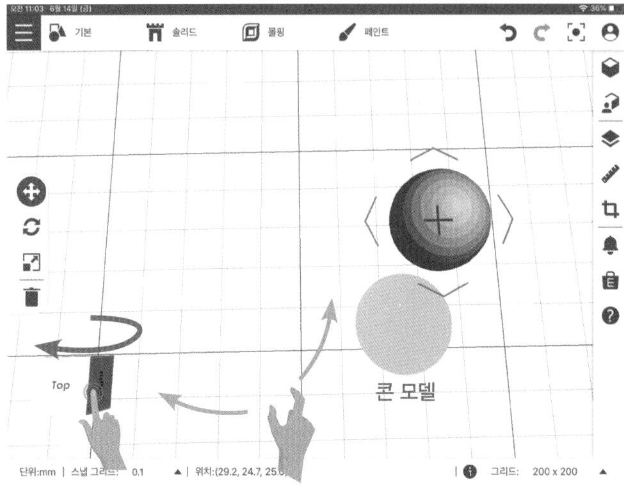


## 4 이동 확인하기

그림과 같이 '뷰 큐브' 또는 '그리드판'을 돌려 확대해서 위에서 보면, 콘 모델 중앙 위에 있는 도형의 위치를 확인할 수 있습니다.

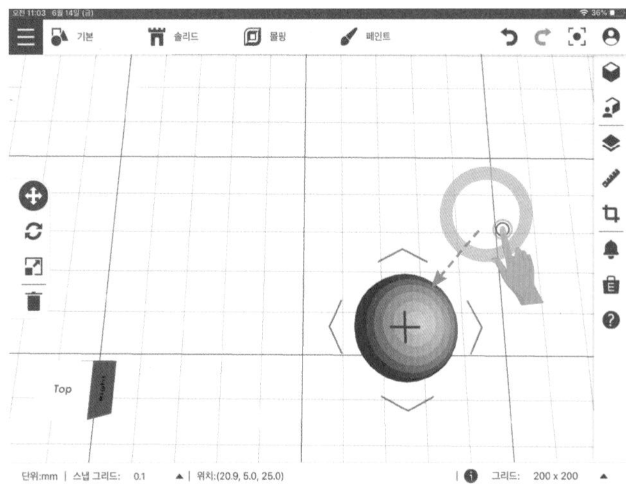


## 5 모델 이동하기-2

모델을 이동시켜 그림과 같이 콘 모델 중앙 위에 올려놓습니다.

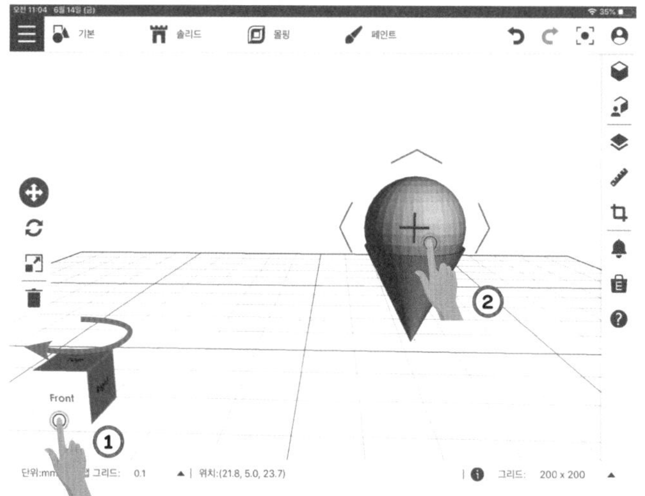

## 6 모델 이동하기-3

그리드판을 돌려 그림과 같이 만든 다음, 도형을 조금씩 이동시켜 가며 '아이스크림콘' 모양을 만듭니다.

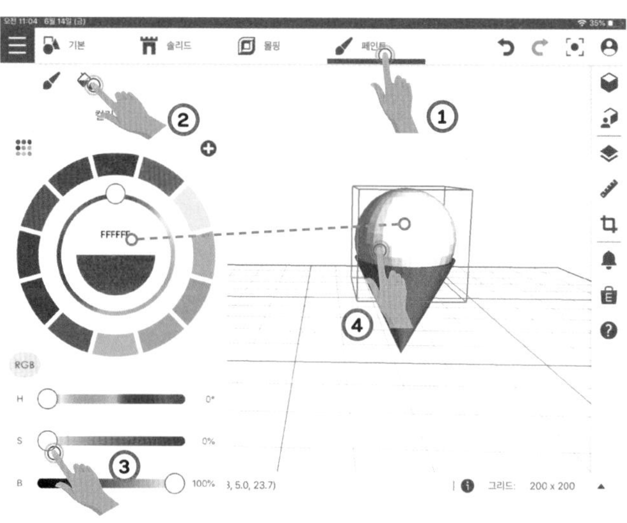

## 7 모델 색 입히기-1

[페인트] 메뉴로 들어가 아이스크림 부분에 그림과 같이 흰색을 입힙니다.

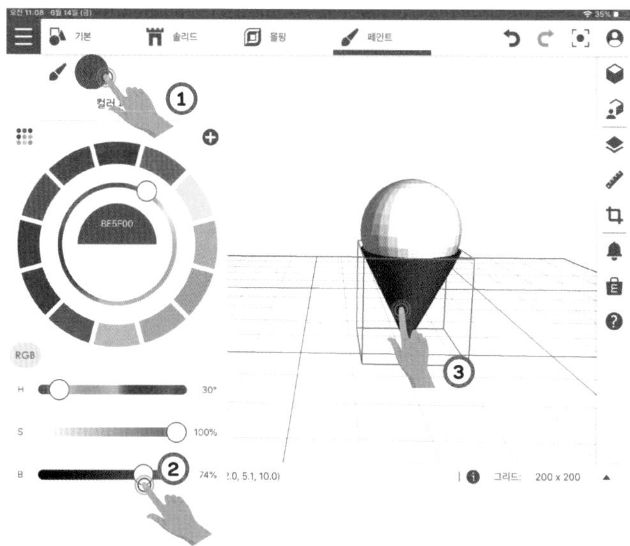

## 8 모델 색 입히기-2

그림과 같이 콘 부분에 갈색을 입혀 '아이스크림콘' 모델을 완성합니다.

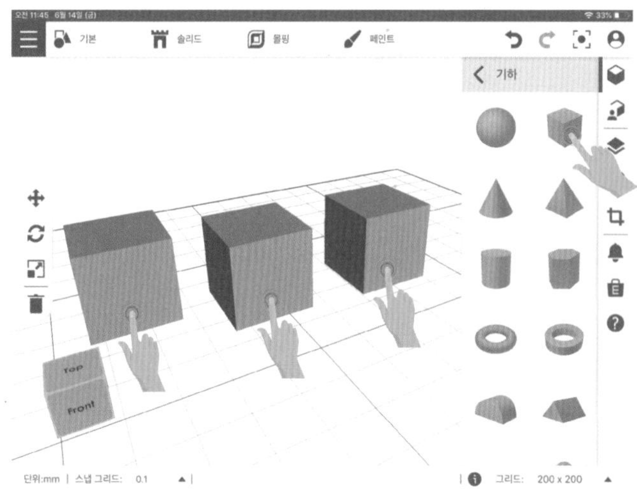


## 1 모델 불러오기

[기하] 메뉴에서 큐브 탑을 만들 모델 3개를 그리드판에 그림과 같이 불러옵니다.

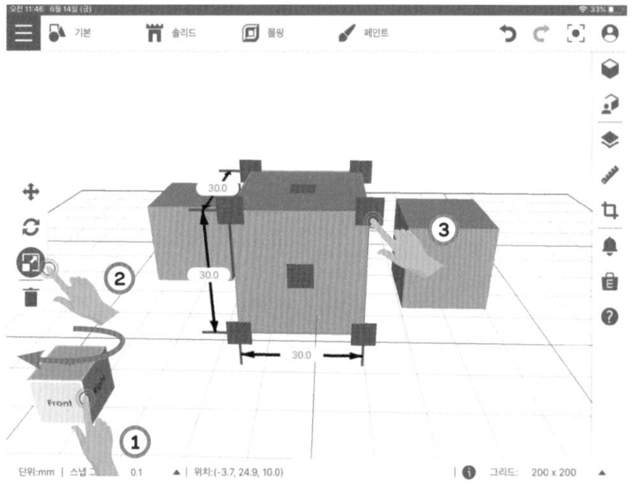


## 2 큐브 크기 조절하기-1

그리드판을 돌려서 그림처럼 만듭니다.

[스케일] 아이콘을 클릭하고 크기를 조절할 큐브의 모서리를 누르면서 크기를 '30.0×30.0×30.0'mm 정도로 키워 보세요.

*크기가 꼭 30×30×30mm가 아니어도 됩니다.

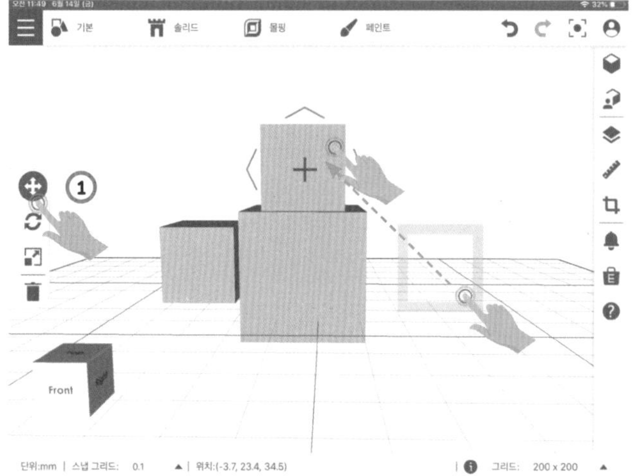


## 3 큐브 2층 탑 쌓기

[이동] 아이콘을 누른 후 크기가 가장 큰 큐브 중앙 위에 다른 큐브 하나를 그림과 같이 이동시킵니다.

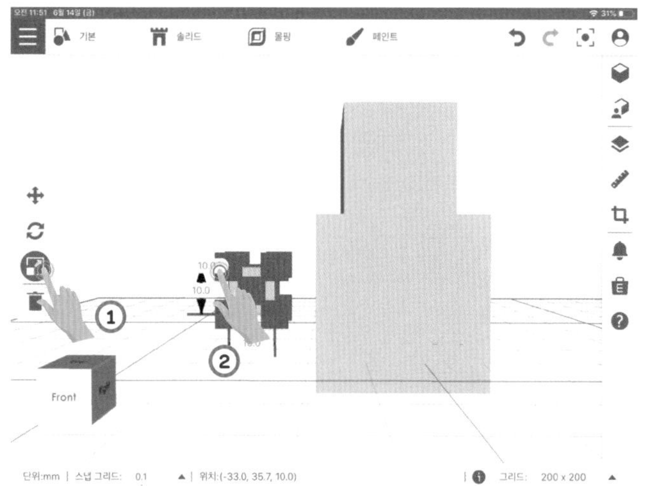

## 4 모델 불러오기

다시 한번 [스케일] 아이콘을 누르고 크기를 조절할 큐브의 모서리를 누르면서 '10.0×10.0×10.0'mm 정도의 크기로 줄여 보세요.

*크기가 꼭 10×10×10mm가 아니어도 됩니다.

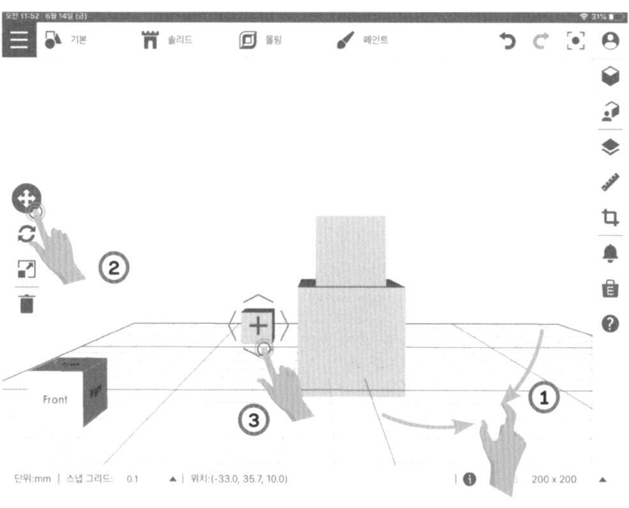

## 5 모델 이동 준비하기

그림과 같이 '큐브 탑' 맨 위에 올라갈 큐브 이동을 위해 '그리드판' 크기를 줄여 줍니다.

[이동] 아이콘을 누른 후 이동할 큐브를 클릭하여 옮길 준비를 합니다.

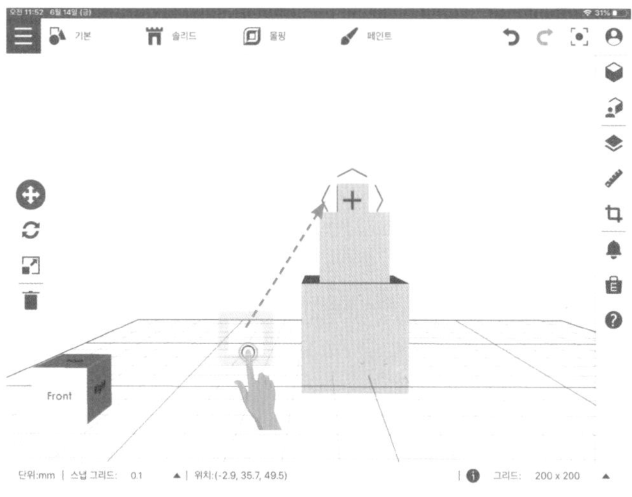

## 6 모델 이동 확인하기

그림과 같이 2층 큐브 탑 중앙 위로 이동시킵니다.

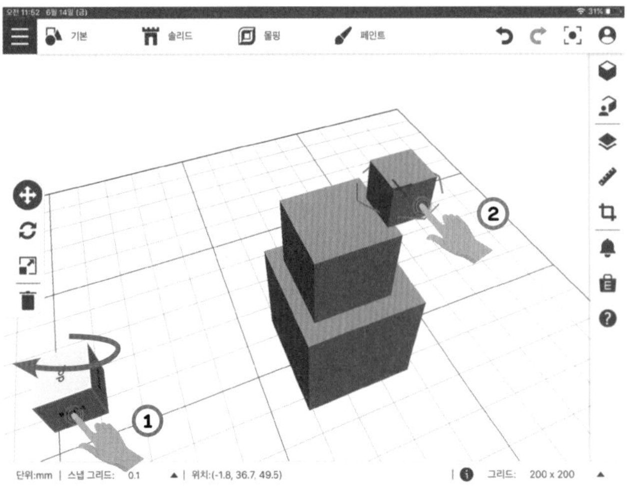


## 7 완성하기

그리드판을 그림처럼 돌려 맨위 큐브를 이동시켜 '큐브 탑'을 완성합니다.

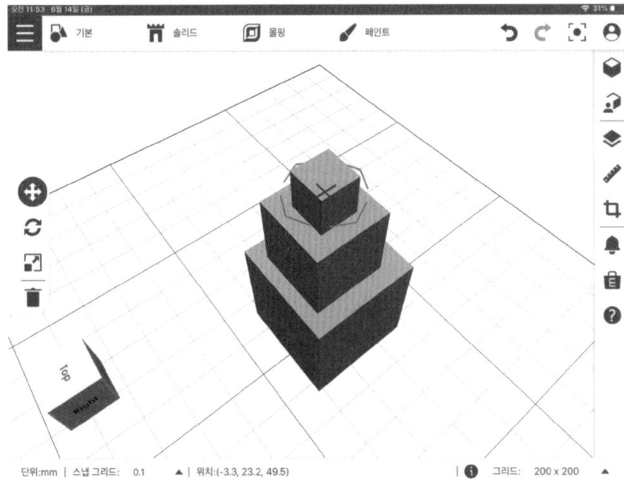


## 8 큐브 탑 확인하기

마지막에는 항상 원하는 모델이 잘 만들어졌는지 그리드판을 돌려 보면서 확인을 하면 좋습니다.

## 미션 I'M POSSIBLE

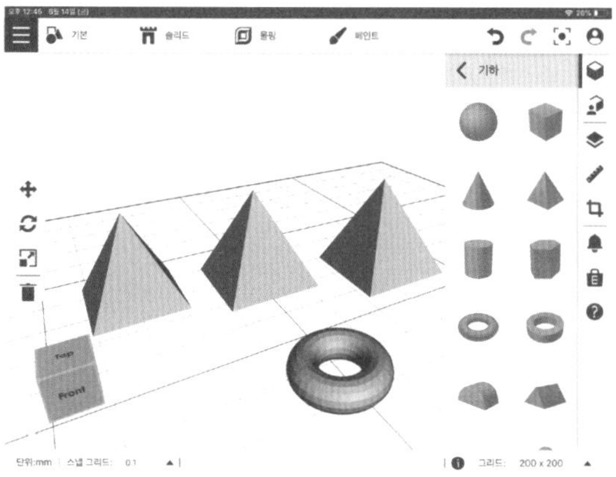

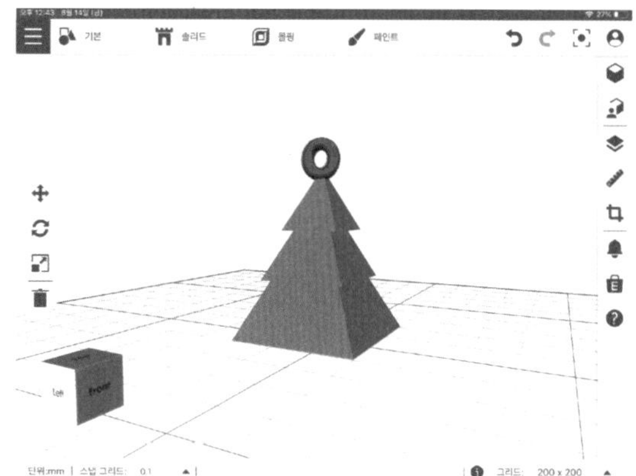

### 미션 준비하기

그림과 같이 미션에 사용할 모델들을 불러옵니다.

### 미션 1 크리스마스 트리를 만들어 보세요

불러온 모델들을 활용하여 그림과 같이 예쁜 크리스마스 트리를 만들어 보세요.

허허허
크리스마스 선물이 있을까요?
나는 주로 크리스마스 트리 밑에
선물을 둔답니다~! 허허허

# 3D도구는 정말 최고!

## 1. 3D기본 도구 활용법

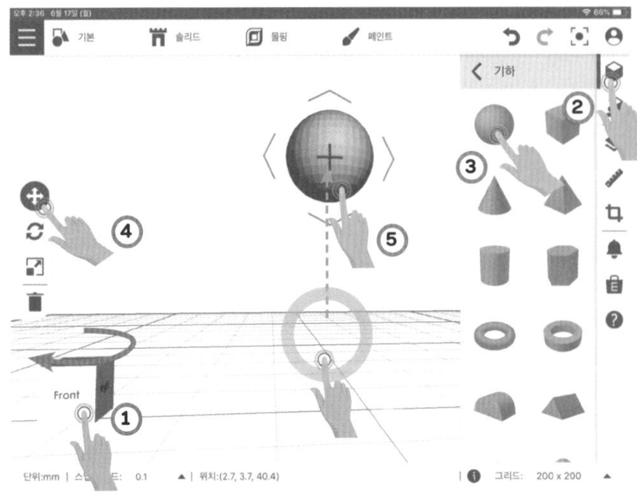


### 1 모델 불러오기

그리드판을 돌려 그림과 같이 만듭니다.

[기하] 메뉴에서 모델을 불러옵니다.

[이동] 아이콘을 누른 후, 그림과 같이 그리드판에서 위로 이동시켜 줍니다.

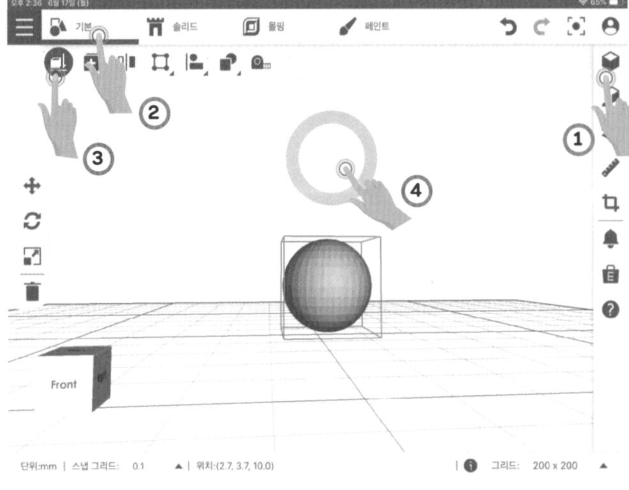


### 2 모델 랜드하기

[패키지] 아이콘을 눌러 [기하] 메뉴를 없앱니다.

[기본] 아이콘 을 누르면, 3D기본 도구 메뉴가 나옵니다.

[랜드] 아이콘 은 모델을 그리드판 위에 바로 붙일 수 있게 하는 도구입니다. 그림처럼 실행해 보세요.

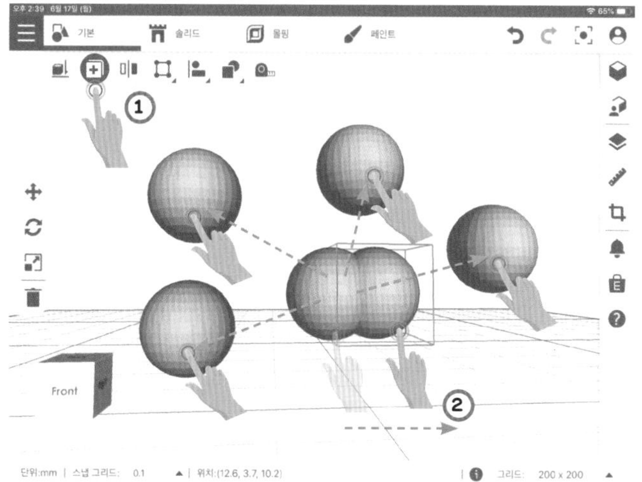

## 3 모델 복제하기

[복제] 아이콘 은 모델을 똑같이 복제할 수 있는 도구입니다.

그림과 같이 복제할 모델을 누른 후, 손을 떼지 않은 상태로 옆으로 움직이면 복제가 됩니다.

모델을 그림처럼 3개 이상 복제해 보세요.

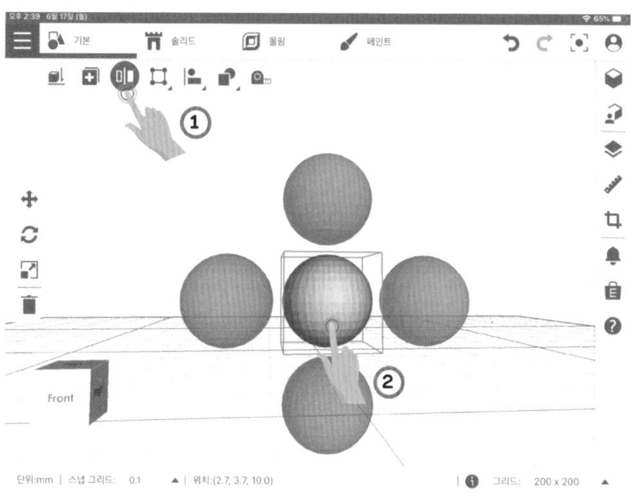

## 4 모델 미러하기

[미러] 아이콘 은 그림과 같이 모델을 클릭하면 4방향으로 거울에 비친 것처럼 이미지가 나타나 그 자리에 선택한 모델을 복제할 수 있는 도구입니다.

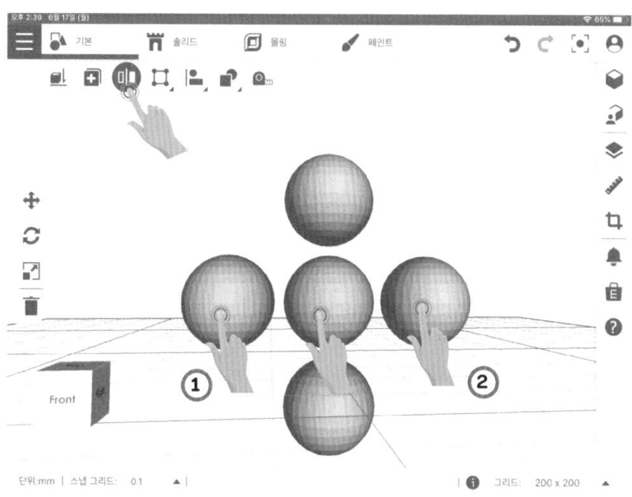

## 5 모델 미러 활용하기

[미러] 아이콘 을 누르고 모델을 클릭하여 4개의 미러 이미지가 나오면, 오른편에 나타난 미러 이미지를 눌러 복제를 합니다.
위와 같은 방법으로 왼편에 나타난 미러 이미지를 눌러 복제를 하면 그림**6**처럼 모델이 3개가 됩니다.

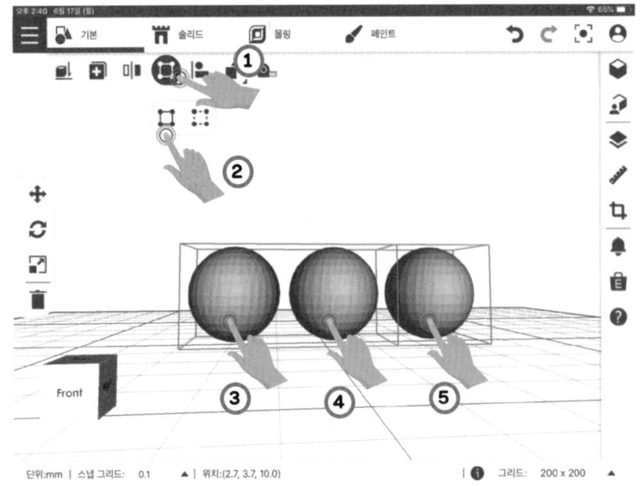


## 6 모델 그룹화하기

[그룹화] 아이콘 을 누르면 모델들을 그룹화시킬 수 있는 도구가 나옵니다.

[그룹화] 아이콘 은 그룹화를 시킬 수 있는 도구입니다. 그림과 같이 그룹화시킬 모델들을 순차적으로 클릭하면 3개의 모델이 1개의 그룹이 됩니다.

## 7 그룹화 확인하기

그림과 같이 [이동] 아이콘을 누르고 모델을 이동시켜 보면, 1개의 그룹으로 그룹화가 잘 되었는지 확인할 수 있습니다. 실행해 보세요.

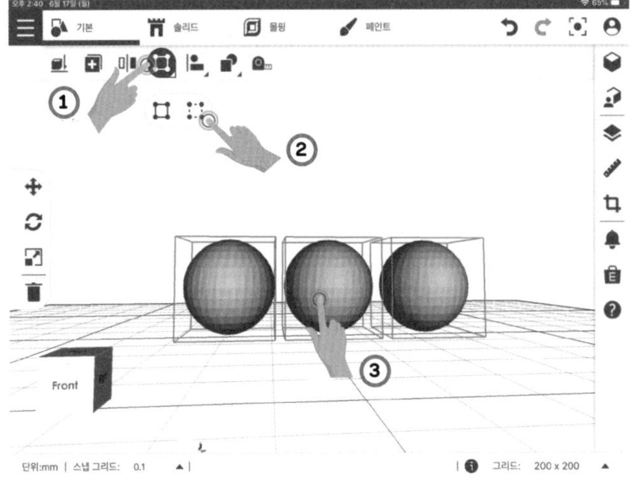


## 8 모델 그룹 해제하기

[그룹화] 아이콘 을 누르고, [그룹 해제] 아이콘 을 클릭하면 그룹을 해제시킬 수 있습니다.
[그룹 해제] 아이콘을 클릭하고 그림과 같이 순차적으로 클릭하면, 그룹이 해제되어 각각의 3개 모델로 다시 돌아갑니다.

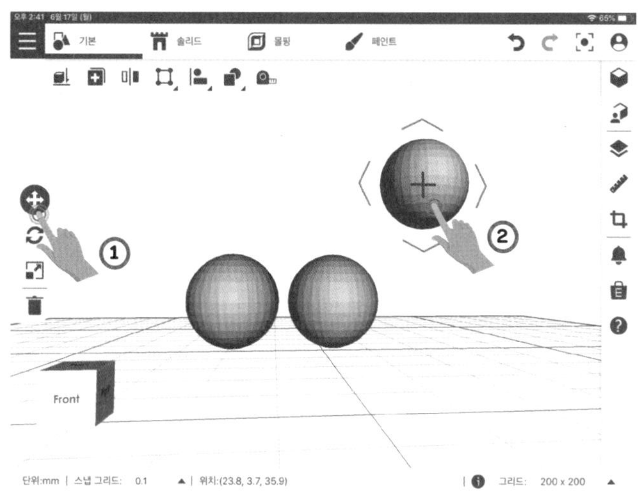


## 9 그룹 해제 확인하기

그림과 같이 [이동] 아이콘을 누르고 모델을 이동시켜 보면 그룹 해제가 잘 되었는지 확인할 수 있습니다. 실행해 보세요.

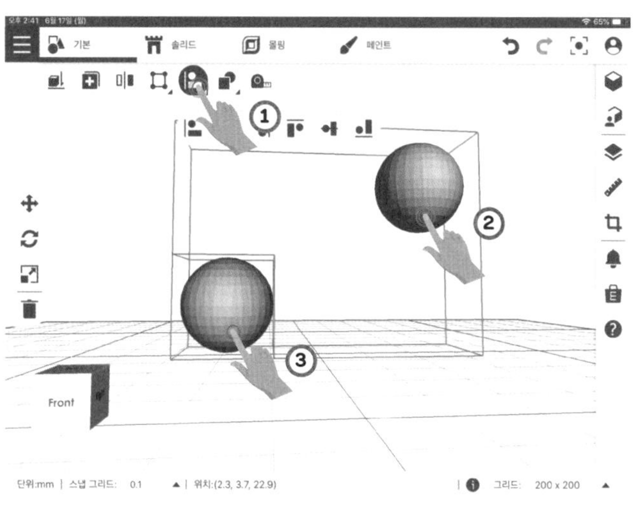


## 10 모델 정렬하기-1

[정렬] 아이콘 을 누르면 모델들을 정렬할 수 있는 도구들이 나옵니다.

[정렬] 아이콘 을 누르고 그림과 같이 정렬할 모델들을 클릭해서 정렬 준비를 해 보세요.

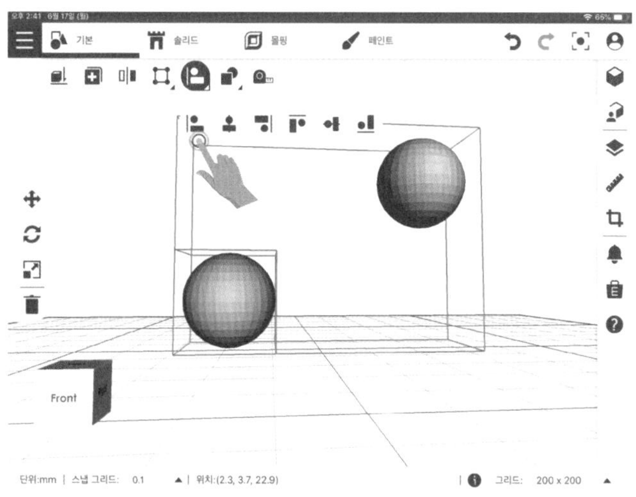


## 11 모델 정렬하기-2

그림**10**처럼 모델들의 정렬 준비가 되면, 그림과 같이 첫 번째 정렬 아이콘 을 클릭해 보세요.

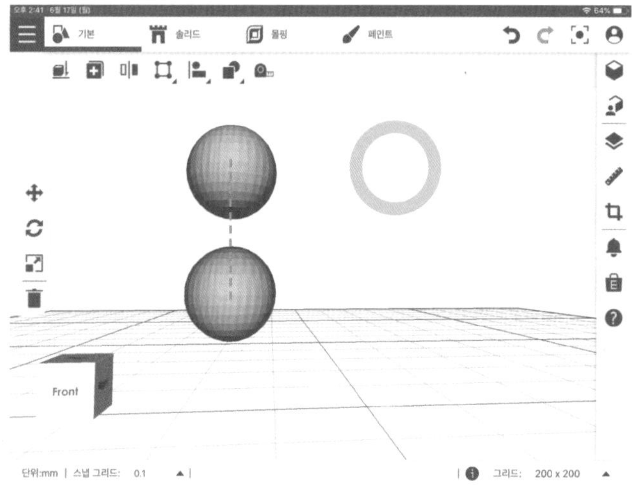


## 12 모델 정렬하기-3

그림과 같이 첫 번째 정렬 아이콘 이미지처럼 정렬되는 것을 확인할 수 있습니다.

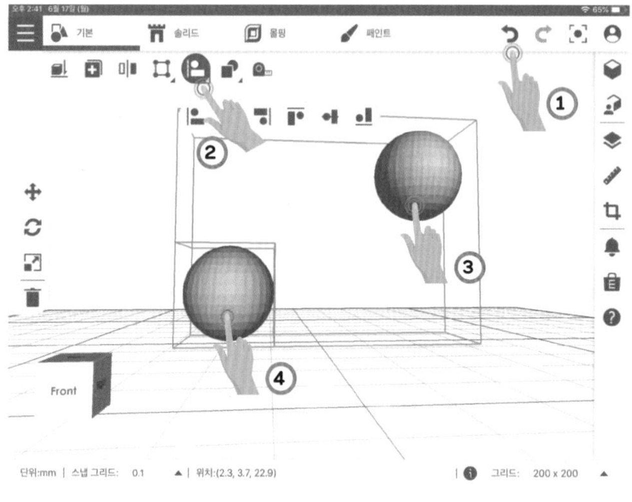


## 13 모델 정렬하기-4

그림**12** 상태에서 [실행 취소] 아이콘을 누르면 정렬 이전 상태가 됩니다.

그림**10~13**의 방법으로, 나머지 [정렬] 아이콘 을 순차적으로 클릭해서 어떻게 정렬이 되는지 확인해 보세요.

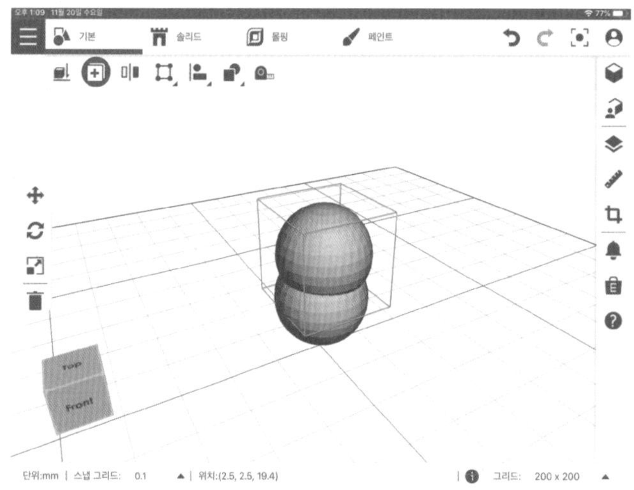


## 14 모델 복제하기

[기본 보기] 상태에서 모델 1개를 불러옵니다.

[복제] 아이콘을 누른 후, 모델을 위로 드래그해서 복제한 모델을 그림과 같이 기존 모델과 겹치게 올려놓습니다.

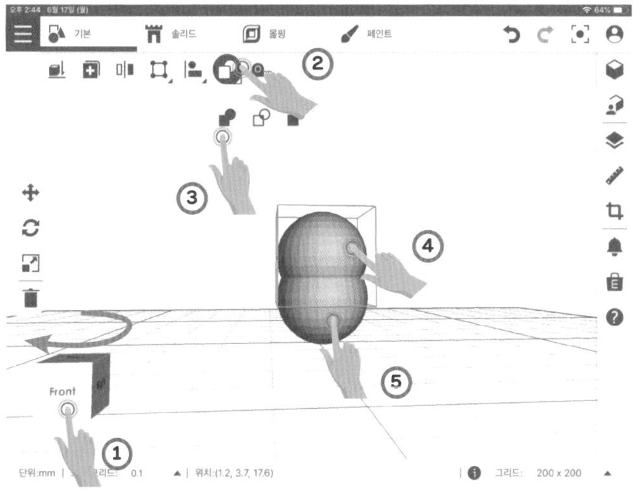

## 15 모델 결합하기

그리드판을 그림과 같이 돌려서 [부울] 아이콘 을 클릭하면 [결합, 교차, 감산] 메뉴가 나타납니다. [결합] 아이콘 은 겹쳐진 모델을 결합시킬 수 있는 도구입니다. 그림과 같이 실행해 보세요.

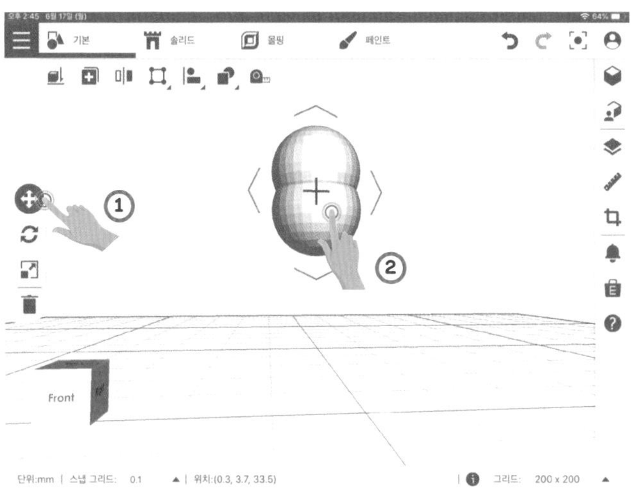

## 16 결합 확인하기

그림과 같이 [이동] 아이콘을 누르고 모델을 이동시켜 보면 결합이 잘 되었는지 확인할 수 있습니다. 한번 실행해 보세요.

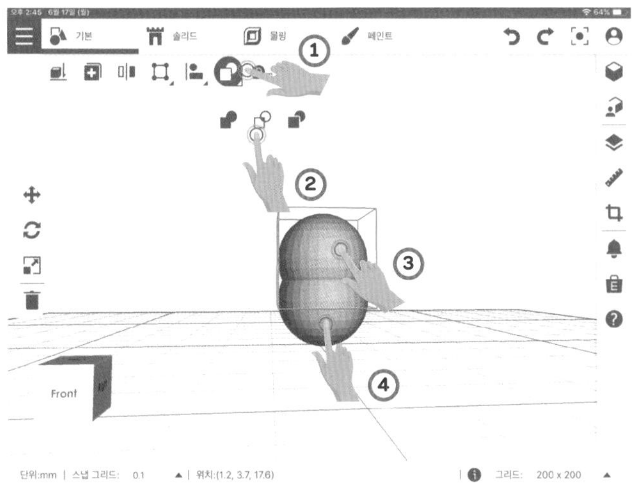

## 17 모델 교차하기

[실행 취소] 아이콘 을 눌러 결합되기 전으로 다시 돌아가 [부울] 아이콘 을 클릭합니다.

[교차] 아이콘 은 교차된 부분 이외는 사라지고, 교차된 부분만 남기게 하는 도구입니다. 그림과 같이 실행해 보세요.

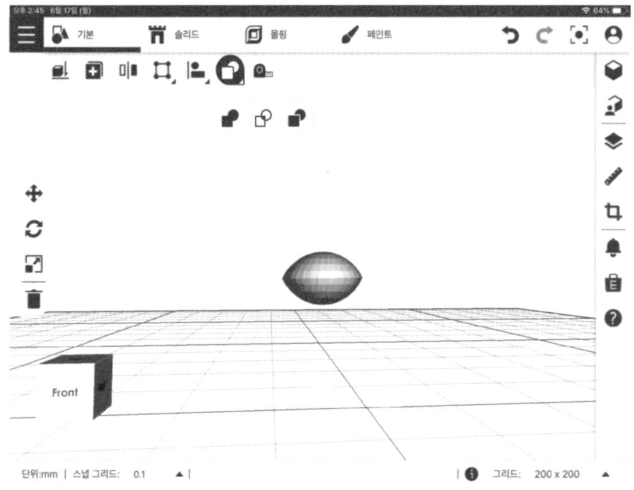

## 18 교차 확인하기

그림17처럼 실행하면 그림과 같이 교차된 부분만 남게 되어 다른 모양의 모델이 되는 것을 확인할 수 있습니다.

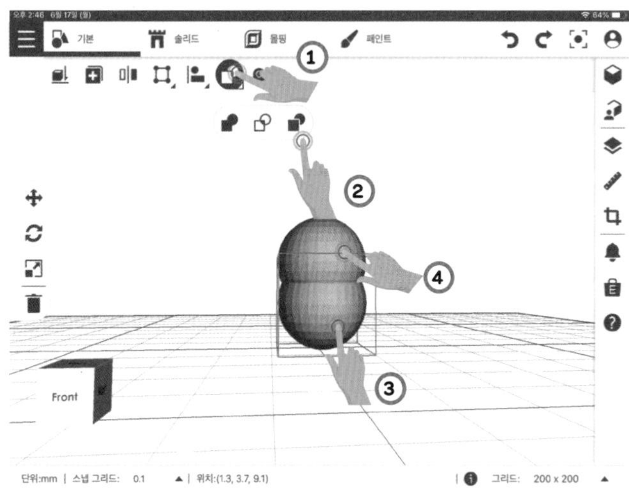

## 19 모델 감산하기

[실행 취소] 아이콘 을 눌러 결합되기 전으로 다시 돌아가 [부울] 아이콘 을 클릭합니다.
[감산] 아이콘 은 감산할 모델을 교차된 부분만큼 사라지게 하는 도구입니다. 그림과 같이 실행해 보세요.

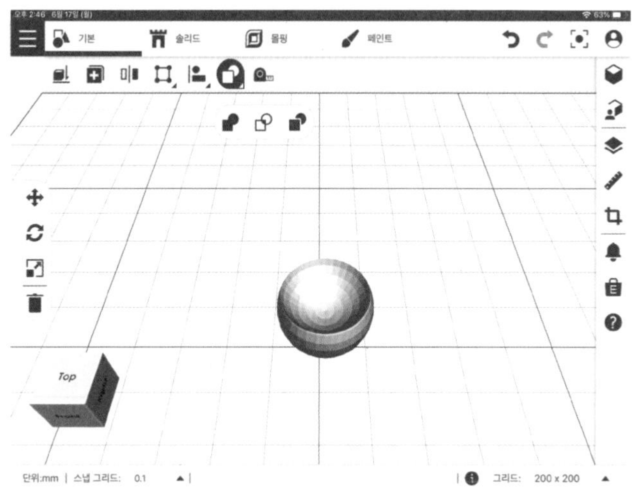

## 20 감산 확인하기

그림20처럼 실행하면 그림과 같이 밑에 있었던 모델이 교차된 부분만큼 사라져 다른 모양의 모델이 되는 것을 확인할 수 있습니다.
그림20에서 ③번과 ④번의 순서를 바꿔 실행해 보며 위의 모델과 어떤 차이가 있는지 확인해 보세요.

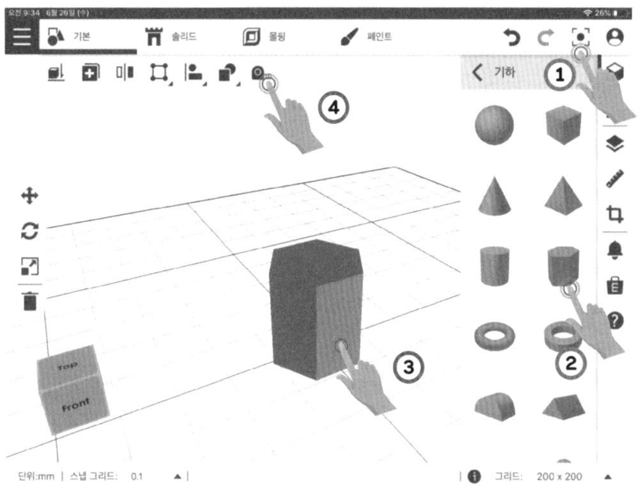


## 21 모델 측정하기-1

그림과 같이 [기본 보기] 상태에서 모델을 불러옵니다.
[측정] 아이콘 은 모델의 크기, 두께 등을 측정할 수 있는 도구입니다. 클릭하여 실행해 보세요.

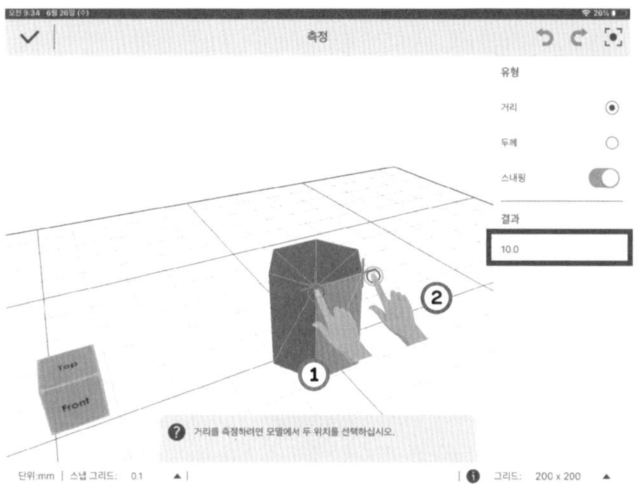


## 22 모델 측정하기-2

[측정] 아이콘 을 클릭하면 다음과 같이 모델을 측정할 수 있는 화면이 나옵니다.
측정하고 싶은 곳의 시작점을 먼저 클릭하고 끝점을 다시 클릭하면 자동으로 사이즈가 측정됩니다.

# 미션 I'M POSSIBLE

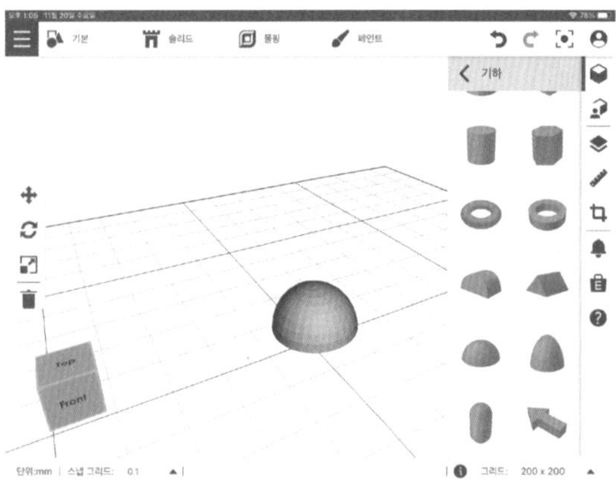

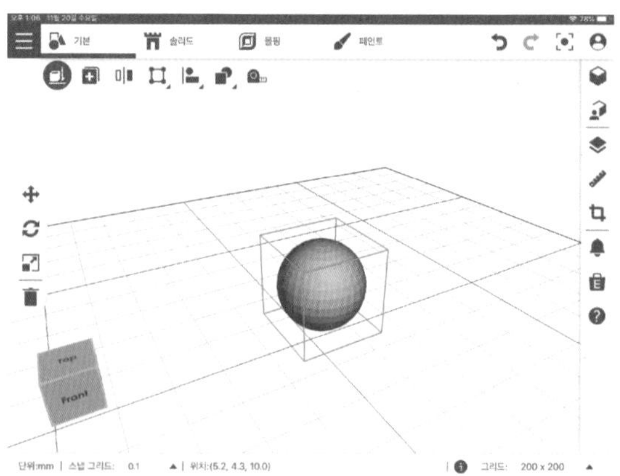

## 미션 준비하기

그림과 같이 [기본 보기] 상태에서 모델 1개를 불러옵니다.

## 미션 1 '공'을 만들어라

다른 모델은 불러오지 않은 상태에서 오직 모델 1개만으로 변형 도구와 3D도구를 활용하여 그림과 같이 '공' 모델을 만들어 보세요.

마지막에 [랜드]를 꼭 해야 미션이 끝납니다.

원하는 위치에 모델을 이동시킬 때에는 [이동] 아이콘을 활용하거나, [정렬] 아이콘을 활용할 수도 있습니다. 이와 같이 자신이 원하는 모델을 만드는 데에는 1가지 방법만 있는 것은 아닙니다. 3D모델링을 할 때에는 여러 가지 아이콘을 활용하여 다양하게 시도하며 적절한 방법을 찾는 것이 좋습니다.

# 3D도구 마스터하기

## 1. 눈사람 모델링 따라하기

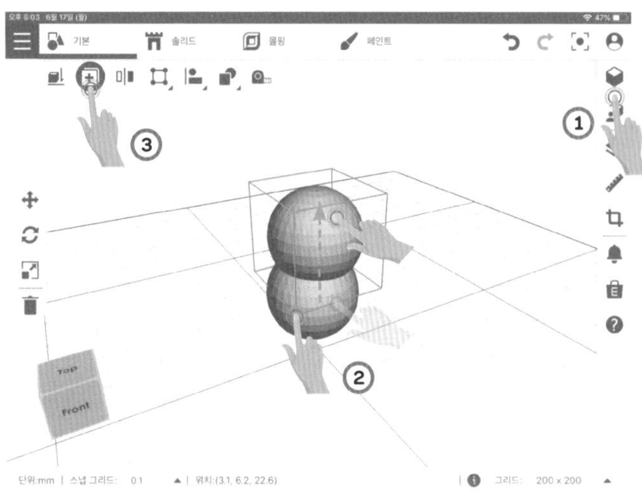


### 1 모델 복제하기

[기하] 메뉴에서 ● 모델 1개를 그리드판에 불러옵니다.
[복제] 아이콘을 클릭한 후, ● 모델을 누르면서 그림과 같이 복제한 모델을 겹쳐 올려놓습니다.

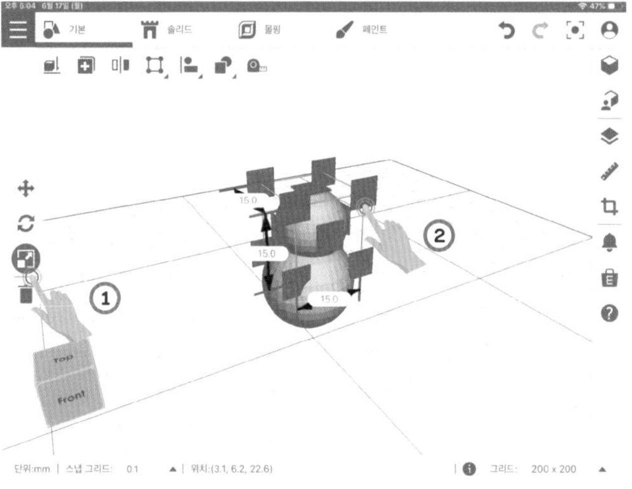


### 2 모델 크기 조절하기

복제된 모델을 [스케일] 아이콘을 눌러 그림과 같이 크기를 '15.0×15.0×15.0'mm 정도로 줄입니다.

*크기가 꼭 15×15×15mm가 아니어도 됩니다.

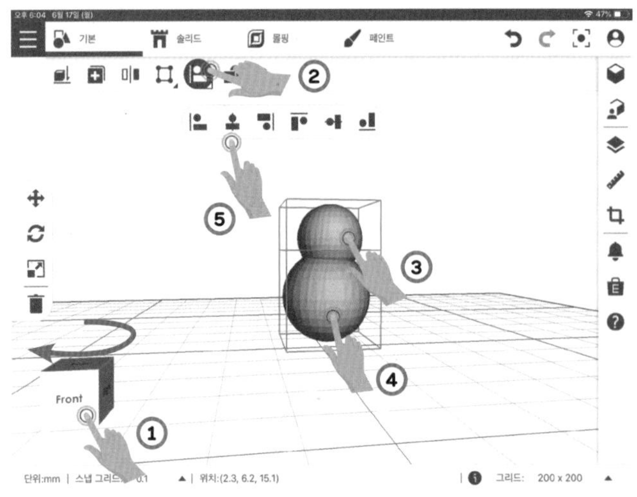


## 3 모델 정렬하기

그리드판을 움직여 그림과 같이 만듭니다. [정렬] 아이콘을 누른 후 정렬할 2개의 모델을 클릭합니다.

2번째 정렬 아이콘을 누르면 2개의 모델이 그림**4**와 같이 정렬이 됩니다.

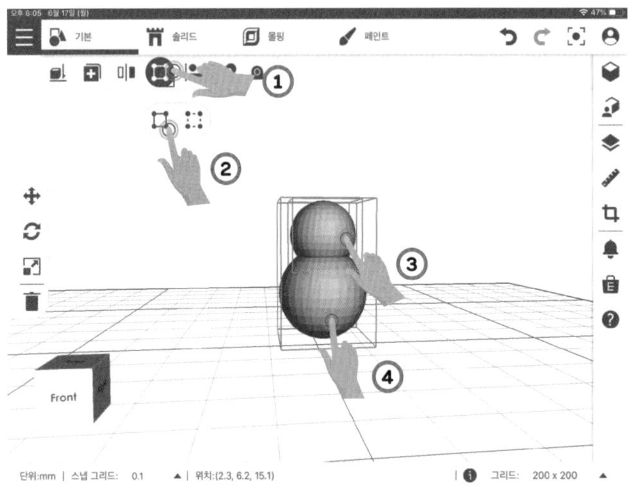


## 4 모델 그룹화하기

정렬이 잘 되었는지 확인한 다음 [그룹화] 아이콘을 클릭합니다.
2개의 모델을 차례대로 클릭하면 그룹화가 되어 하나의 모델이 됩니다.

*모델을 이동시켜 그룹화가 잘 되었는지 확인합니다.

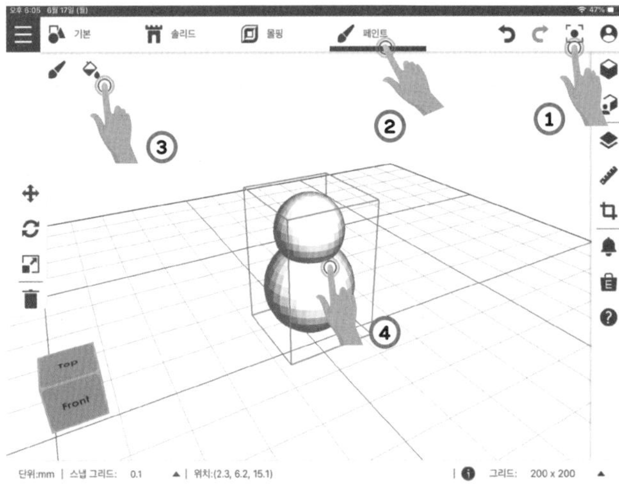


## 5 눈사람 모델 색 입히기

[기본 보기] 아이콘을 클릭하여 기본 보기 화면으로 만듭니다.

[기본 보기] 아이콘 [•]이 오른쪽 하단에 위치한 경우도 있습니다.

[페인트] 메뉴에 들어가서 [컬러피커]를 활용하여 그림과 같이 흰색으로 색을 바꿔 눈사람 모양을 만듭니다.

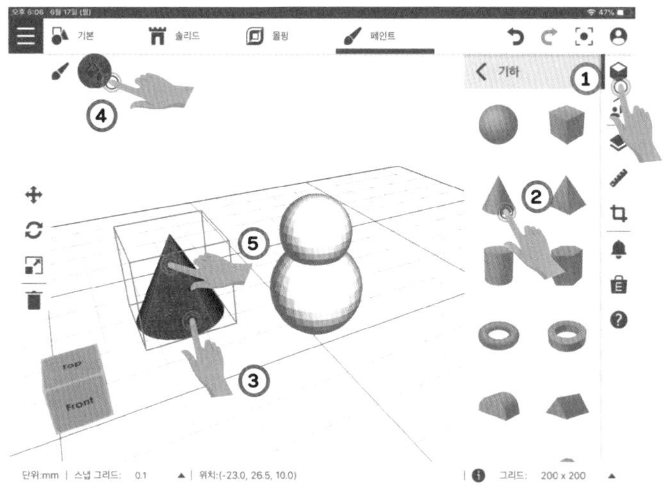


## 6 모자 모델 불러오기

[기하] 메뉴에서 ▲ 모델을 불러옵니다.

▲ 모델을 [페인트] 메뉴에서 그림과 같이 빨간색으로 바꿉니다.

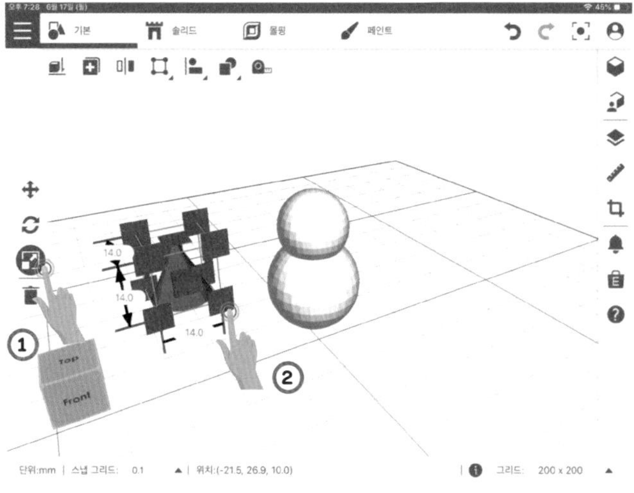


## 7 모자 크기 조절하기

[스케일] 아이콘을 누르고, 크기를 조절할 모델의 모서리를 누르면서 그림과 같이 '14.0×14.0×14.0'mm 정도로 크기를 줄입니다.

*크기가 꼭 14×14×14mm가 아니어도 됩니다.

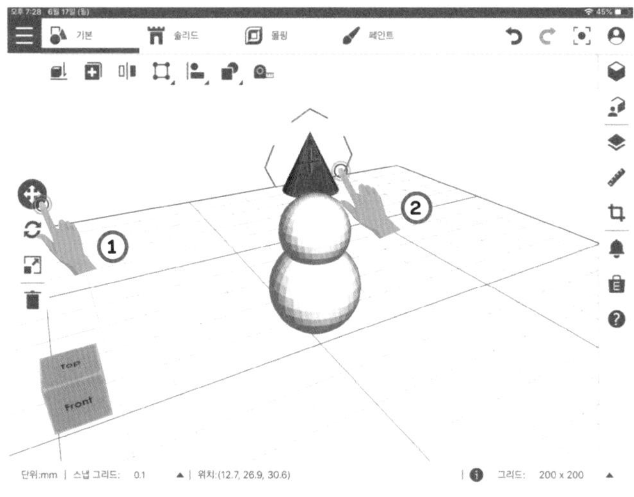


## 8 모자 이동하기

[이동] 아이콘을 클릭하고 빨간 모자를 그림과 같이 눈사람 위로 올려 보세요.

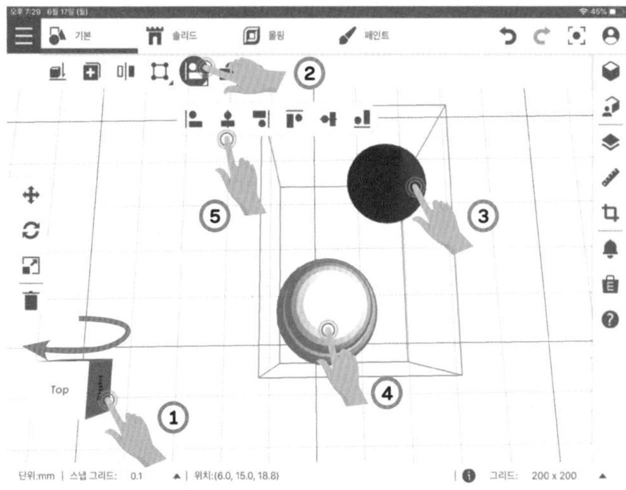

## 9 모자 정렬하기-1

그리드판을 움직여 그림과 같이 만듭니다. [정렬] 아이콘을 누른 후 정렬할 2개의 모델을 클릭합니다.

2번째 정렬 아이콘을 누르면 그림 **10**과 같이 정렬됩니다.

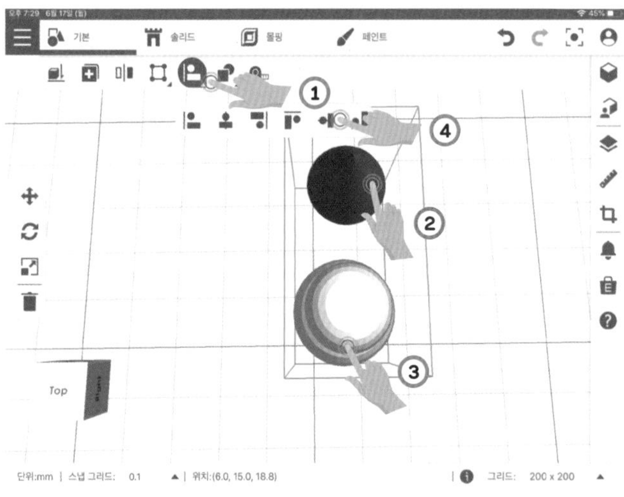

## 10 모자 정렬하기-2

[정렬] 아이콘을 누른 후 정렬할 2개의 모델을 클릭합니다.
5번째 정렬 아이콘을 누르면 그림 **11**과 같이 정렬됩니다.

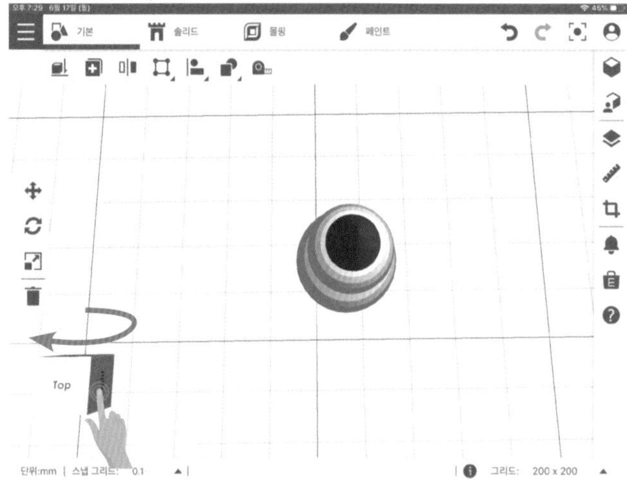

## 11 정렬 확인하기

그림과 같이 정렬이 잘 되었는지 그리드판을 돌려 보며 확인합니다.

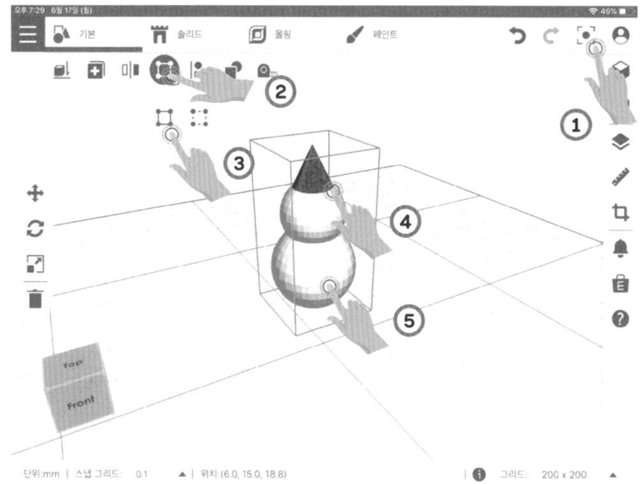


## 12 눈사람 그룹 완성하기

[기본 보기] 아이콘을 클릭하여 기본 보기 화면으로 만듭니다.

[기본 보기] 아이콘 [●]이 오른쪽 하단에 위치한 경우도 있습니다.

그림과 같이 [그룹화] 아이콘을 클릭한 후, 눈사람과 모자 모델을 각각 누르면 그룹화가 되어 눈사람 모델이 완성됩니다.

## 미션 I'm POSSIBLE

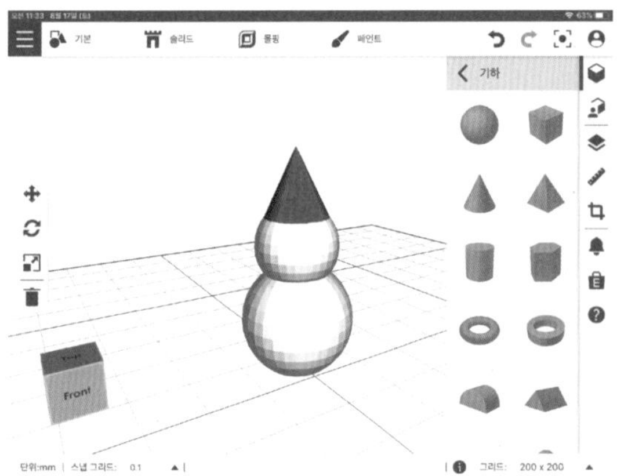

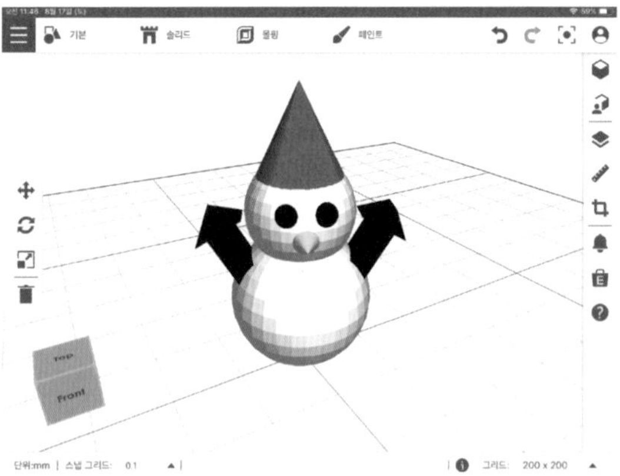

### 미션 준비하기

그림과 같이 [기하] 메뉴를 누른 후 빨간 모자 눈사람을 꾸밀 준비를 합니다.

### 미션 1 '눈사람'을 꾸며 보세요.

[기하] 메뉴에 있는 모델을 이용하여 눈사람을 마음껏 꾸며 보세요(위의 그림은 예시입니다).

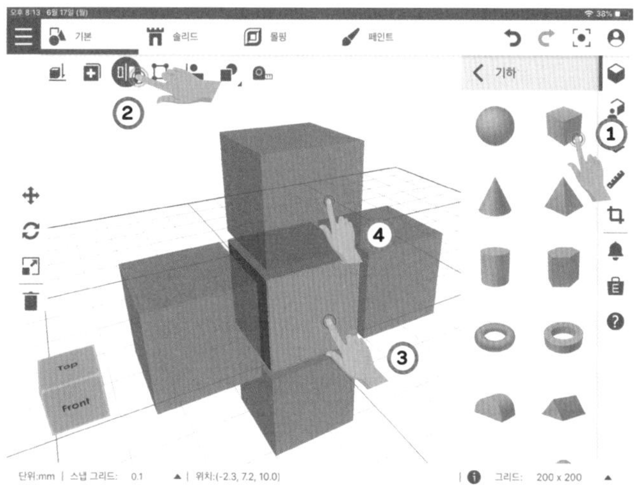

## 1 모델 미러하기

[기하] 메뉴에서 상자를 만들 모델을 불러와, 그림과 같이 [미러] 아이콘을 클릭하여 미러 복제를 할 준비를 합니다.

모델 위를 클릭해서 미러 복제를 합니다.

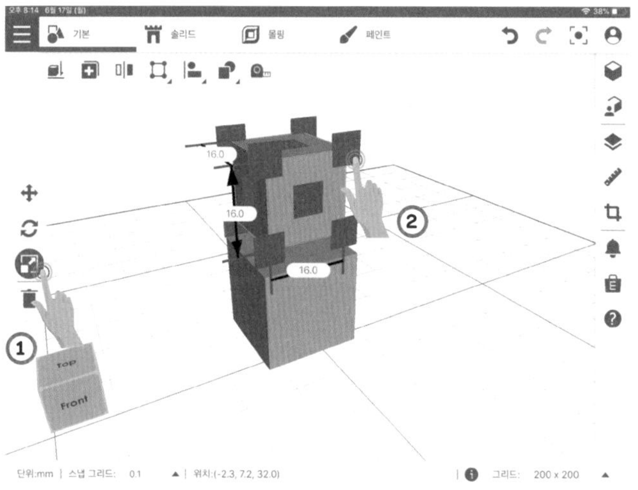

## 2 크기 조절하기

[스케일] 아이콘을 클릭한 후, 복제된 모델 모서리를 누르면서 크기를 그림과 같이 '16.0×16.0×16.0'mm 정도로 줄입니다.

*크기가 꼭 16×16×16mm가 아니어도 됩니다.

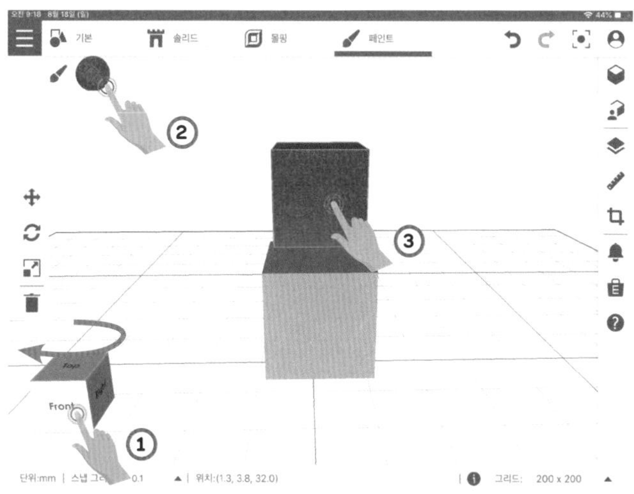

## 3 모델 색 입히기

그리드판을 움직여서 그림과 같이 만듭니다.
[페인트] 메뉴에 들어가서 미러 복제된 모델을 빨간색으로 바꿉니다.

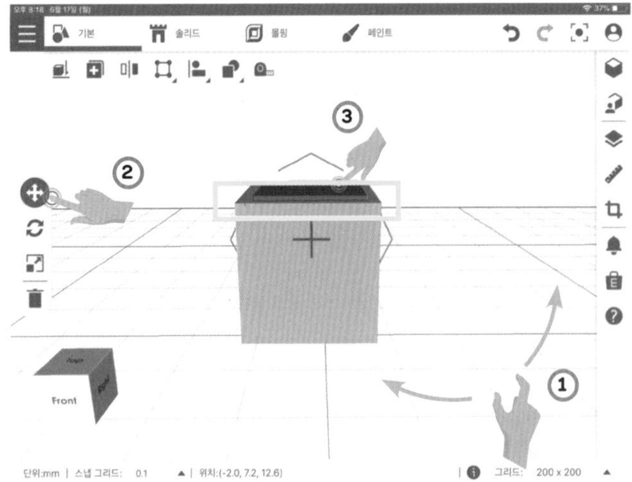


## 4 모델 이동하기

그리드판을 움직여서 그림과 같이 확대해 빨간 모델 이동이 잘 보이게 합니다.

[이동] 아이콘을 클릭한 후, 빨간 모델을 부분처럼 아래 모델 살짝 위에 걸치도록 이동시킵니다.

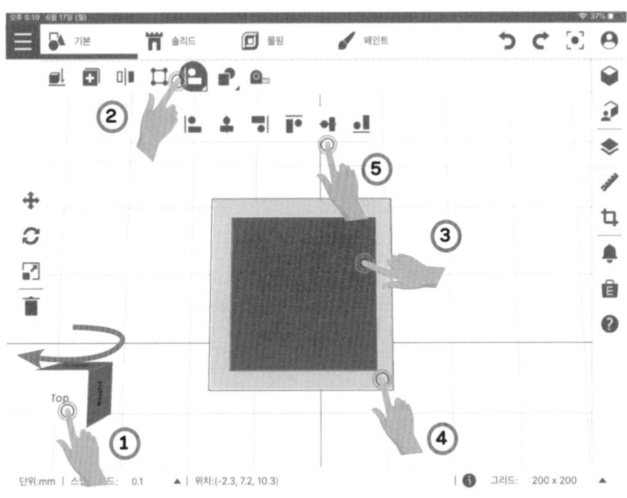


## 5 모델 정렬하기

그리드판을 움직여서 그림과 같이 만듭니다. [정렬] 아이콘을 누른 후 정렬할 2개의 모델을 클릭합니다.

2번째 또는 5번째 정렬 아이콘을 누르며 그림**6**처럼 정렬을 시킵니다.

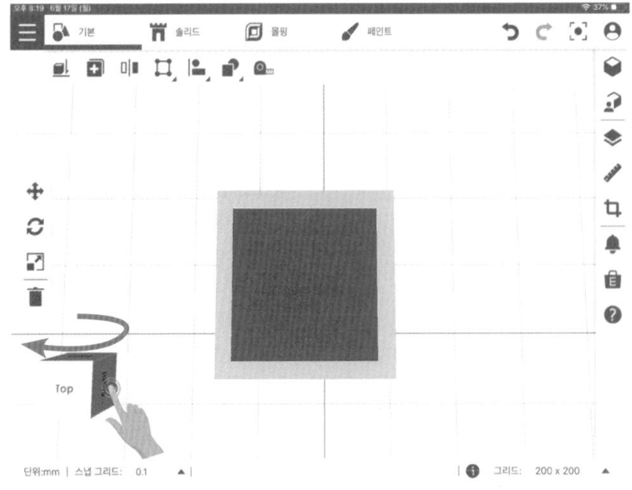


## 6 모델 색 입히기

그리드판을 움직이며 그림과 같이 정렬이 잘 되었는지 확인합니다.

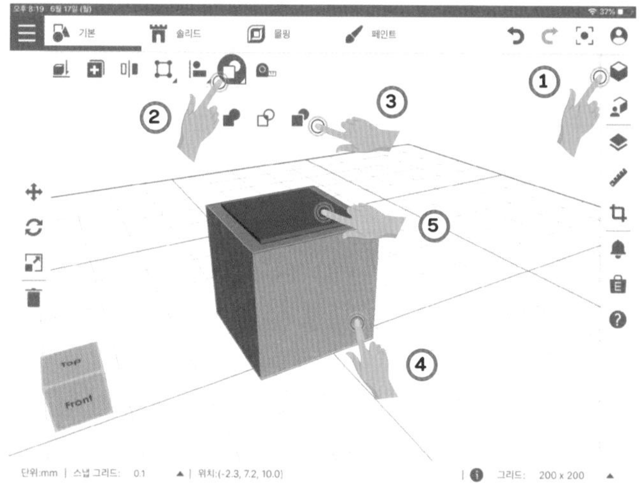

## 7 모델 감산하기

[기본 보기] 화면으로 만듭니다. [부울] 아이콘을 누른 후 3번째 [감산] 아이콘을 눌러 상자를 만들 준비를 합니다.
상자 모델을 먼저 클릭하고 감산할 빨간 모델을 눌러 그림**8**처럼 만듭니다.

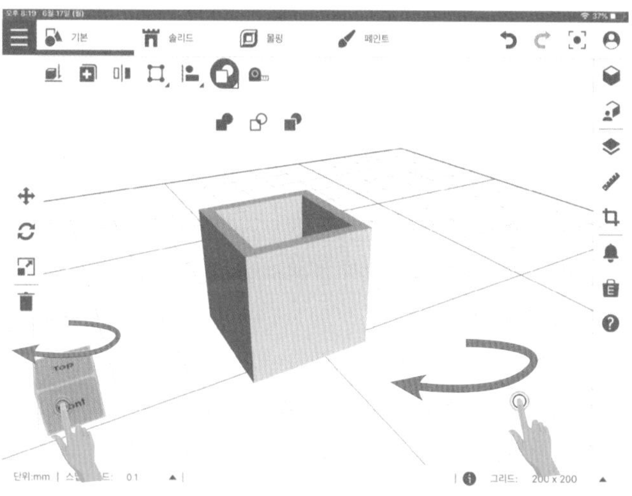

## 8 상자 모델 확인하기

그리드판을 돌려보며 그림과 같이 상자가 잘 만들었는지 확인을 합니다.

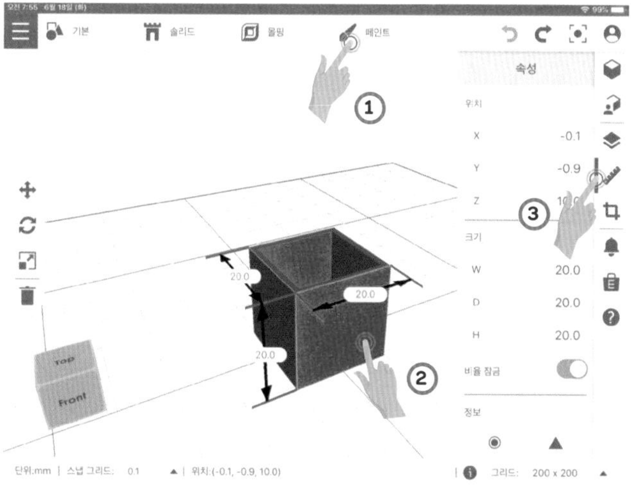

## 9 상자 속성 확인하기

[페인트] 메뉴에 들어가서 먼저 빨간색 상자를 만듭니다.
[속성] 아이콘 을 클릭하면 상자 모델 [속성]이 그림과 같이 뜹니다.

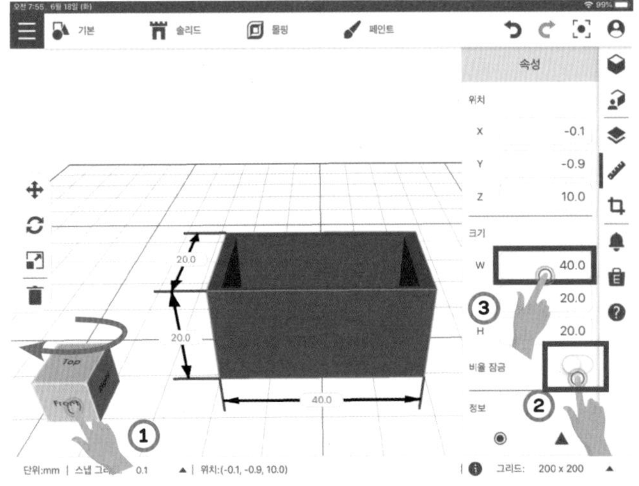


## 10 상자 크기 조절하기

그리드판을 돌려서 그림과 같이 만듭니다.

[비율 잠금] 버튼을 클릭하여 비율 잠금을 풀어 줍니다.

[크기] 속성에서 [W] 부분의 〈20.0〉을 〈40.0〉으로 변경해서 입력하세요.

*[비율 잠금]은 같은 비율로 크기를 조절해 줍니다.

## 11 상자 속성 확인하기

그리드판을 움직여 그림과 같이 만듭니다.

[회전] 아이콘을 클릭한 후, 그림과 같이 모델을 90도로 회전시켜 보세요.

[크기] 수치가 어떻게 변화되었는지 확인해 보세요.

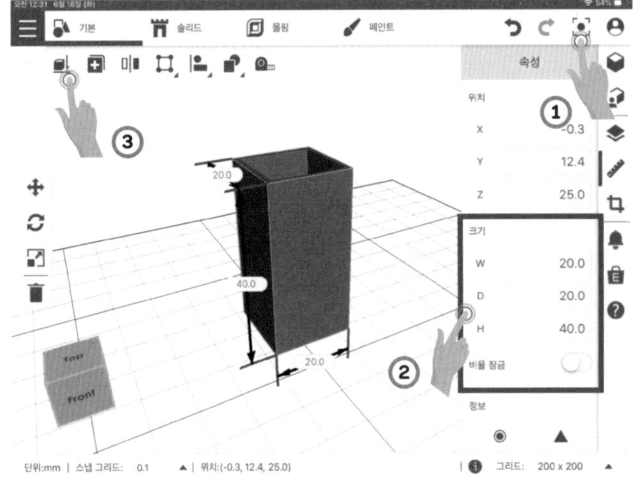


## 12 상자 크기 조절하기

[기본 보기] 아이콘을 눌러 기본 보기 화면을 만듭니다.

상자 [속성]에서 'W:20.0/D:20.0/H:40.0'mm 크기로 입력해 보세요.

[기본] 메뉴에서 [랜드] 아이콘을 눌러 상자 모델을 완성해 주세요.

## 미션 I'M POSSIBLE

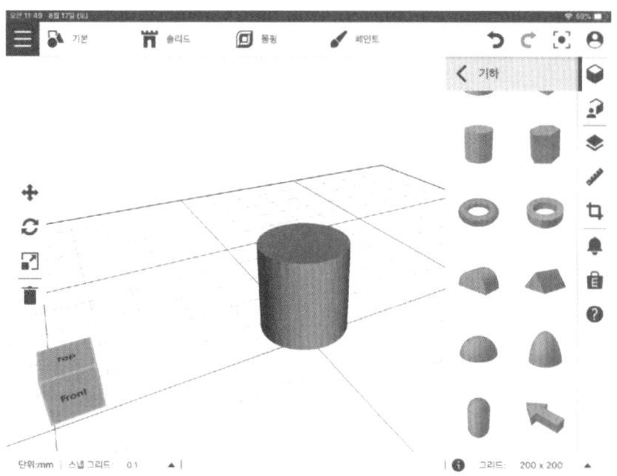

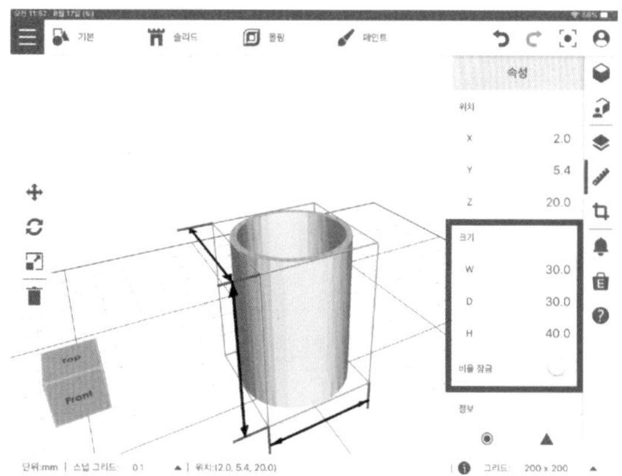

### 미션 준비하기

그림과 같이 미션에 사용할 모델을 불러옵니다.

### 미션 1 원통 상자를 만들어라

그림과 같은 'W:30.0/D:30.0/H:40.0'mm 크기의 원통형 상자를 만들어 보세요.

# Chapter 5 3D프린터로 뽑기 배우기

## 1. 3D프린터, 그것이 알고 싶다

### 3D프린터 종류

3D프린터는 FDM 방식, SLS 방식, DLP Process, MJM 방식, SLM 방식, EBM 방식, Hybrid SLM 방식, LMD 방식 등 출력 방식에 따라 종류가 나누어지고, 출력 방법도 조금씩 다릅니다.

그런데 말입니다. 이런 것을 잘 몰라도 3D프린팅은 충분히 할 수 있습니다. 지금 사용하고 있는 2D프린터에 대해 잘 몰라도 문서 인쇄를 잘 하고 있는 것과 같습니다. 여기에서는 가장 많이 쓰이는 FDM 방식의 3D프린터 원리 정도만 간단히 배워보도록 하겠습니다.

### 3D프린터 원리

일반적으로 쓰이는 FDM(Fused Deposition Modeling) 방식의 3D프린터 작동 원리입니다.

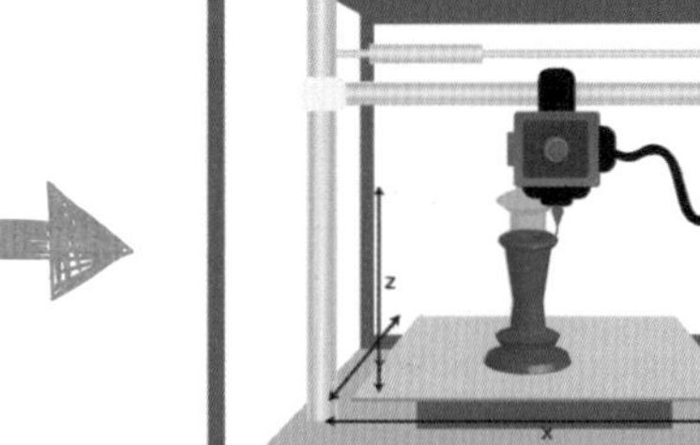

거미는 거미 몸속의 실샘에 모여 있는 액체 상태의 단백질이 실관을 통과하면서 거미줄을 만들어 거미집을 짓습니다. 3D프린터의 작동 원리도 이와 비슷합니다.

열에 의해 녹는 필라멘트(프린팅 재료)를 뜨거운 압출기 노즐에 통과시켜 한 층씩 쌓아 올라가며 입체 형태의 모양을 만들어 냅니다.

## 2. 3D프린터로 출력하려면

### 3D프린터 출력방법

선생님~ 모델링만 하면
3D프린터로 출력이 되나요?

슬라이싱 과정이 필요합니다. 모델을 출력하기 위해서는 3D프린터가 움직여야 되는 길을 만들어 줘야 하는데, 슬라이싱이란 모델을 한 층 한 층 잘라 주어 길을 자동으로 만들어 주는 과정을 말합니다.

슬라이싱 과정은
어떻게 하면 되죠?

모델링 프로그램과 출력할 3D프린터의 종류에 따라 슬라이싱 과정은 조금씩 다를 수 있습니다. 첫 번째로는 모델링 프로그램에서 바로 슬라이싱을 하는 방법이 있고요, 두 번째로는 STL 파일 등과 같이 파일 확장자를 변환한 후에 3D프린터와 호환이 되는 슬라이싱 프로그램을 활용하여 모델을 출력할 수 있는 방법 등이 있습니다.

으... 어려워요...

어렵죠? 그래서 말입니다. 여기에서는 XYZmaker 3DKit을 활용한 2가지 방법에 대해서만 짧고 굵게 알아보도록 하겠습니다.

## 3. 출력하기 전, 모델 저장은 필수

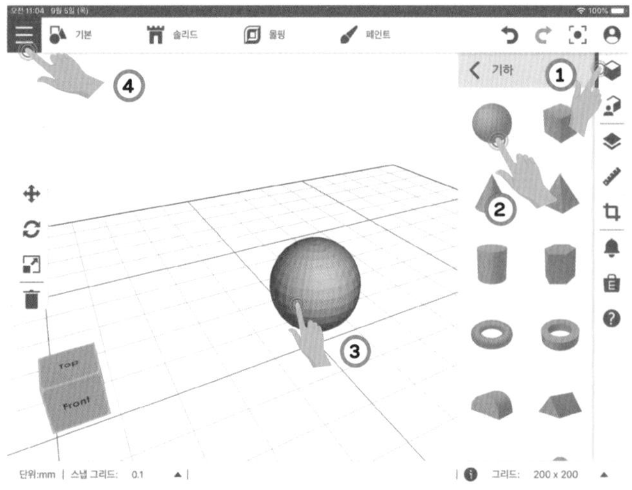


### 1 모델 불러오기

그림과 같이 모델을 불러옵니다.

아이콘을 누르면 그림2와 같은 화면이 나옵니다.

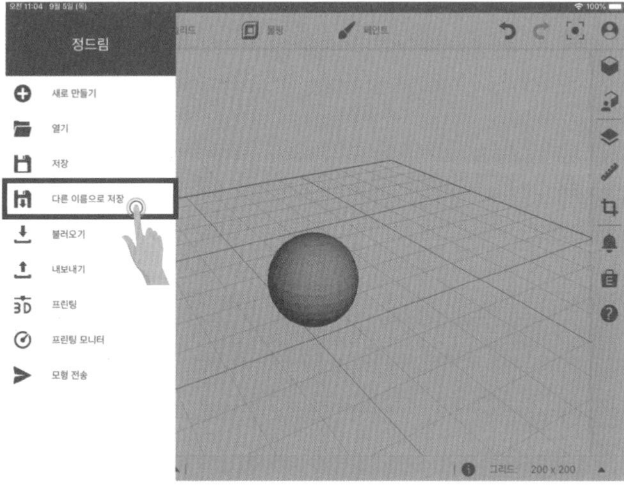


### 2 다른 이름으로 저장 누르기

그림과 같이 [다른 이름으로 저장] 아이콘을 눌러 저장할 준비를 합니다.

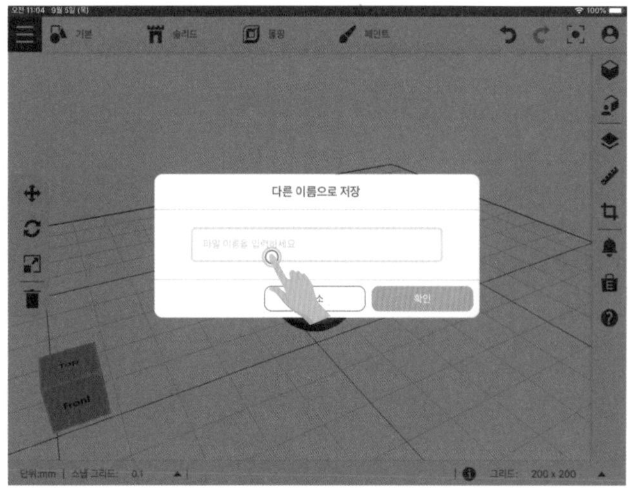


### 3 다른 이름으로 저장 화면

그림과 같은 화면이 나오면 [파일 이름을 입력하세요] 부분을 클릭해서 파일 이름을 입력합니다.

## 4 다른 이름으로 저장하기

자신이 정한 파일 이름을 입력한 후에 [확인] 버튼을 누르면 입력한 파일 이름으로 저장이 됩니다.

## 4. 모형전송을 통한 출력하기

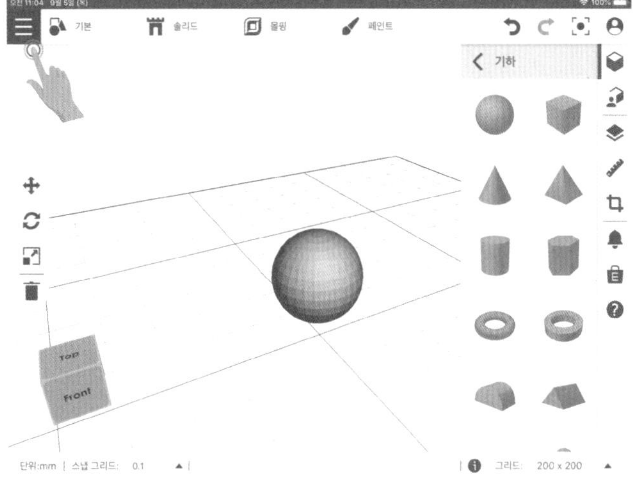

### 1 모형 전송 메뉴 들어가기

그림과 같이 ☰ 아이콘을 클릭합니다.

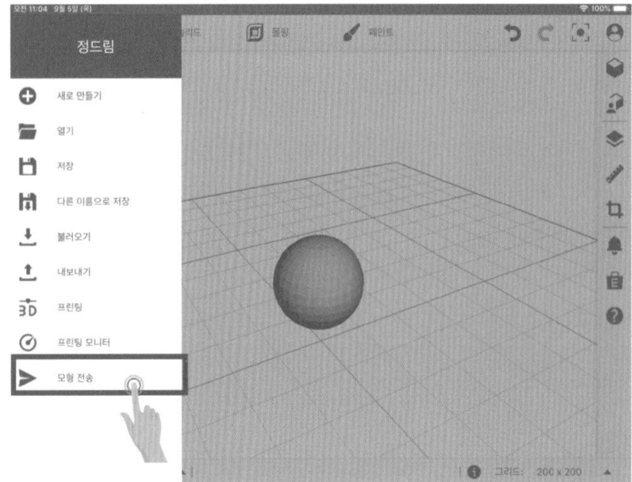

## 2 모형 전송 클릭하기

[모형 전송] 아이콘을 눌러 출력할 모델을 전송할 준비를 합니다.

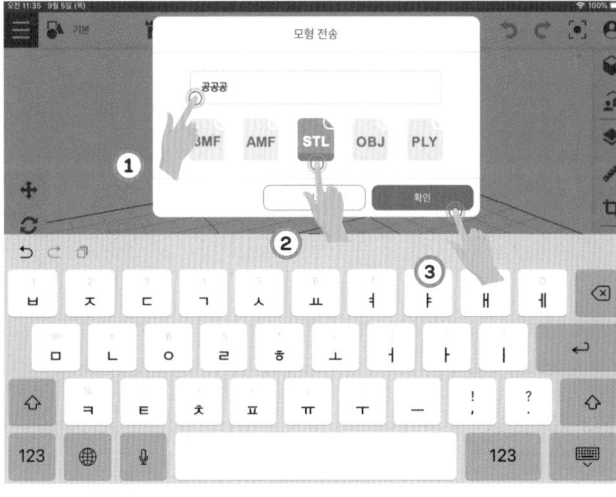

## 3 파일 확장명 변환하기

전송할 모델 파일명을 다시 입력합니다. 호환이 가장 많이 되는 [STL] 파일을 클릭합니다.

확인 버튼을 눌러 전송할 곳(메일, 파일에 저장 등)이 나오면 그중에 선택해서 보냅니다.

전송된 파일을 다운받아서 3D프린터와 호환이 되는 슬라이싱 프로그램을 사용하여 3D프린터로 출력하면 됩니다. 인터넷을 찾아보면 부족함 없이 친절하고 섬세하게 소개하는 블로그가 많이 있으니 참조해서 한번 시도해 보는 것은 어떨까요?

## 5. XYZmaker 3DKit에서 출력하기

XYZmaker 3DKit 프로그램에서 바로 출력을 하려면 호환되는 3D프린터가 있어야 합니다. 또한 프린터와 모바일 장치가 모두 동일한 무선 네트워크에 연결된 경우에만 사용할 수 있습니다.

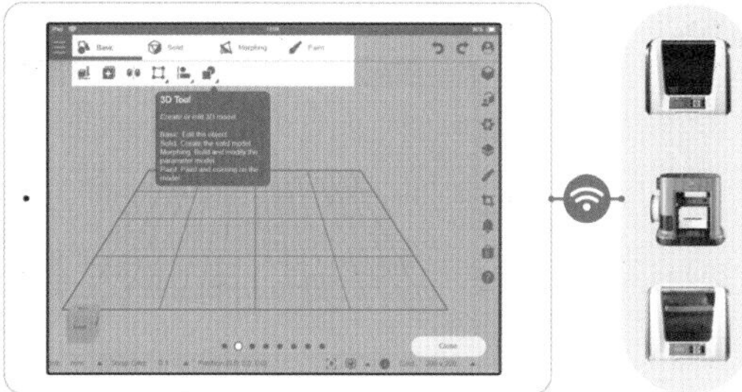

※XYZmaker 3DKit와 호환되는 3D프린터는 da Vinci nano, Jr. 1.0A(Wi-Fi Box 포함) da Vinci mini w/da Vinci Jr. 1.0 w/Jr. 1.0 3-i n-1/Jr. 2.0 Mix/da Vinci 1.0 Pro 등이 있습니다.

### 3D프린팅 출력 과정 예시

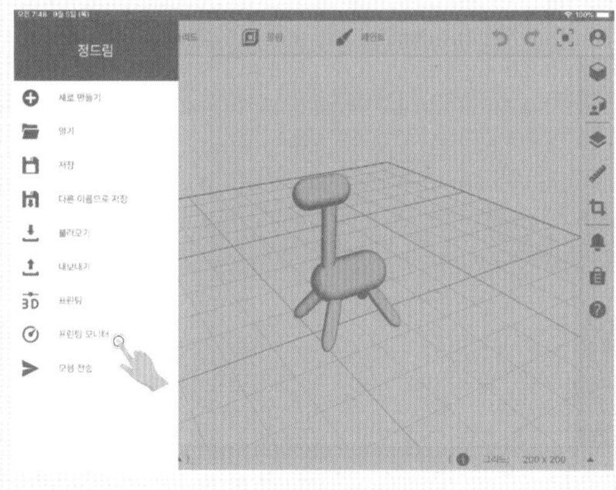


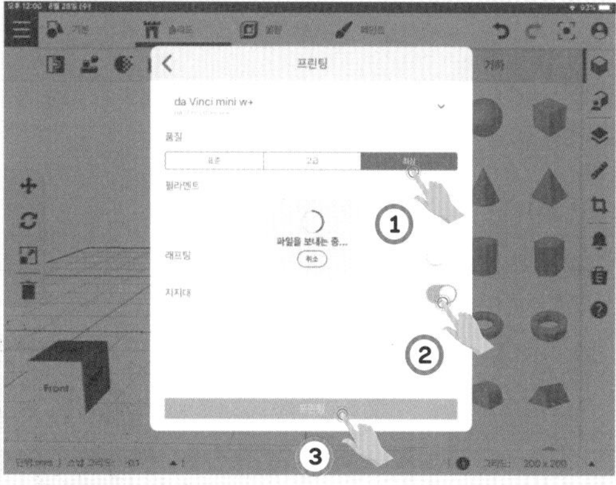

※ 프린팅 설정(품질/필라멘트/레프팅/지지대)은 모델 유형과 3D프린터 종류에 따라 다르게 설정할 수 있습니다.

## 6. 3D프린터, 그것이 더 궁금하다

선생님, 필라멘트가 뭔가요? 시멘트는 들어 봤는데, 처음 들어 봐서요.

carvon Fiber PLA

ABS

PLA

Tough PLA

일반적으로 쓰이는 FDM 3D프린터는 재료를 200℃ 이상 가열해 녹인 후 굳히면서 모형을 만들어 나가는 방식입니다. 이때 사용하는 재료를 흔히 필라멘트라고 부릅니다. 필라멘트는 ABS, PLA 같은 플라스틱 소재가 주를 이루고 있습니다.

그럼 지지대와 레프팅은 무엇을 말하나요?

지지대는 출력을 할 때 모델이 무너지지 않게 지지해 주는 역할을 하는 도구입니다.

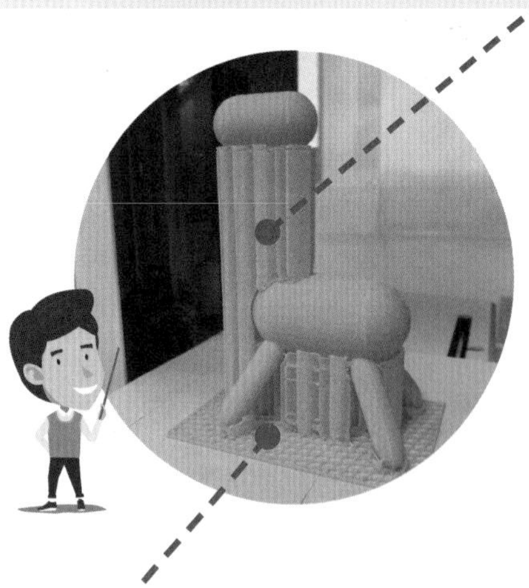

레프팅은 밑이 평평하지 않은 모델을 출력하기 위해 모델에서 받침 역할을 하는 도구입니다. 지지대와 레프팅은 출력하고 싶은 모델에 따라 다르게 설정할 수 있습니다. 한번 해 보면 절대 어렵지 않습니다. '3D프린터로 출력하기', 꼭 시도해 보세요.

## 미션 I'M POSSIBLE

**Q** '3D프린터로 출력하기'를 시도했다면, 3D프린터로 출력을 한 과정과 출력한 후의 느낀 점을 자유롭게 적어 보세요.

선생님, 저는 3D프린터가 없어요.

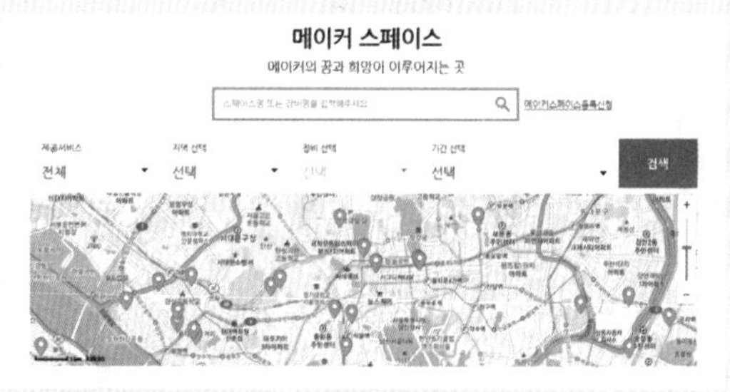

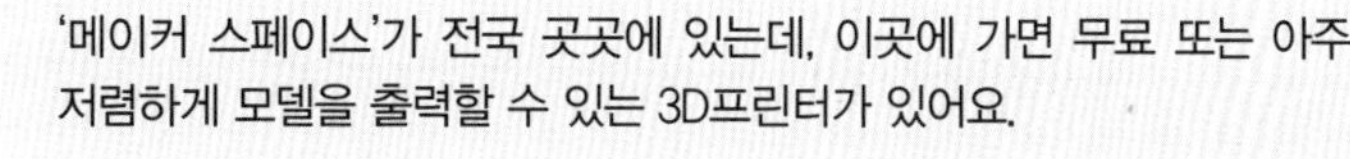

'메이커 스페이스'가 전국 곳곳에 있는데, 이곳에 가면 무료 또는 아주 저렴하게 모델을 출력할 수 있는 3D프린터가 있어요.

홈페이지 참조 - https://www.makeall.com/

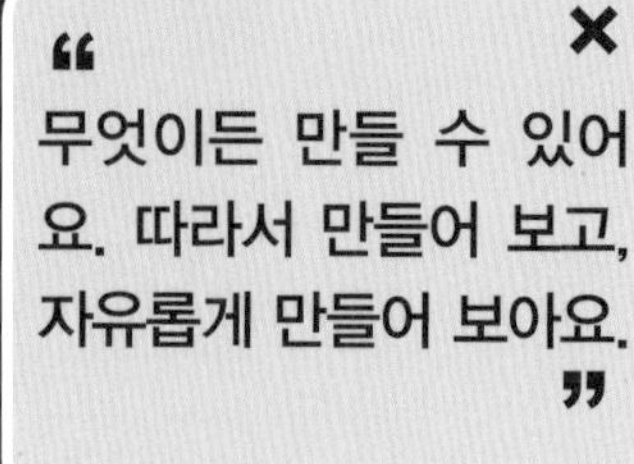

## PART 3 - CONTENTS

# PART 3

# 너도 나도, MAKER!

Chapter 1

# 최강 팽이 만들기
## -스케치하며 상상하라

## Maker Start

• **장난감도 직접 만드는 세상**

요즘에 팽이 대결을 소재로 만든 애니메이션들이 아이들 사이에서 엄청난 인기를 누리고 있습니다. 자동차 팽이, 공룡 팽이, 변신 가능 팽이, 합체 팽이 등 각양각색의 팽이들이 등장하며 아이들의 호기심과 흥미를 끌고 있는데요, 한 애니메이션에서는 3D프린터로 자신의 팽이를 업그레이드해 가며 대결을 펼치는 장면이 나와 인상 깊게 본 적이 있습니다.

이제는 만화를 보고 마트에서 자신이 좋아하는 장난감 팽이를 사는 것을 넘어, 자신만의 팽이를 모델링하며 3D프린팅해 보는 아이들의 모습을 주변에서 흔히 볼 수 있는 세상이 다가오고 있습니다.

자신이 좋아하는 것을 직접 만들어 보는 3D프린팅, 독창성을 발휘하여 우리는 창조적인 3D프린팅 메이커 능력을 키울 수 있습니다.

Chalk

**MAKER 생각**

**Q. 자신이 요즘 흥미를 가지고 있는 주제 또는 상품은 무엇인가요?**

선생님~ 저는요…
3D프린터로 꼬옥
우주 최강 팽이를
만들 거예요.

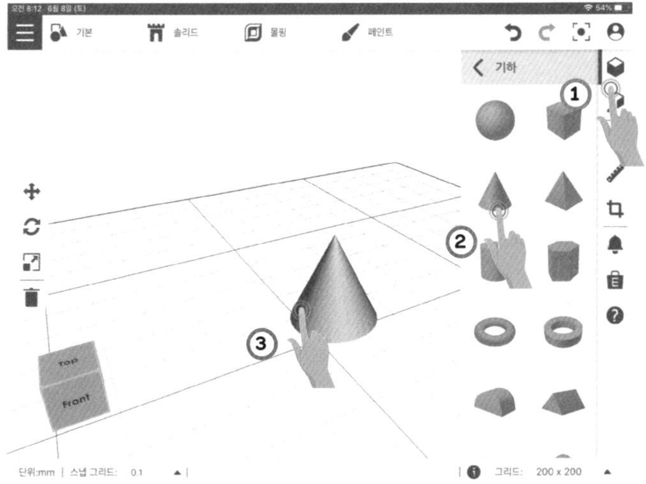


## 1

[기하] 메뉴에서 그림과 같은 모델을 불러옵니다.

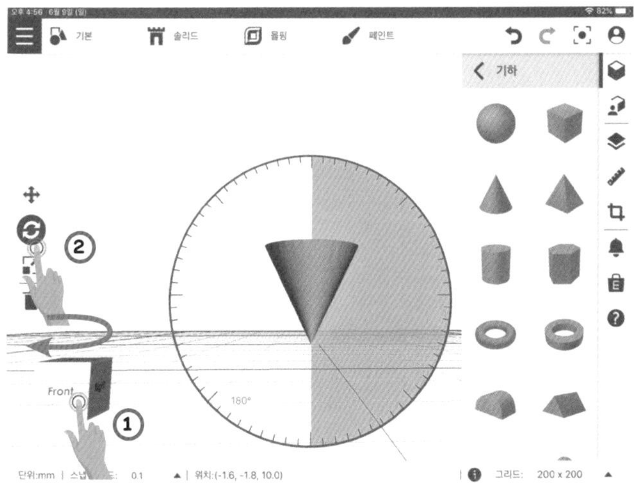


## 2

그리드판을 돌린 후에 모델을 180도 회전시킵니다.

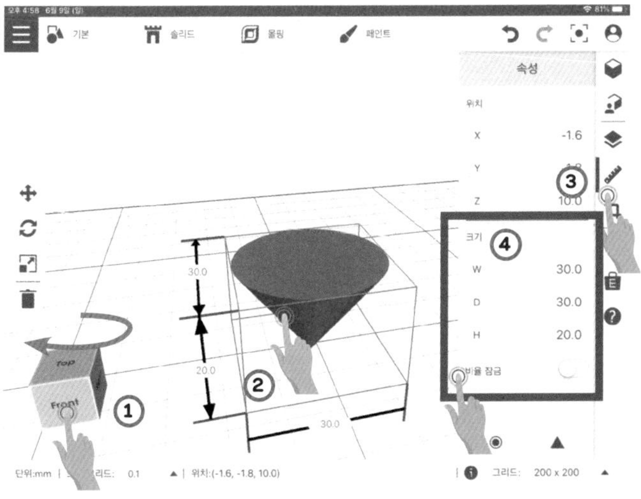


## 3

그리드판을 돌린 후, 'W:30.0/D:30.0/H:20.0'mm 크기로 만듭니다.

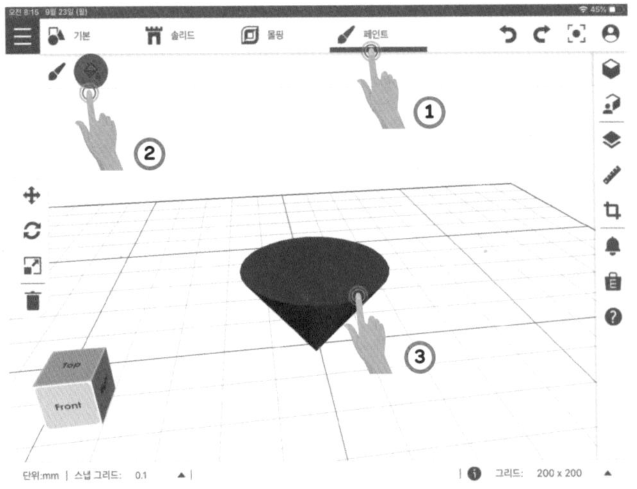

## 4

모델 색을 빨간색으로 바꿉니다.

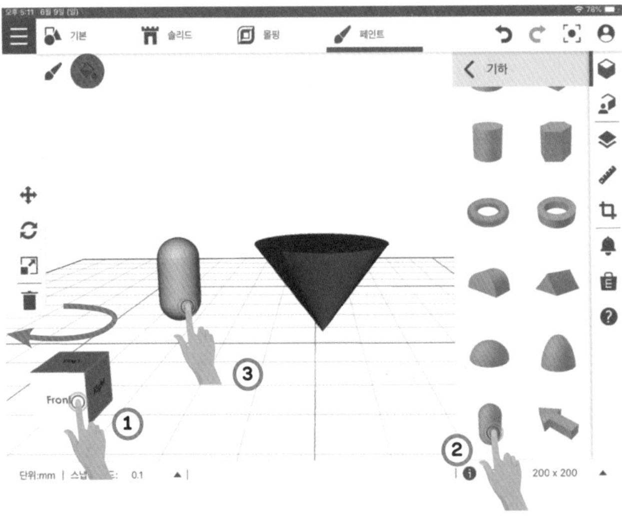

## 5

그리드판을 돌려 그림과 같이 새로 운 모델을 불러옵니다.

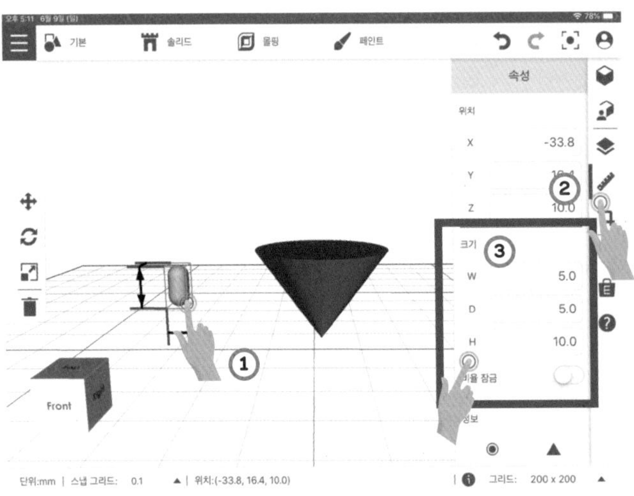

## 6

선택한 모델 크기를 'W:5.0/D:5.0/H:10.0'mm로 만듭니다.

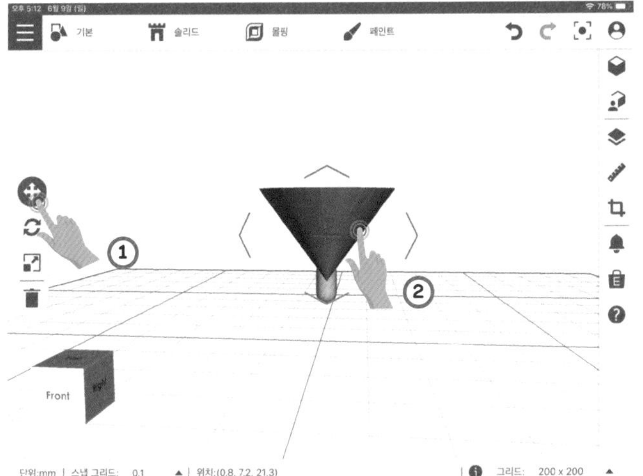


## 7

빨간 모델을 새로운 모델 위로 그림과 같이 이동시킵니다.

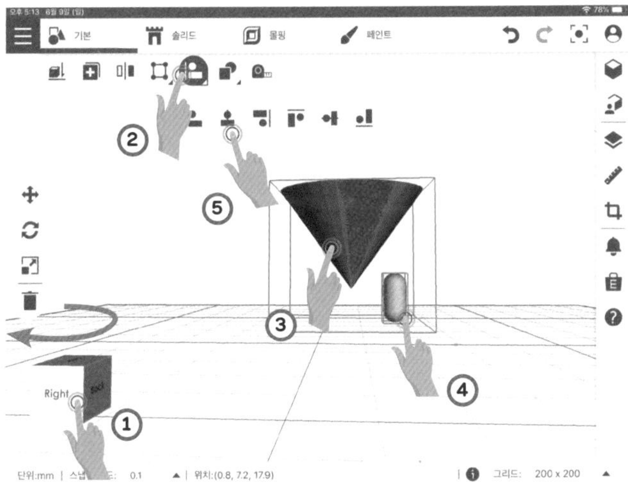


## 8

그리드판을 돌려 2번째 정렬 아이콘을 눌러 정렬합니다.

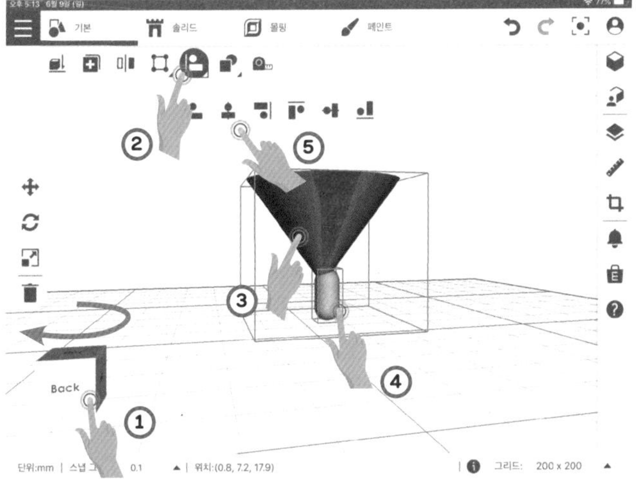


## 9

다시 한번 다른 방향으로 그리드판을 돌려 가운데 정렬합니다.

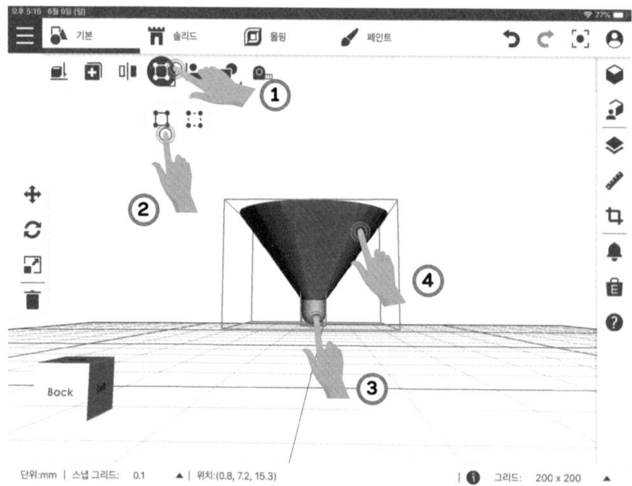


## 10

모델들을 그룹화시킵니다.

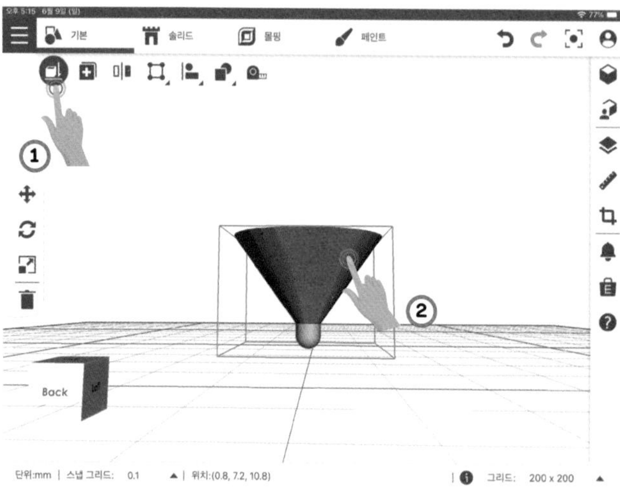


## 11

그룹화된 모델을 그리드판에 랜드시킵니다.

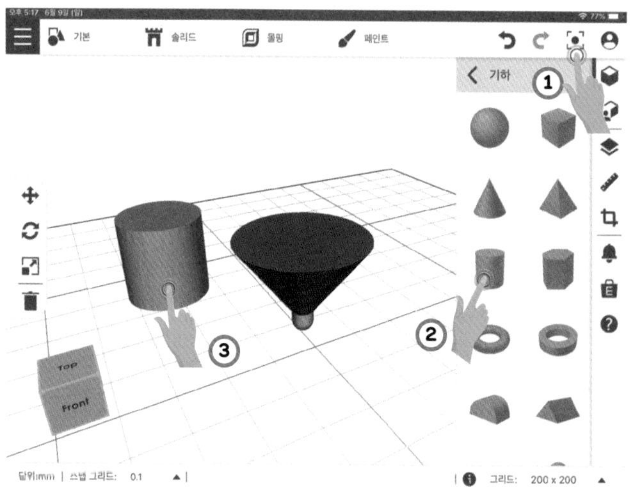


## 12

[기본 보기]를 누른 후, 새로운 모델을 불러옵니다.

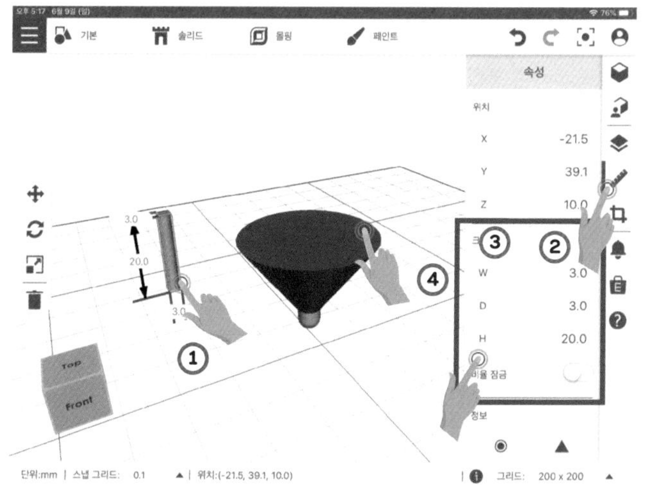


## 13

선택한 모델 크기를 'W:3.0/D:3.0/H:20.0'mm로 조절합니다.

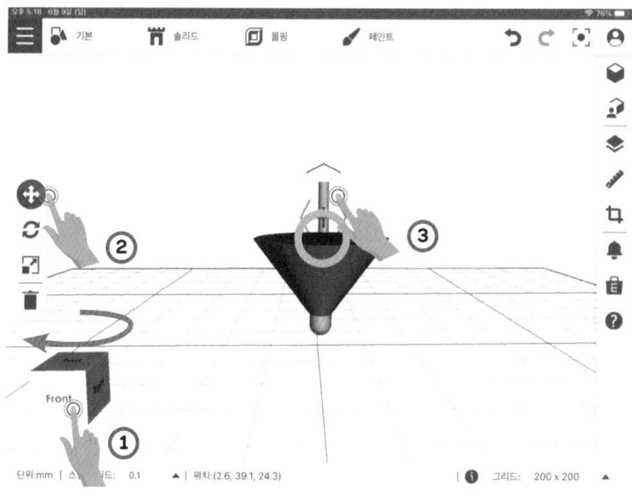


## 14

그리드판을 돌려 본체 위로 떨어지지 않게 새로운 모델을 이동시킵니다.

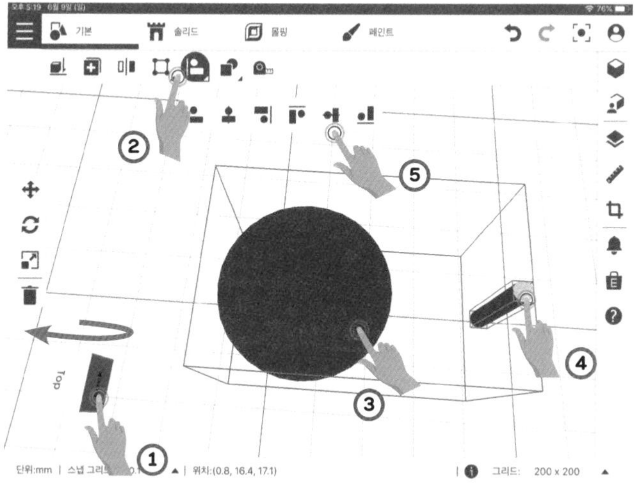


## 15

그리드판을 돌려 2번째 또는 5번째 정렬 아이콘으로 가운데 정렬합니다.

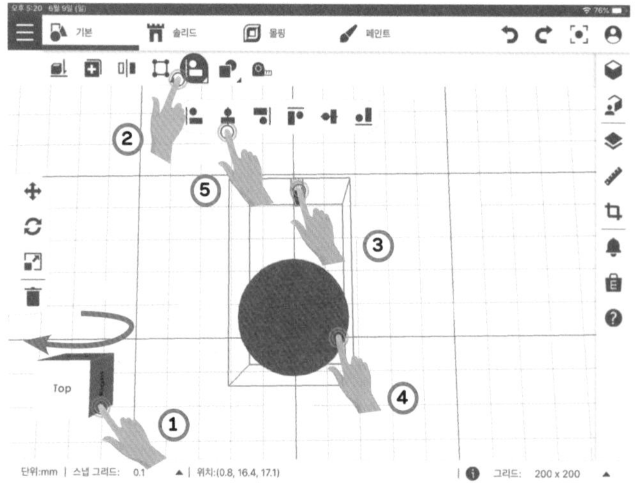

## 16

그리드판을 돌려 2번째 또는 5번째 정렬 아이콘으로 중앙 정렬합니다.

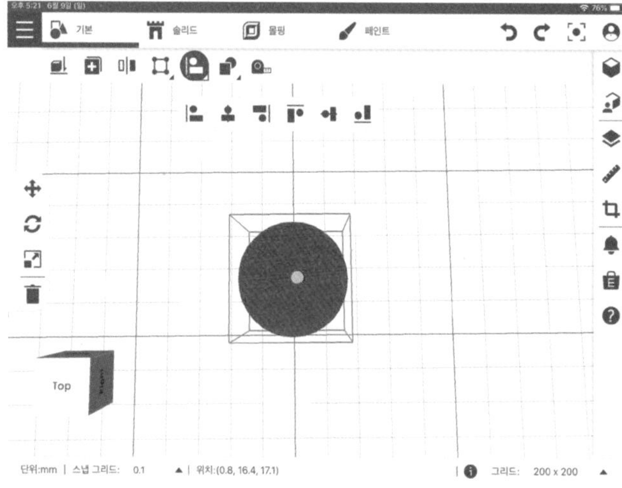

## 17

팽이 중앙에 정렬이 잘 되었는지 확인한 후에 필요할 시에 정렬합니다.

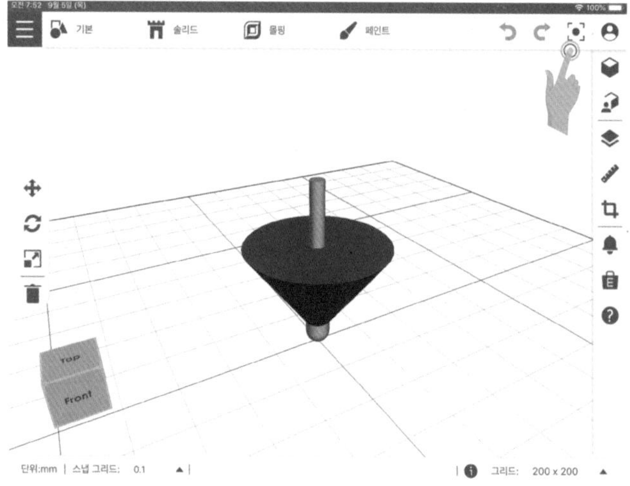

## 18

[기본 보기] 화면으로 팽이 모양을 확인합니다.

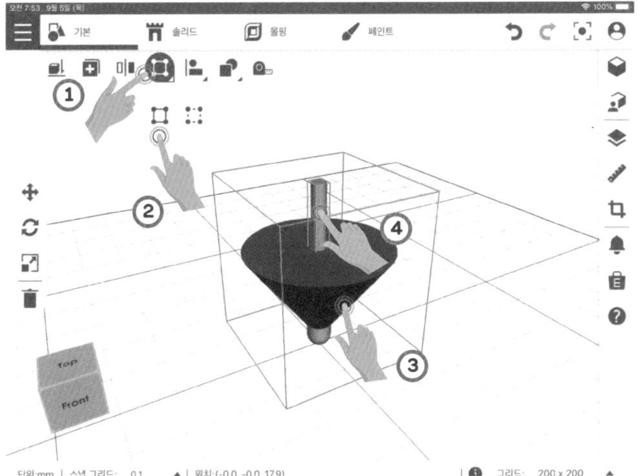


## 19

모델들을 그룹화시켜 팽이를 완성합니다.

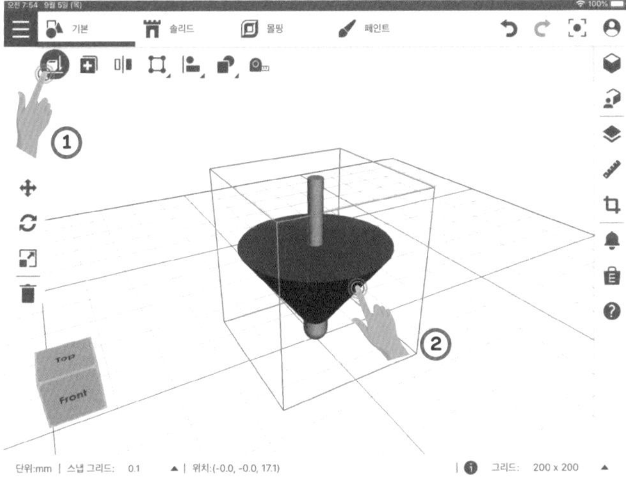


## 20

완성된 팽이 모델을 랜드시킵니다.

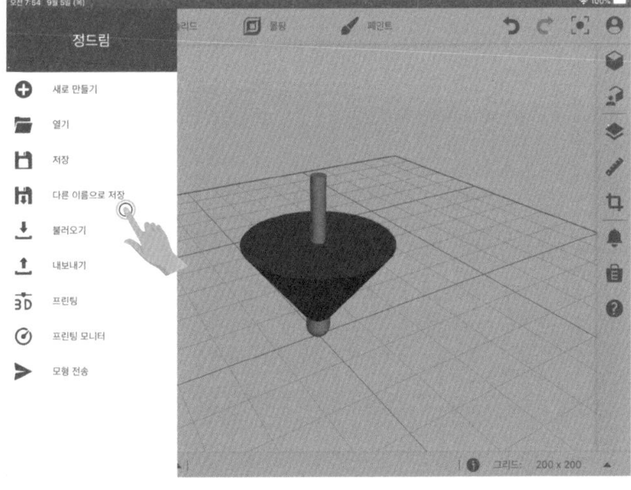


## 21

완성된 팽이 모델을 저장합니다.

## 미션 I'M POSSIBLE

**Q** 아래의 [기하] 모델을 이용하여 만들고 싶은 자신만의 팽이를 스케치한 후에 모델링해 보세요.

**3D프린터로 출력도 해 보세요.**

자신이 직접 모델링한 팽이를
3D프린터로 출력까지 해 보세요.
3D프린터로 출력해서 보면
완성된 팽이가 모델링이 잘 되었는지
확인할 수 있어 더욱 좋습니다.

## King 메이커 되기(1) - 스케치하며 상상하라

아모레퍼시픽의 슬라이딩 팩트, 삼성전자의 가로 본능 휴대폰, 아이리버의 MP3플레이어, 평창 동계올림픽 성화를 디자인한 세계적인 산업 디자이너 김영세 씨는 'EBS 직업의 세계 일인자, 산업 디자이너 김영세'편에서 다음과 같이 스케치의 중요성에 대해 강조했습니다.

"종이가 어떤 종이이든 상관없죠. 아이디어가 떠오르면 냅킨도 좋고 심지어 영수증 뒷면에도 그림 한 장을 그립니다. 그리고 애착이 가는 스케치는 지갑에 오랫동안 간직해 둡니다. 엉뚱하고 현실성이 없어 보이는 이런 스케치들이 실제 상품이 된답니다.
가로 본능 휴대폰은 제가 냅킨에 5분 동안 그린 스케치가 실제로 나온 상품과 똑같아요. 왜냐하면 이 스케치를 할 때 내 머릿속에는 사실 완성품이 들어 있기 때문이에요."
어떤 아이디어가 떠오르세요?
지금 당장 스케치해 보세요. 스케치하며 상상하는 메이커 습관, 꿈이 현실로 되는 시작이 됩니다."

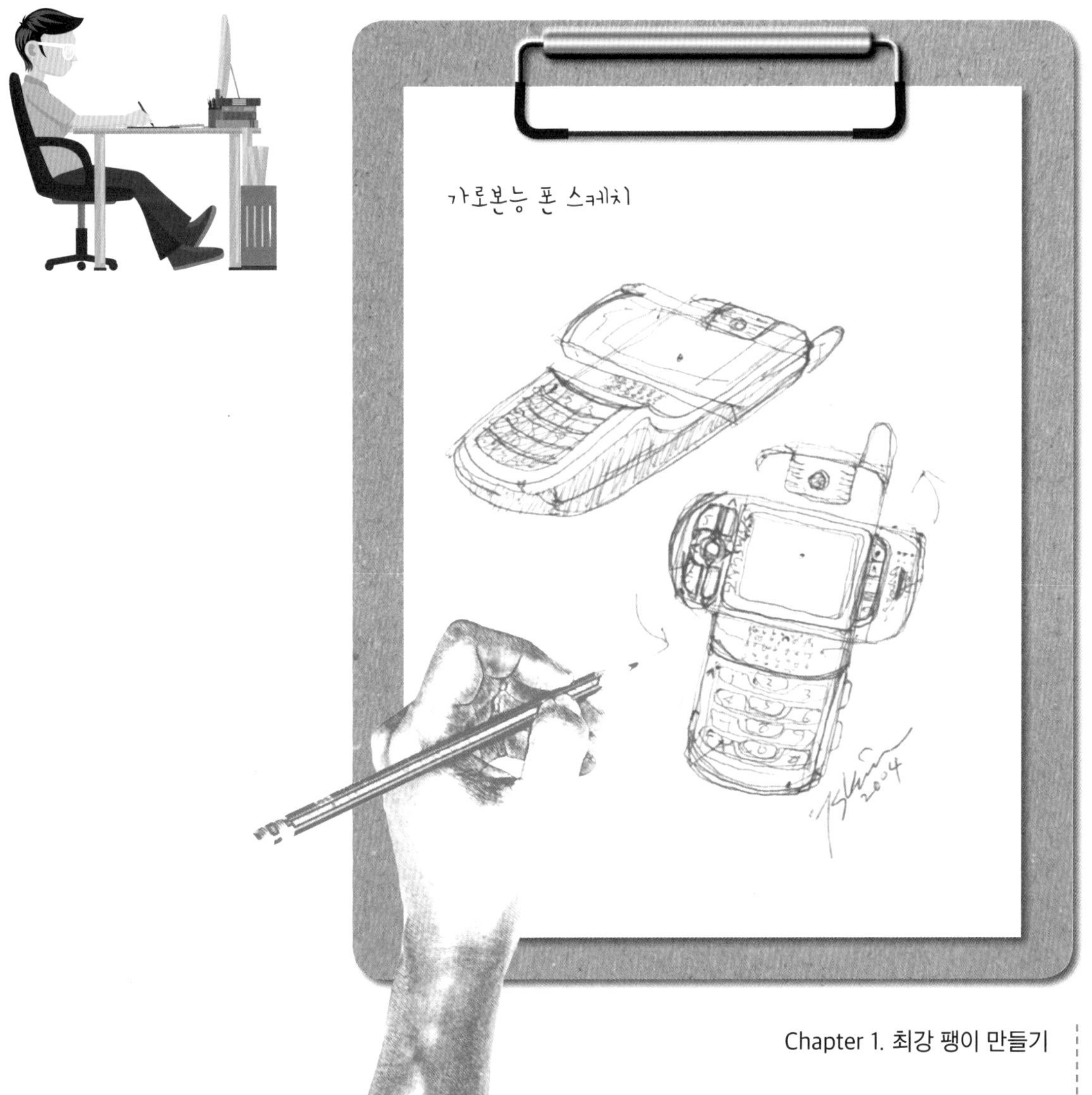

무엇이든 만들고 싶을 때는 Maker Note를 활용하세요.

일시: 이름(닉네임):

스케치하기

# Chapter 2 마이네임소품 만들기 -브랜드를 만들어라

## Maker Start

### • 개인 생산자 시대를 준비하자!

우리가 사용하고 있는 상품은 주로 어디서 만들까요? 손으로 만드는 몇몇 수제품을 제외하고는 거의 모든 상품을 기업에서 만듭니다. 상품의 로고를 보면 구체적으로 어떤 기업에서 만들었는지도 확인할 수 있습니다.

이렇게 많은 상품들이 주로 기업에서 만들어진 이유는 무엇일까요? 비용과 시간 때문입니다. 기존의 제조 방식대로 상품을 만들려면 많은 비용과 시간을 투자해야 합니다. 이는 일반 개인이 감당할 수 없는 수준이어서 상품의 제조는 당연하게도 지금까지 기업의 몫이었습니다.

하지만, 3D프린터의 등장으로 개인이 아주 저렴한 비용과 시간으로 시제품 제작과 더불어 소량 생산을 할 수 있게 되었습니다. 즉, 이제는 아이디어만 있으면 아주 저렴한 비용으로 소량 생산이 가능해져 누구나 생산자가 될 수 있는 개인 생산자 시대가 열렸다는 것입니다.

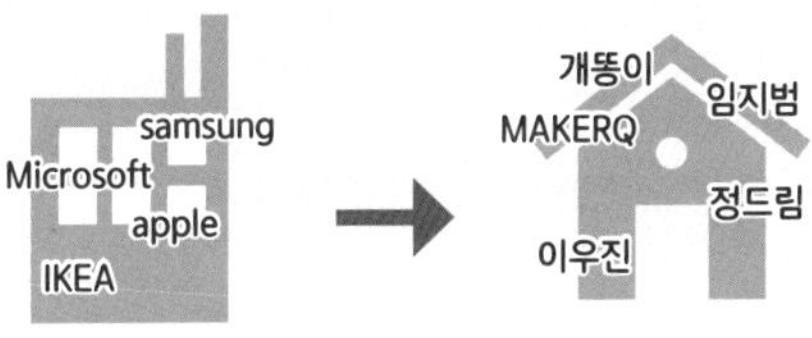


Chalk

### MAKER 생각

**Q.** 자신이 사용하고 있는 상품 중에 직접 만들어 팔고 싶은 것이 있다면, 무엇이 있을까요?

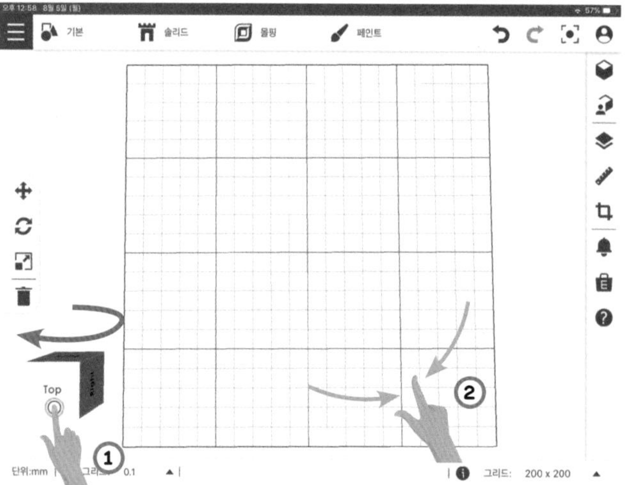

## 1

그리드판 크기를 그림처럼 잘 볼 수 있게 만듭니다.

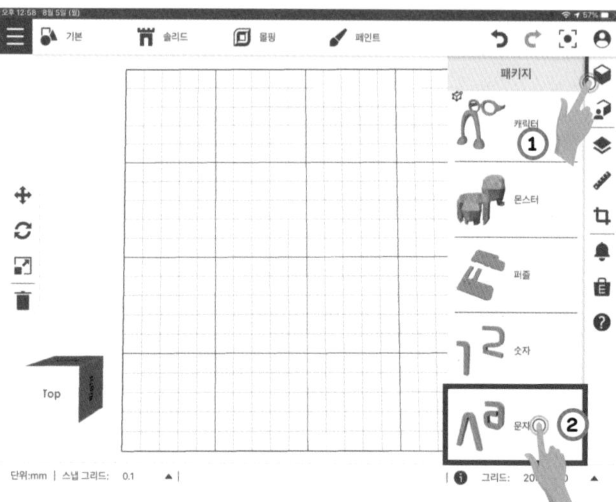

## 2

[패키지] 메뉴에 들어가 [문자] 아이콘을 클릭합니다.

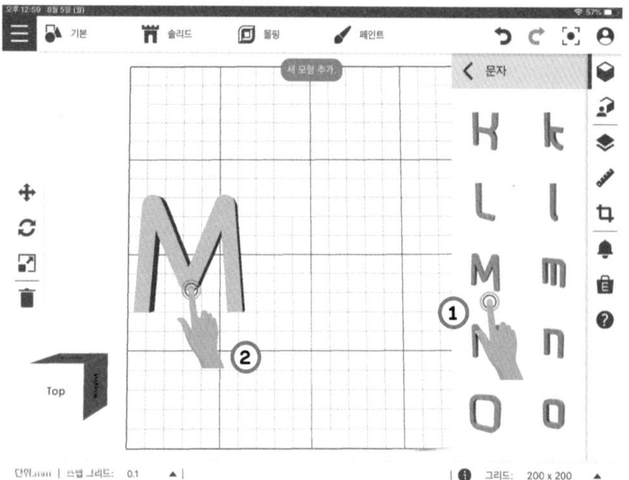

## 3

문자 (M)을 불러옵니다.

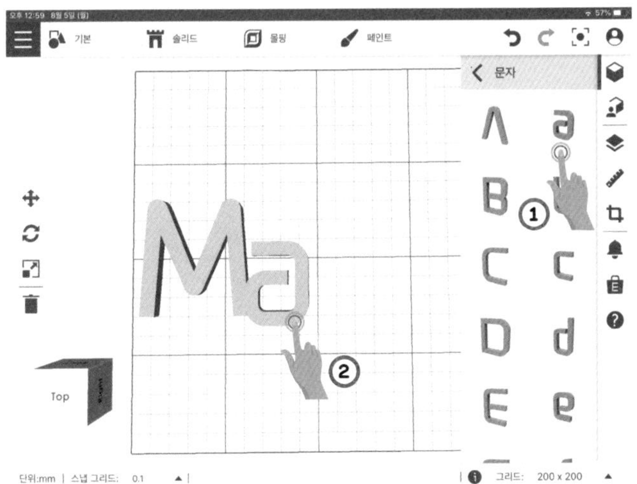


**4**

문자 (a)를 불러옵니다.

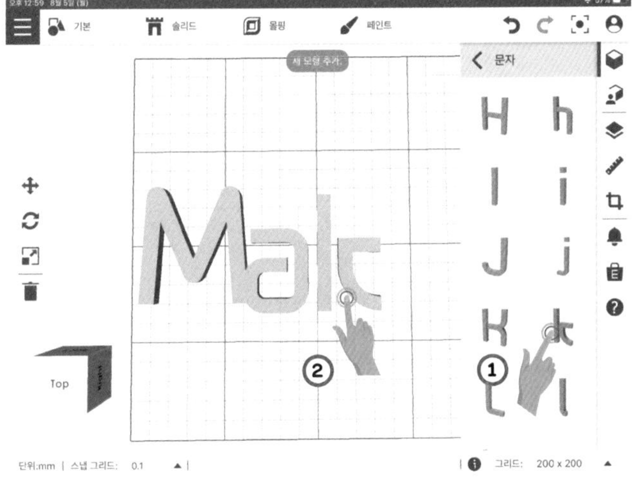


**5**

문자 (k)를 불러옵니다.

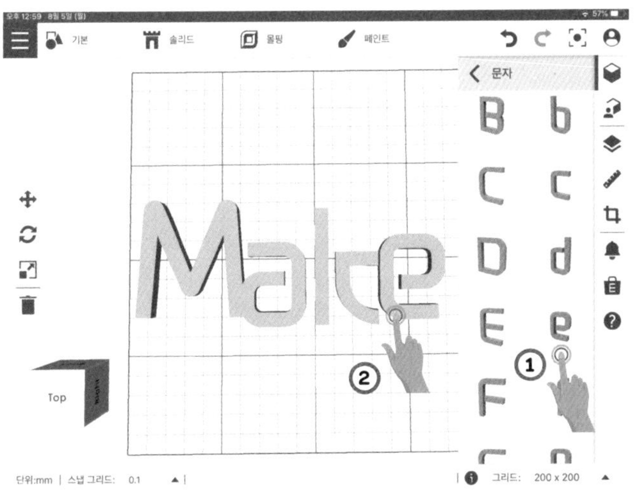


**6**

문자 (e)를 불러옵니다.

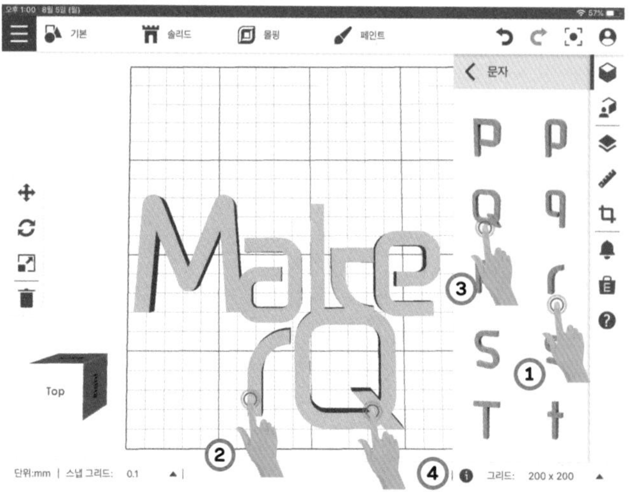

## 7

문자 (r)과 (Q)를 차례대로 불러옵니다.

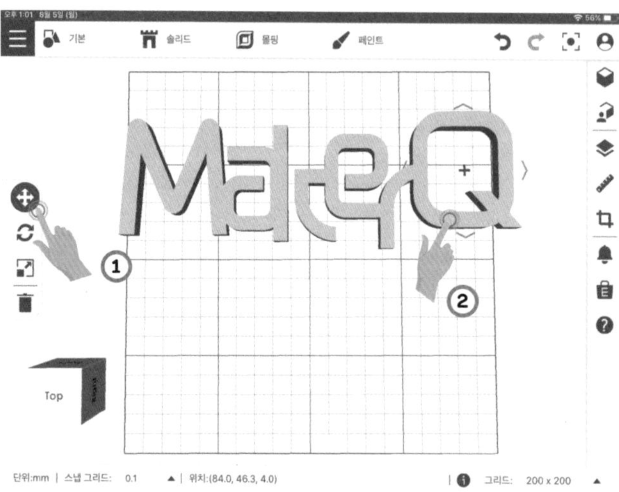

## 8

문자들을 그림처럼 이동시켜 줍니다.

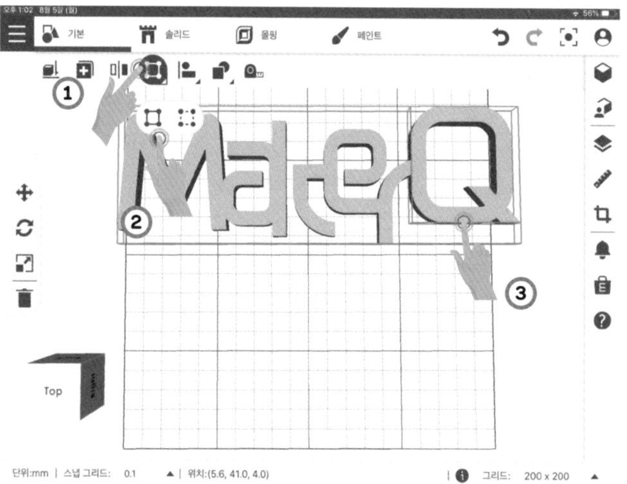

## 9

모든 문자들을 그림과 같이 하나로 그룹화시켜 줍니다.

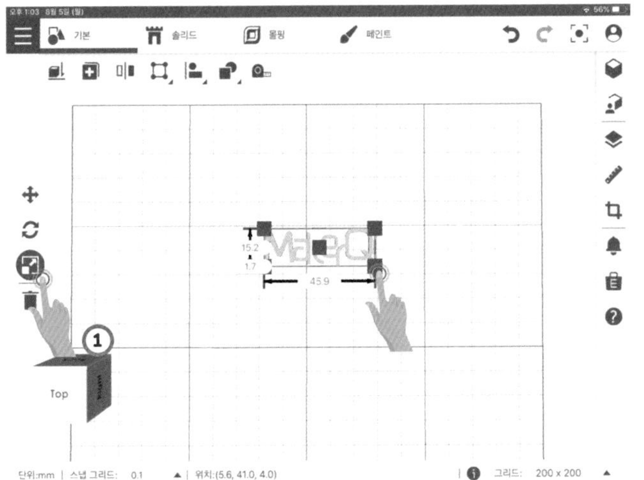

## 10

가로 사이즈를 그림처럼 50.0mm 이하로 줄입니다.

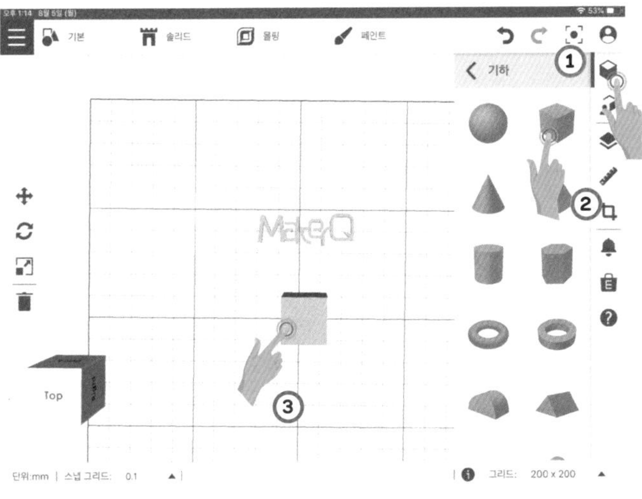

## 11

[기하] 메뉴에서 또 하나의 모델을 불러옵니다.

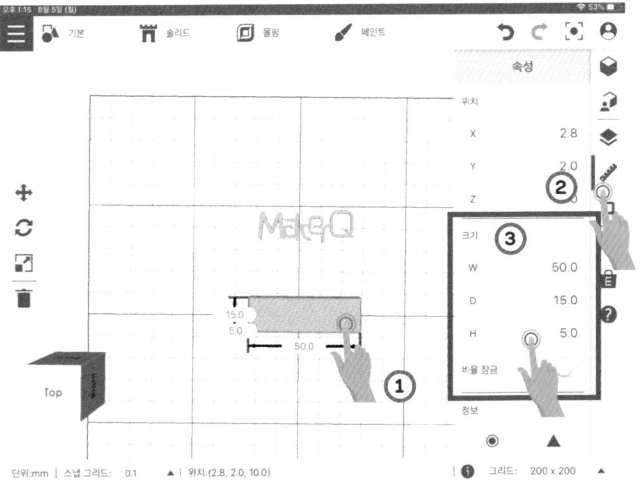

## 12

'W:50.0/D:15.0/H:5.0'mm 사이즈를 만들어 봅니다.

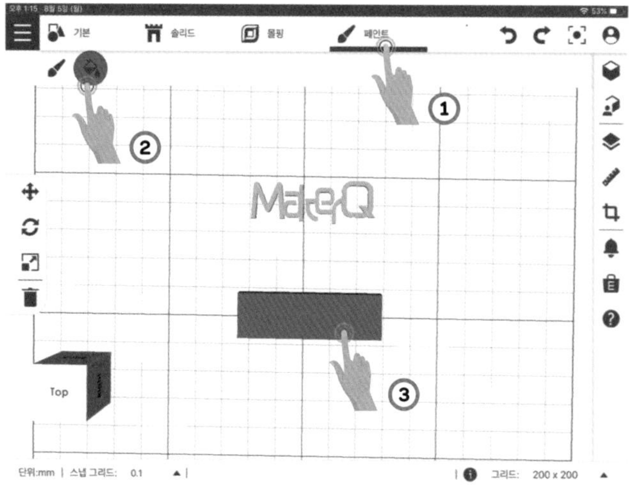

## 13

새로운 모델은 핑크색으로 색을 입힙니다.

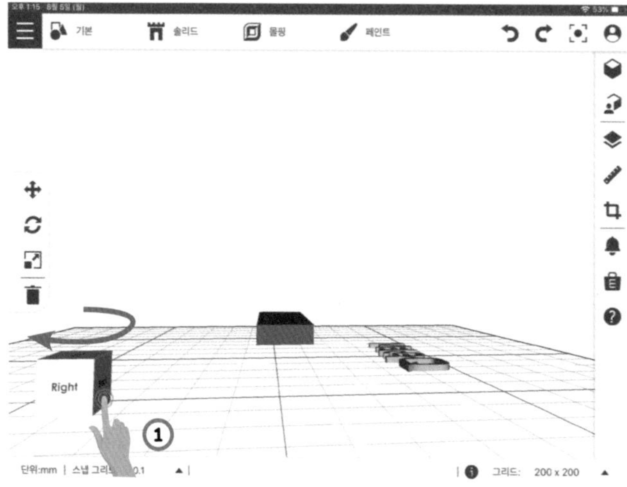

## 14

그리드판을 그림과 같이 돌려 봅니다.

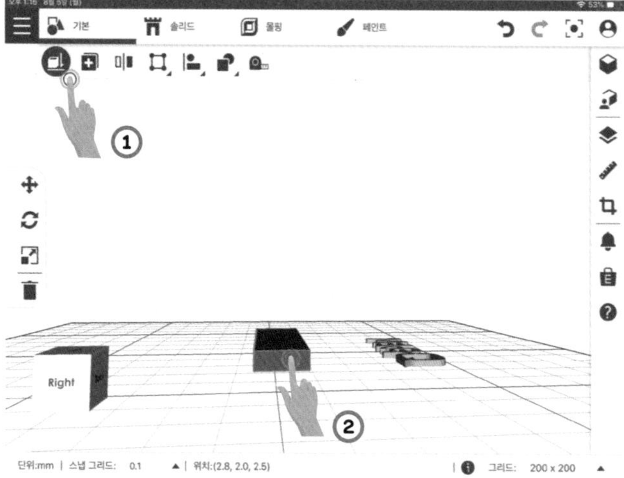

## 15

핑크색 모델을 랜드시킵니다.

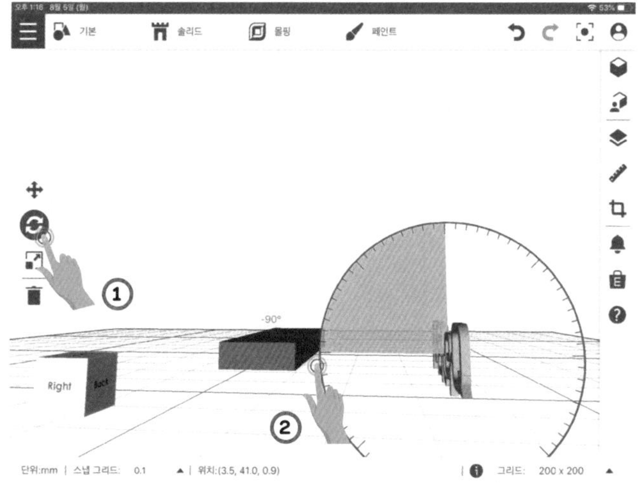


## 16

문자 모델을 90도로 회전시킵니다.

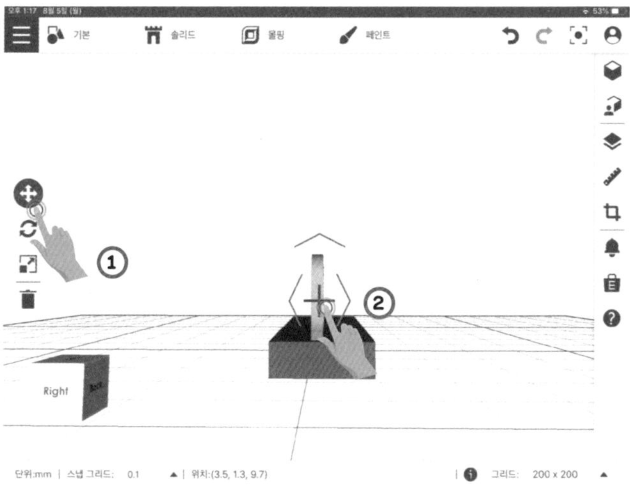


## 17

문자 모델을 이동시켜 핑크색 모델 위에 올려놓습니다.

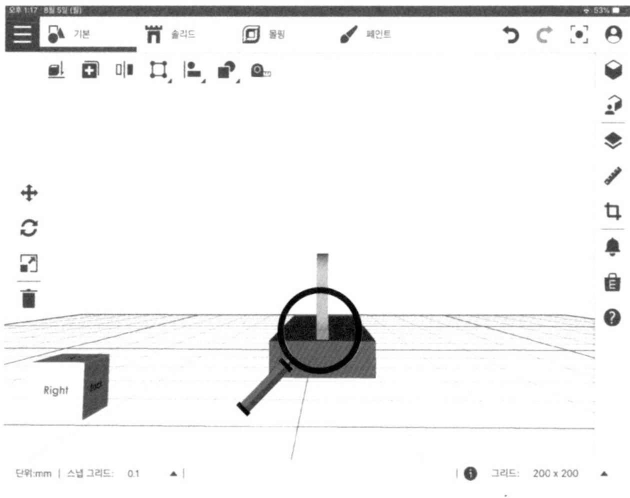


## 18

그림처럼 모델끼리 붙어 있는지 확인해 봅니다.

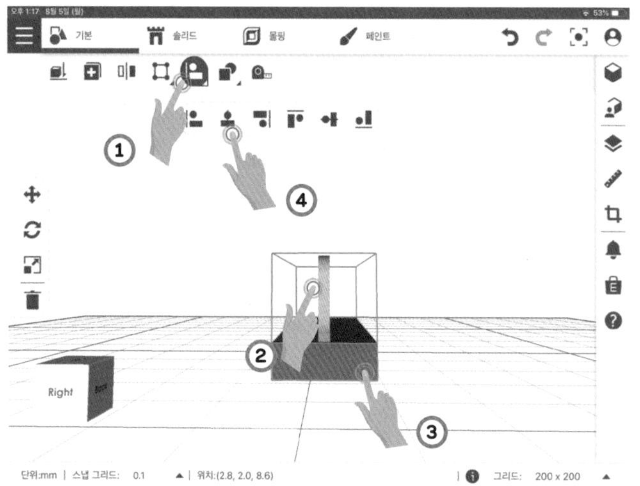


## 19

2번째 정렬 아이콘을 눌러 가운데로 정렬시킵니다.

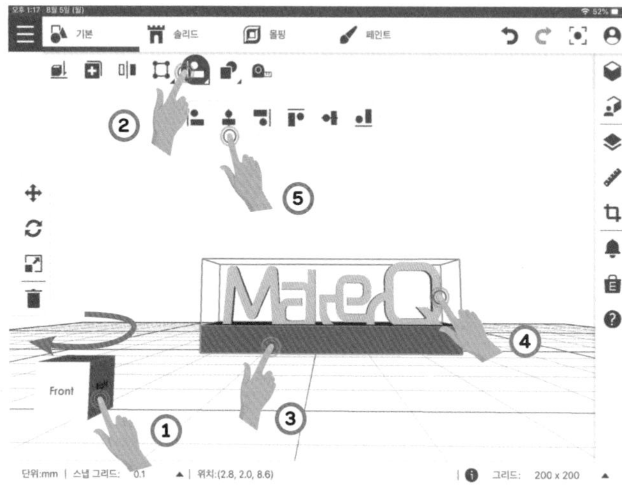


## 20

그리드판을 돌려 다시 한번 가운데 정렬시킵니다.

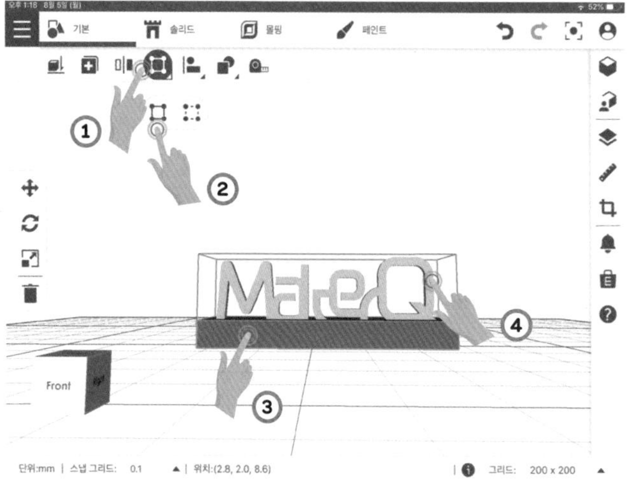


## 21

모델들을 그룹화시킵니다.

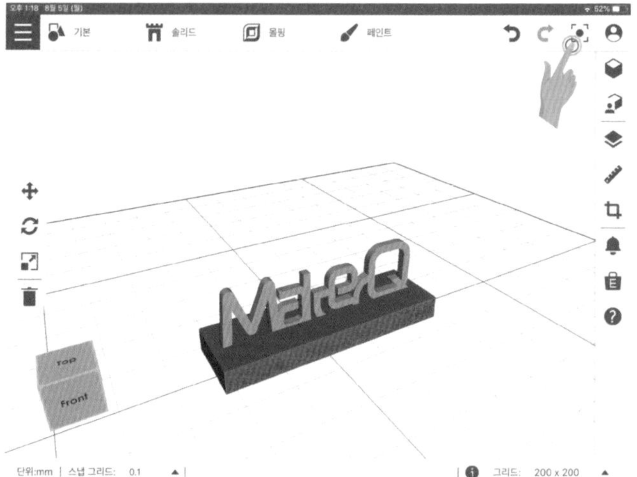

## 22

[기본 화면] 보기로 완성된 네임소품 모델을 봅니다.

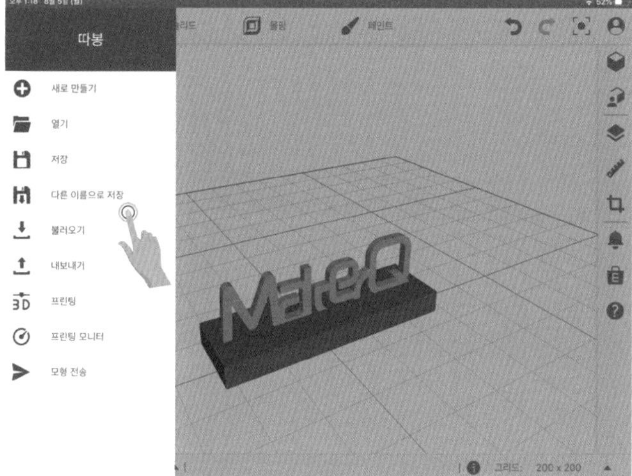

## 23

완성된 모델을 저장합니다.

**Q** 아래 빈칸에 자신의 닉네임(별명)을 영문자로 적어 보세요.

**made by**

**Q** 자신의 닉네임(별명)으로 아래 문자 모델을 활용하여 만들고 싶은 자신만의 네임소품을 스케치한 후 모델링해 보세요.

A a D d G g J j M m P p S s V v Y y
B b E e H h K k N n Q q T t W w Z z
C c F f I i L l O o R r U u X x

## King 메이커 되기(2) - 브랜드를 만들어라

**2019 포브스가 선정한**
**세계에서 가장 가치 있는 브랜드 Top10**

| | Rank | Brand | Brand Value | 1-Yr Value Change | Brand Revenue | Company Advertising | Industry |
|---|---|---|---|---|---|---|---|
| | #1 | Apple | $205.5 B | 12% | $265.8 B | - | Technology |
| Google | #2 | Google | $167.7 B | 27% | $136.2 B | $6.4 B | Technology |
| Microsoft | #3 | Microsoft | $125.3 B | 20% | $110.2 B | $1.6 B | Technology |
| amazon | #4 | Amazon | $97 B | 37% | $211.4 B | $8.2 B | Technology |
| | #5 | Facebook | $88.9 B | -6% | $48.8 B | $1.1 B | Technology |
| Coca-Cola | #6 | Coca-Cola | $59.2 B | 3% | $23.8 B | $4.1 B | Beverages |
| SAMSUNG | #7 | Samsung | $53.1 B | 11% | $221.6 B | $3.6 B | Technology |
| The Walt Disney Company | #8 | Disney | $52.2 B | 10% | $33.8 B | $2.8 B | Leisure |
| TOYOTA | #9 | Toyota | $44.6 B | 0% | $190.8 B | $4.6 B | Automotive |
| | #10 | McDonald's | $43.8 B | 6% | $96.1 B | $389 M | Restaurants |

세계에서 가장 가치 있는 브랜드 1위에 선정된 '애플(Apple)'이라는 이름은 어떻게 만들어졌을까요?

애플(Apple)이라는 브랜드명의 유래에 대해서는 여러 가지 설이 있습니다. 애플의 설립자 잡스가 일하던 오리건주에는 사과 농장이 많아 사과를 자주 보게 되어 만들었다는 설, 잡스가 평소 좋아하던 '비틀즈'의 음반을 팔던 회사가 '애플 레코드'여서 그렇게 지었다는 설, '지혜'를 상징하는 열매가 사과라서 만들었다는 설 등이 있는데, 이렇듯 여러 가지 이야기를 바탕으로 '애플(Apple)'이라는 브랜드를 만들었을 거라 추측할 수 있습니다.

Google

또한 브랜드 가치 2위의 '구글(Google)'은 '모든 웹 페이지를 검색하겠다'는 포부를 담아 10의 100 제곱을 뜻하는 '구골(Googol)'을 회사의 이름으로 생각했지만, 구골닷컴이라는 회사가 이미 존재하고 있어서 구골(Googol)을 치다 오타가 났던 '구글(Google)'을 회사명으로 만들게 되었습니다.

BR baskin robbins

평소에 아이스크림을 좋아하는 배스킨(Baskin)과 라빈스(Robbins)아저씨가 31일(한 달)동안 맛있고 새로운 아이스크림을 제공하는 가게를 만들고 싶어서 '배스킨라빈스31'이라는 이름을 만들었다고 합니다.

이와 같이 사람에게 이름이 아주 중요하듯,
상품에게 브랜드명은 그 상품의 얼굴과도 같습니다.

## Maker Note 무엇이든 만들고 싶을 때는 Maker Note를 활용하세요.

일시: 이름(닉네임):

스케치하기

| 브랜드(상품)명 | | 용도 | |
|---|---|---|---|

# 기린 모형 만들기

## -동기를 가져라

## Maker Start

**• 맞춤형 생산의 주체는 3D프린터**

기린 모양의 예쁜 칫솔이 있다고 가정을 해 보세요. 칫솔의 디자인은 정말 맘에 들지만 칫솔모 부분이 조금 더 부드러웠으면 하는 상황이 생긴다면, 우리는 칫솔모 부분이 좀 더 부드러운 칫솔을 또 찾게 됩니다. 반대로 좀 더 부드러운 칫솔모를 찾게 되면, 이번에는 디자인이 맘에 들지 않는 상황이 생길 수 있습니다.

이런 경우에 3D프린터는 좋은 해답을 줄 수 있습니다. 칫솔모 부분만 따로 사고, 칫솔 디자인은 자신이 직접 하든지 아니면 다른 사람이 디자인한 모델을 3D프린터로 출력해서 자신에게 맞는 맞춤형 칫솔을 만들 수 있습니다. 이렇게 3D프린팅 메이커 능력을 키우면 이제 더 이상 자신에게 맞는 물건을 찾기 위해 헤매지 않아도 될 것입니다.

Chalk

**MAKER 생각**

**Q.** 자신이 사용하고 있는 물건 중에, 자신에게 맞지 않아 바꾸고 싶은 물건은 무엇인가요?

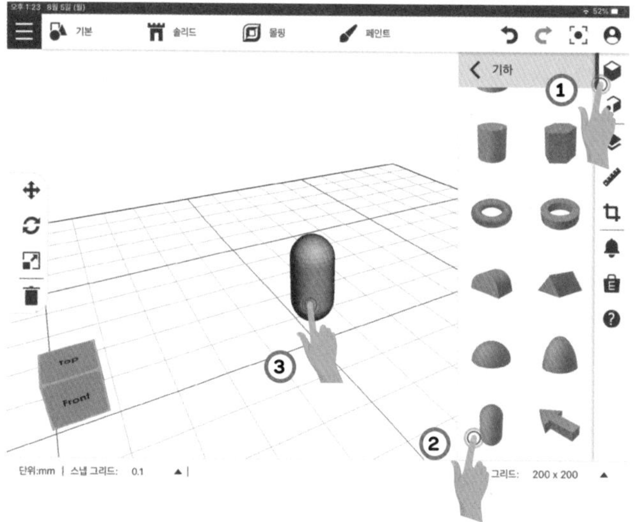

1

[기하] 메뉴에서 그림과 같은 모델을 불러옵니다.

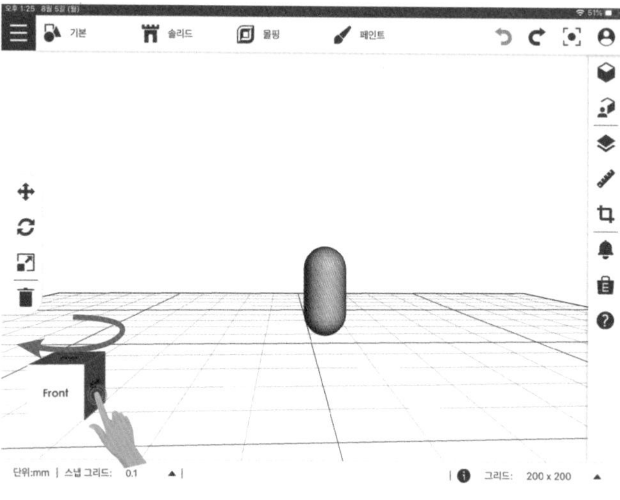

2

그리드판을 돌려 그림처럼 만듭니다.

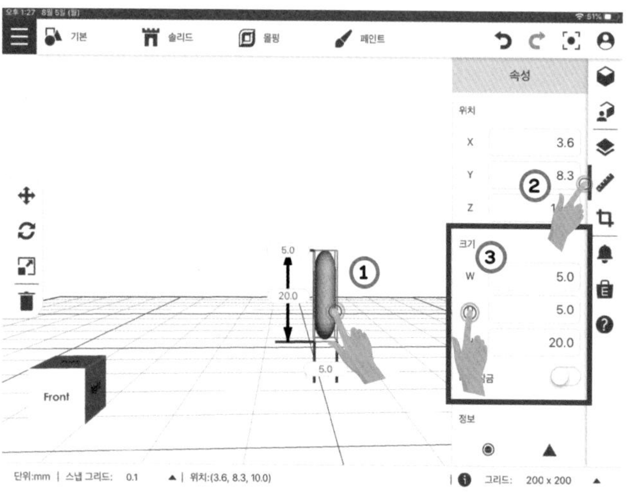

3

'W:5.0/D:5.0/H:20.0'mm 크기로 만듭니다.

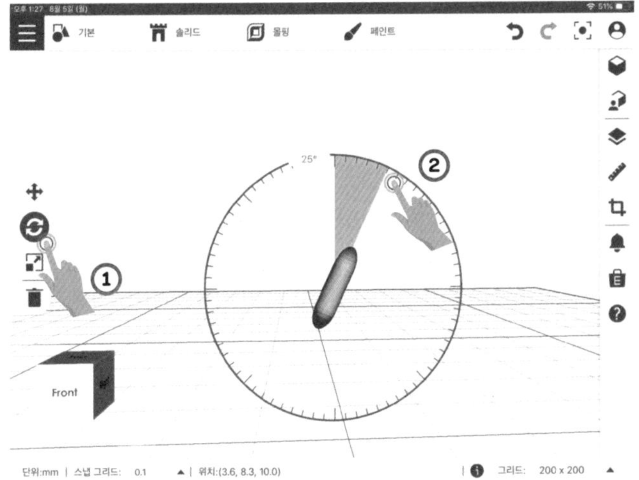

## 4

그림과 같이 모델을 25도 회전시킵니다.

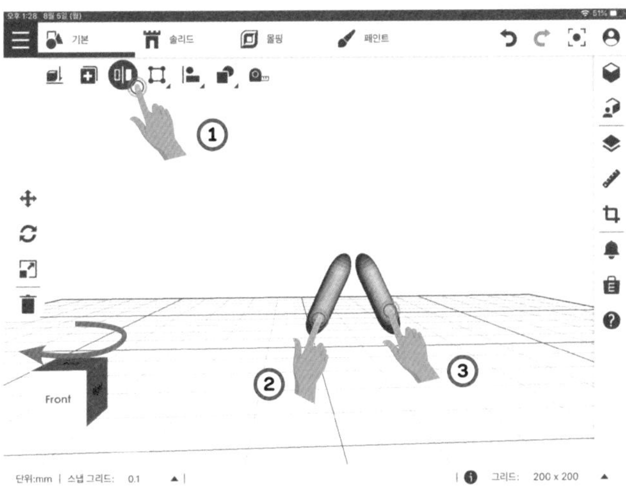

## 5

[미러] 아이콘을 눌러 미러 복제를 합니다.

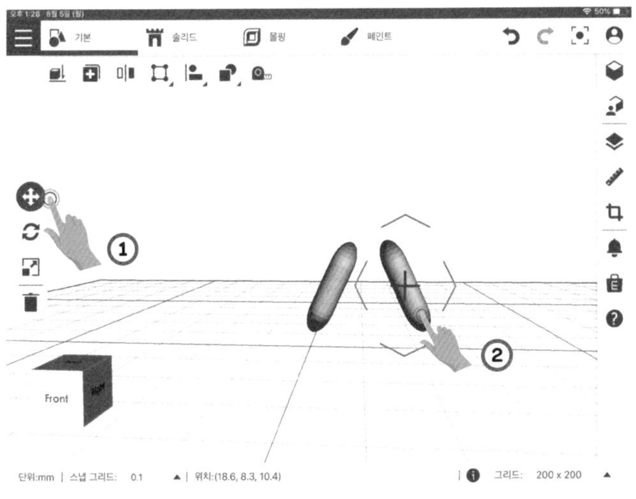

## 6

복제된 모델을 이동시켜 기존 모델과 사이를 조금 벌립니다.

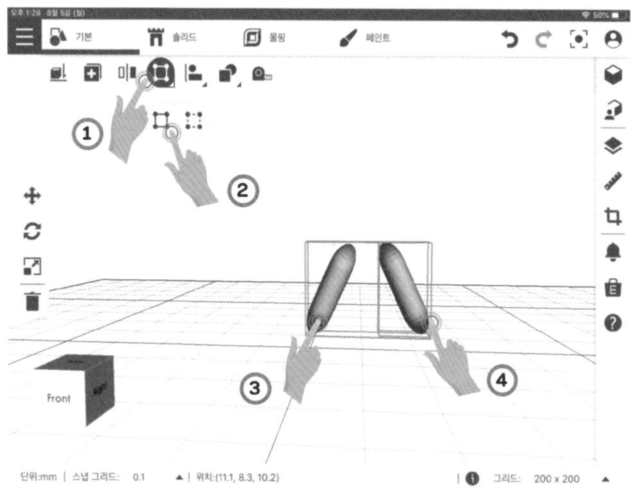


## 7

두 개의 모델을 그룹화시킵니다.

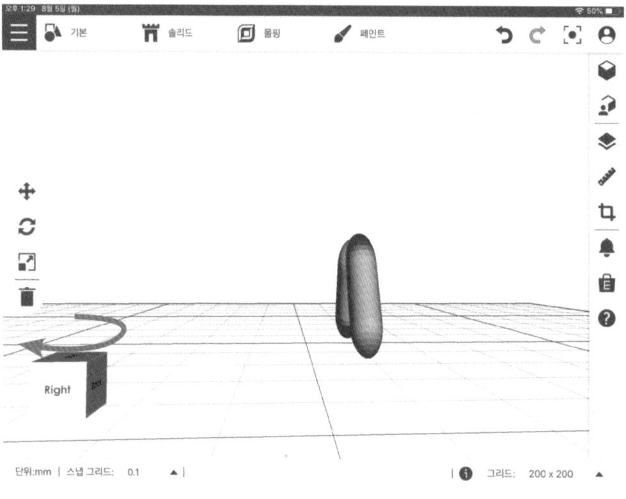


## 8

그리드판을 돌려 그림처럼 만듭니다.

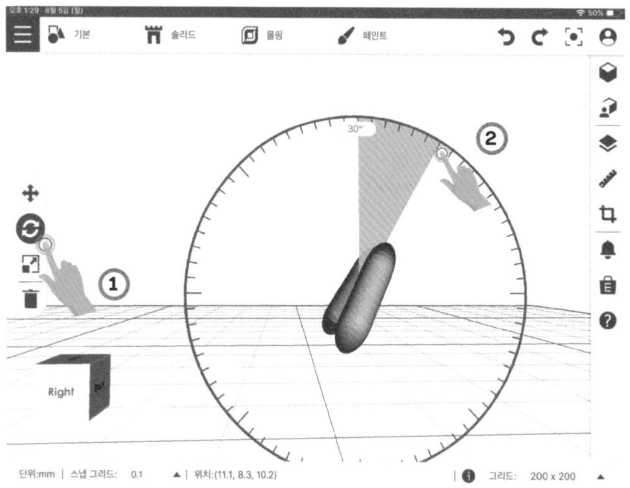


## 9

모델을 30도로 회전시켜 봅니다.

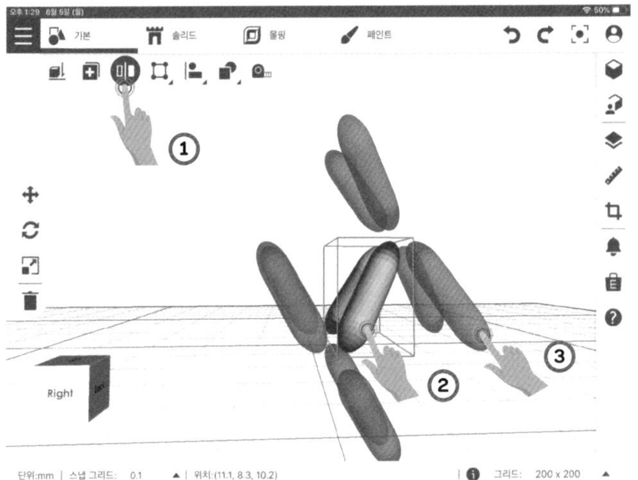

## 10

[미러] 복제를 해서 기린 다리를 만듭니다.

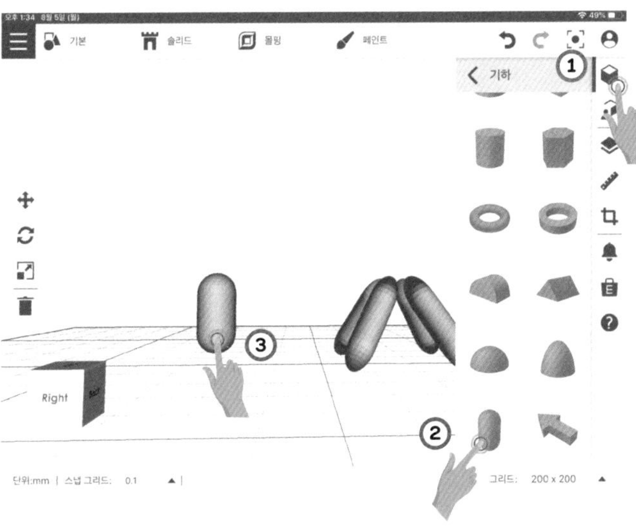

## 11

[기하] 메뉴에서 또 하나의 모델을 불러옵니다.

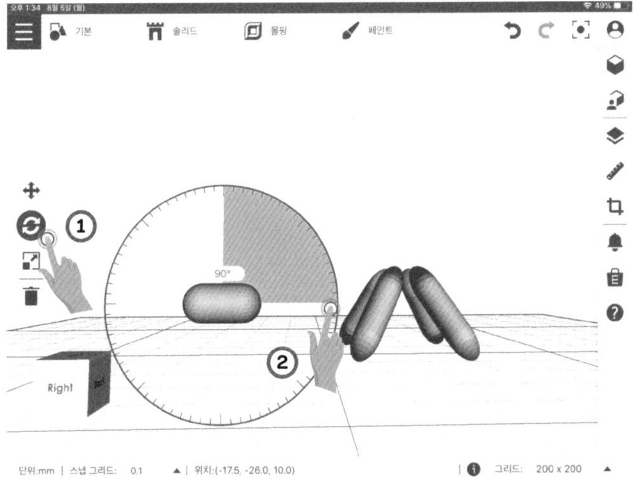

## 12

새로운 모델을 90도로 회전시킵니다.

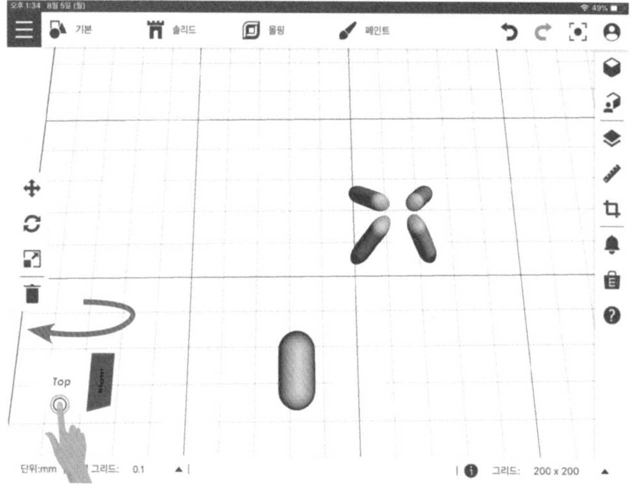

## 13

그리드판을 돌려 위에서 잘 보이도록 만듭니다.

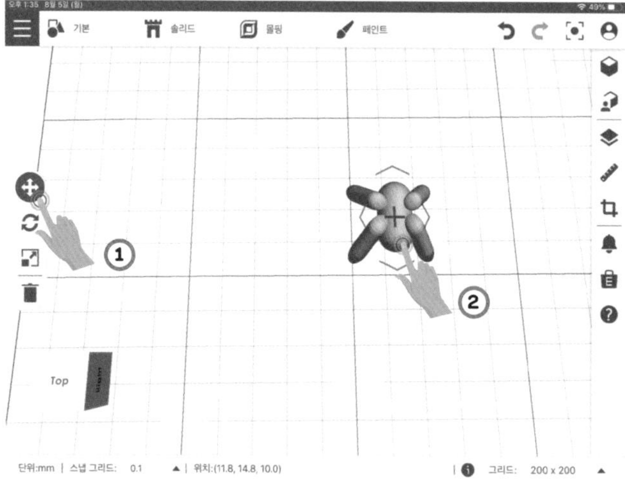

## 14

새로운 모델을 기린 다리 사이로 이동시킵니다.

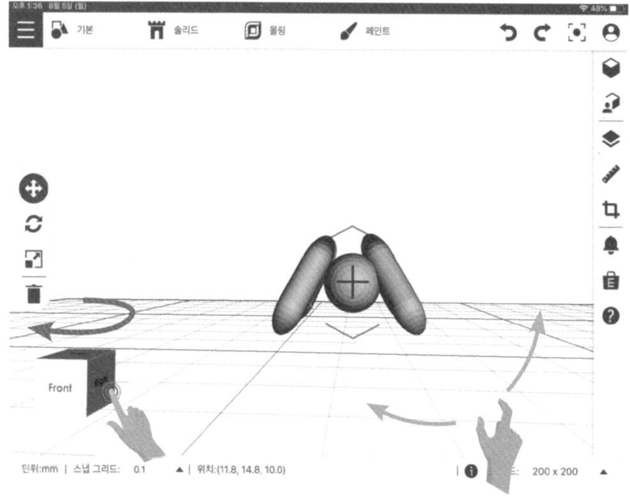

## 15

그리드판을 돌린 후, 확대해 봅니다.

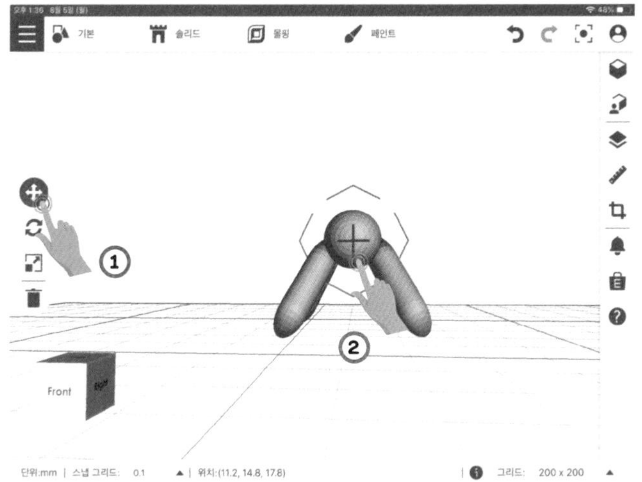

## 16

그림처럼 기린 다리 위에 걸치도록 이동시킵니다.

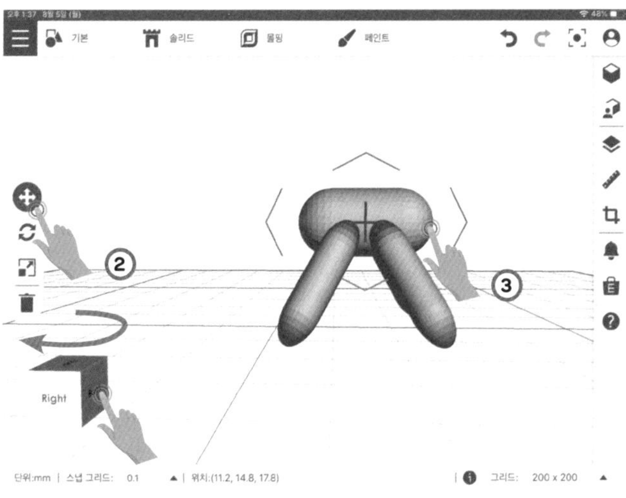

## 17

그리드판을 돌린 후, 중앙으로 이동시킵니다.

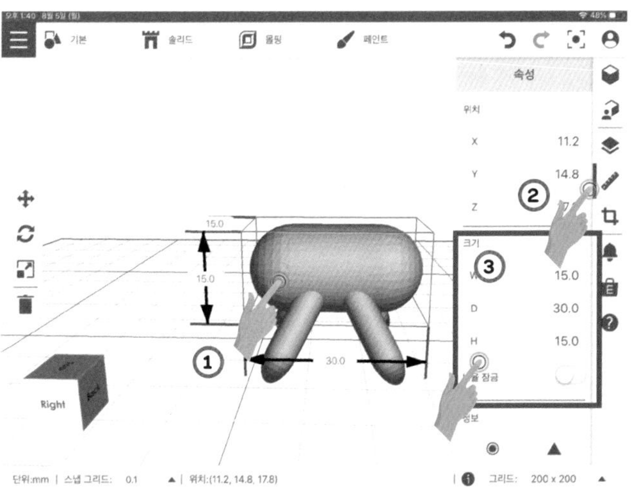

## 18

'W:15.0/D:30.0/H:15.0'mm 크기로 몸통을 만듭니다.

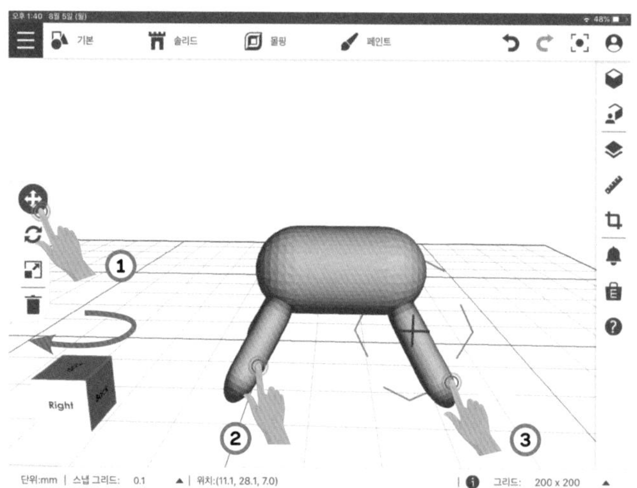

## 19

그림과 같이 다리를 각각 이동시켜 줍니다.

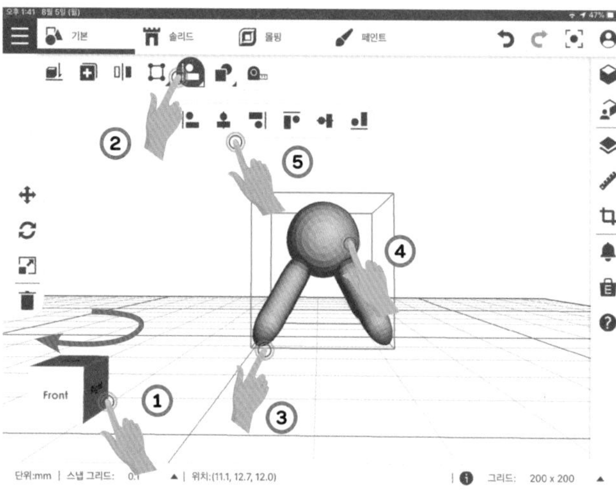

## 20

그리드판을 돌려 가운데 정렬합니다.

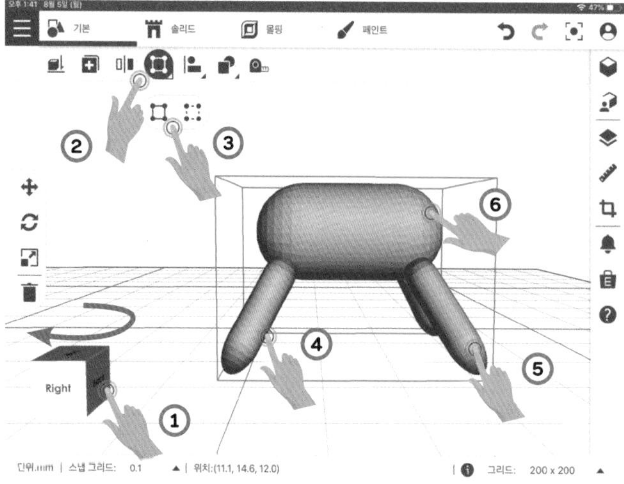

## 21

그리드판을 돌려 몸통과 다리를 그룹화시켜 줍니다.

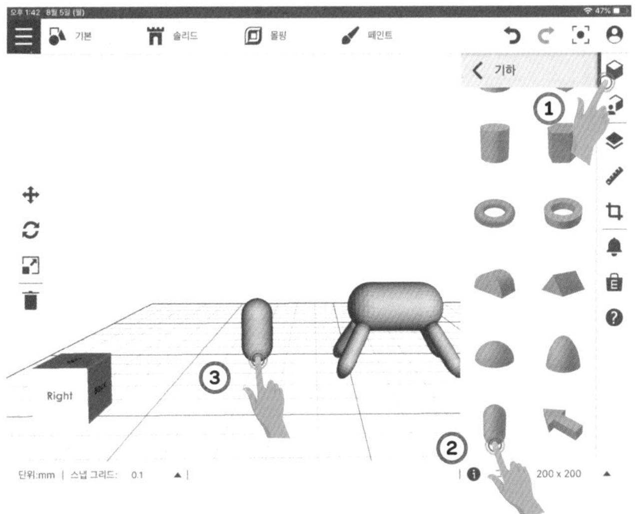

## 22

[기하] 메뉴에서 새로운 모델을 불러옵니다.

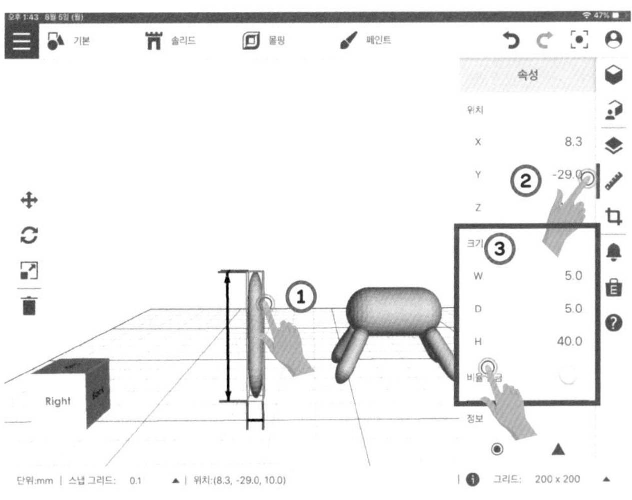

## 23

'W:5.0/D:5.0/H:40.0'mm 크기로 기린 목을 만듭니다.

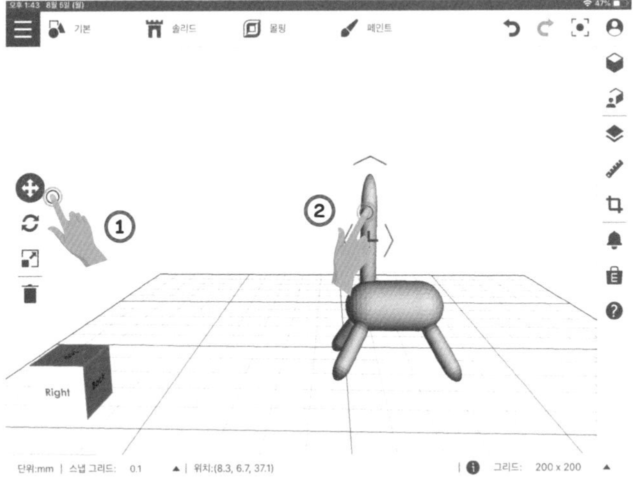

## 24

기린 몸통 위에 목을 이동시켜 올려놓습니다.

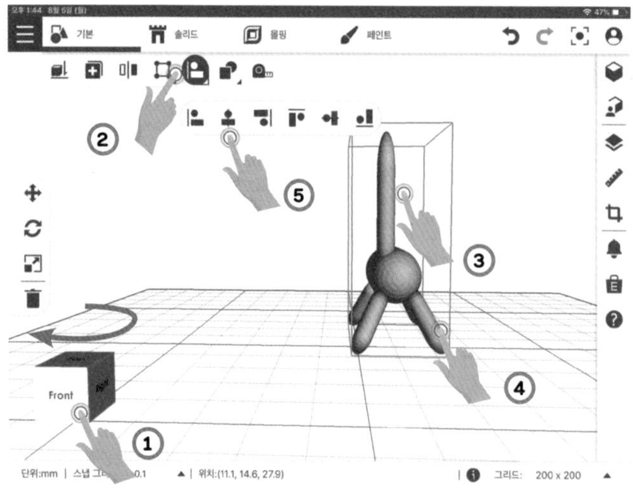

## 25

그리드판을 돌려 몸통과 목을 가운데로 정렬합니다.

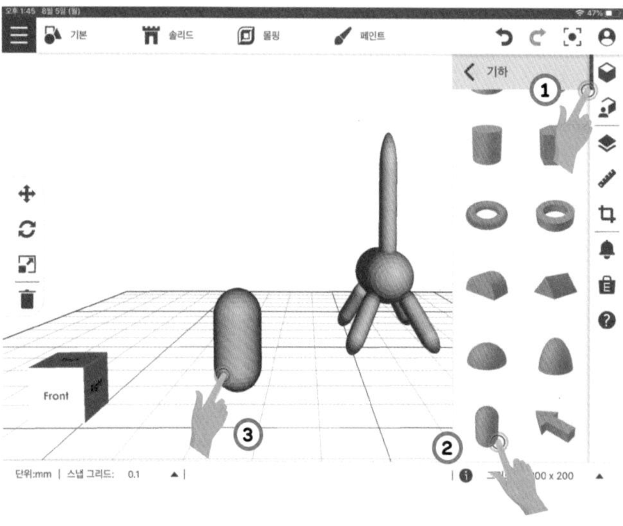

## 26

[기하] 메뉴에서 새로운 모델을 불러옵니다.

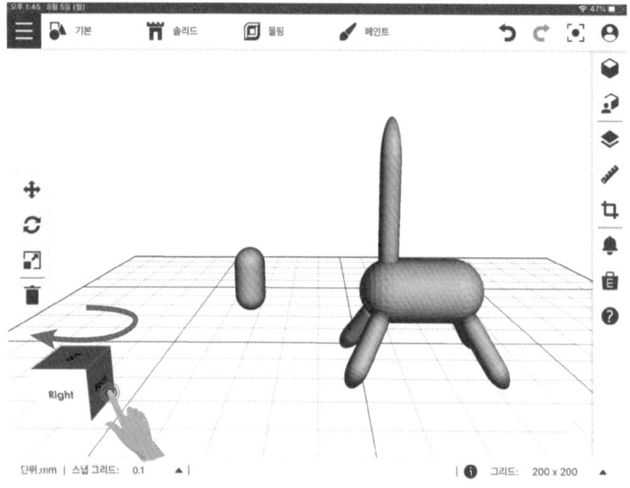

## 27

그리드판을 돌려 옆에서 모델들을 봅니다.

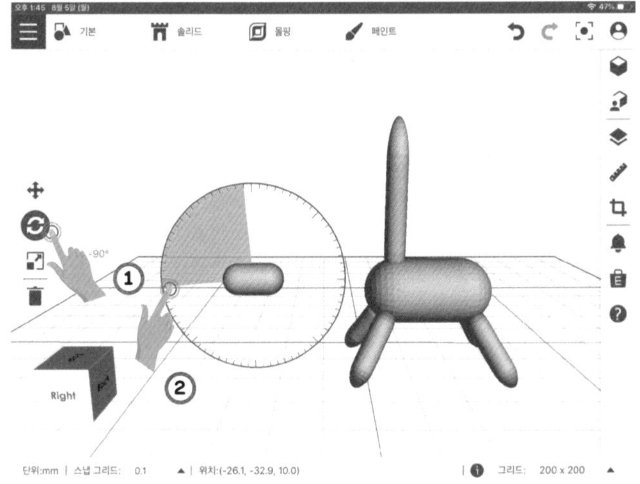

## 28

90도로 회전시켜 기린 머리를 만듭니다.

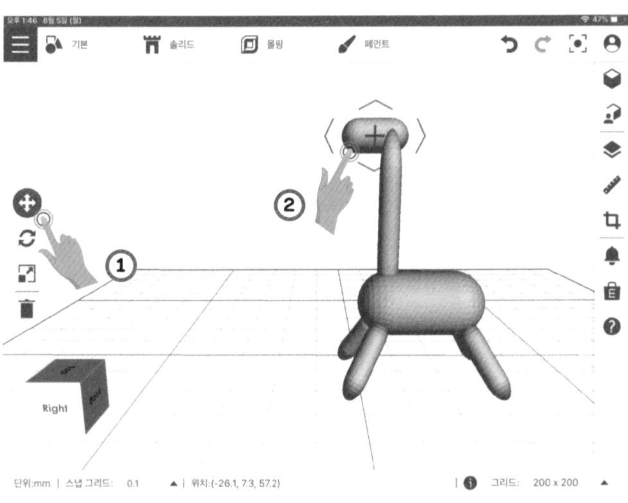

## 29

기린 머리를 목 위로 이동시켜 올려놓습니다.

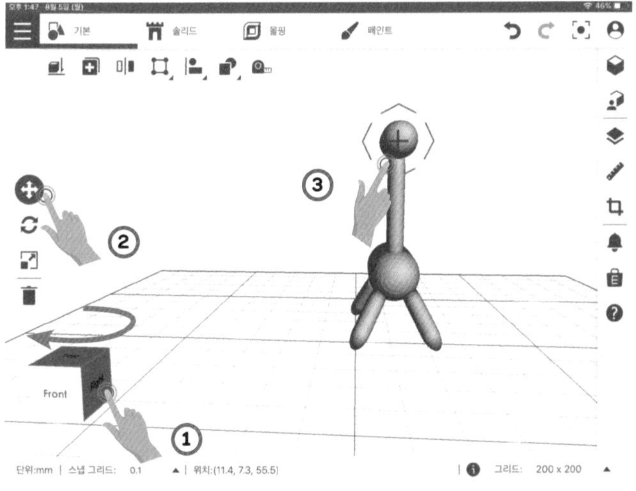

## 30

그리드판을 돌려 기린 머리를 이동시킵니다.

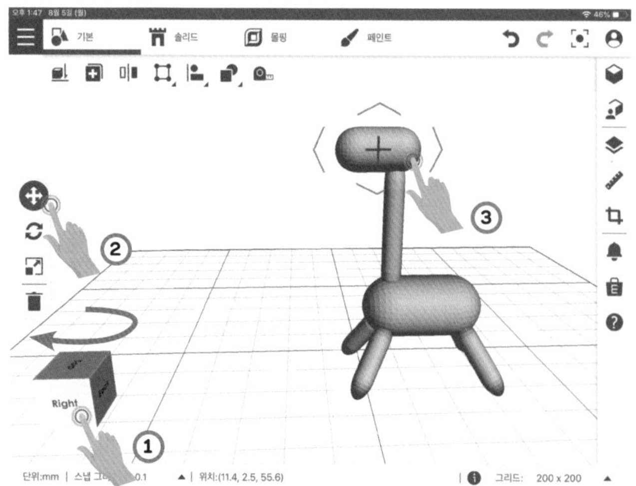

## 31

그리드판을 다시 돌려 기린의 머리 위치를 조정합니다.

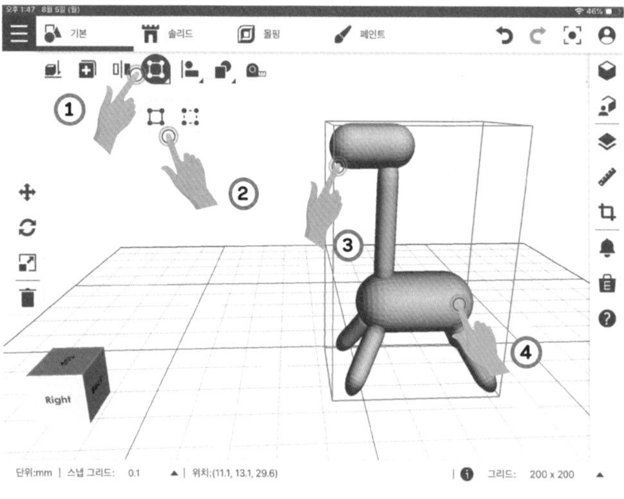

## 32

그림과 같이 그룹화시켜 기린을 만듭니다.

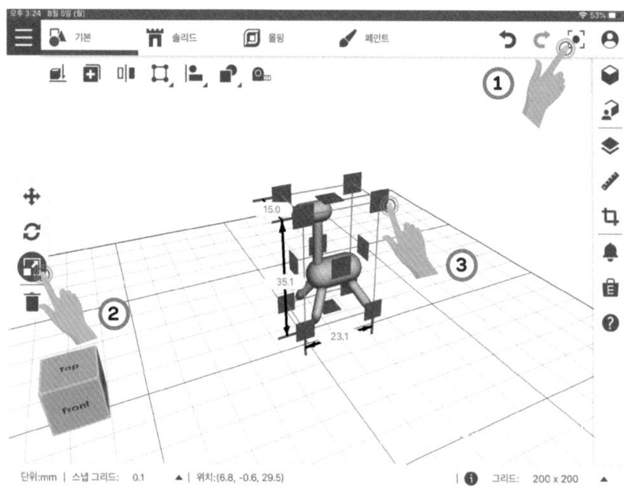

## 33

기린 모형의 키를 '40.0mm' 이하로 줄여줍니다.

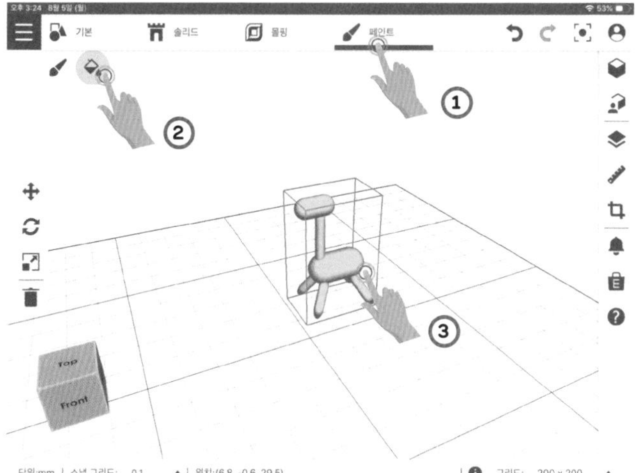

## 34

기린 모형의 색을 노랗게 입혀 줍니다.

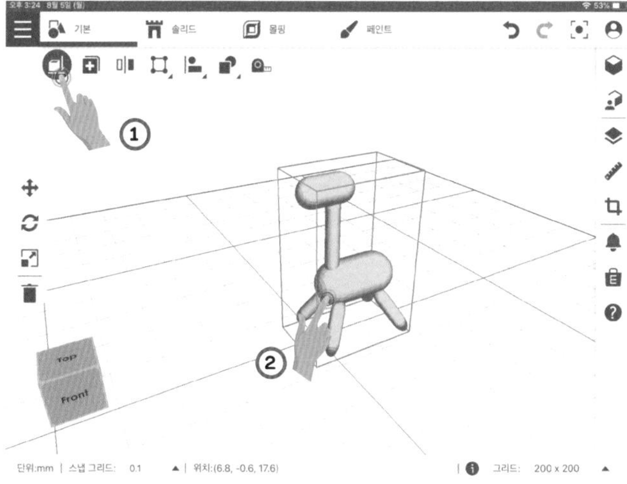

## 35

기린 모형을 랜드시킵니다.

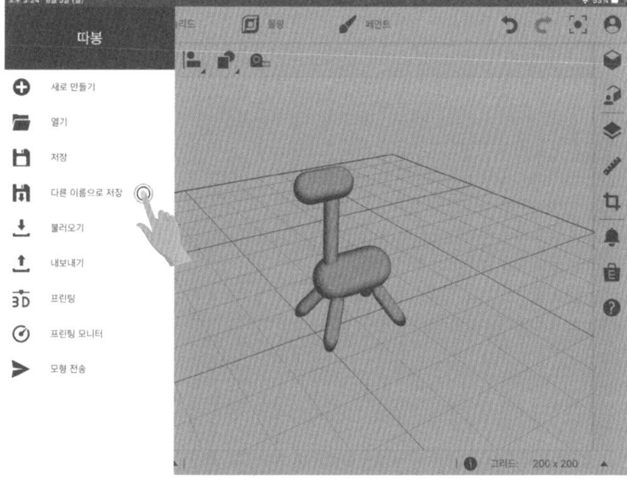

## 36

기린 모형 모델을 저장합니다.

## 미션 I'M POSSIBLE

**Q** 앞에서 만든 기린 모형을 보면 귀가 없어 아쉽습니다. 기린의 귀를 만들어 주세요.

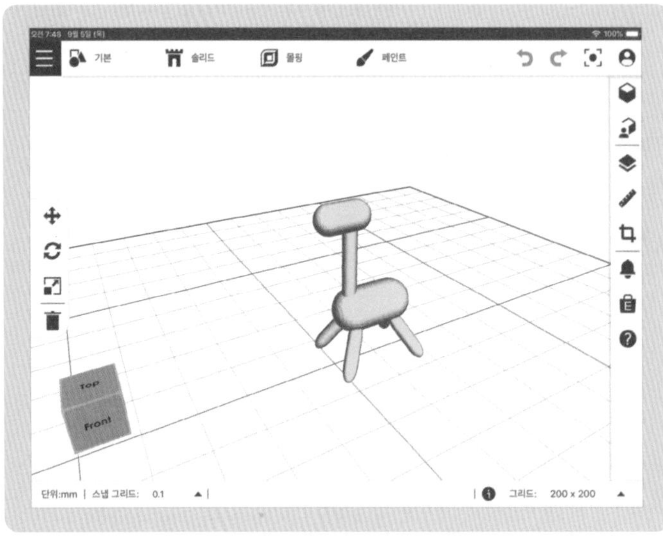

**Q** 기린 모형은 한 가지 모양의 ⬮ 모델로 만들었습니다. 만약에 거북이 모형을 한 가지 모델로 만든다면, 어떤 모델로 만들 것인지 스케치해서 직접 모델링해 보세요.

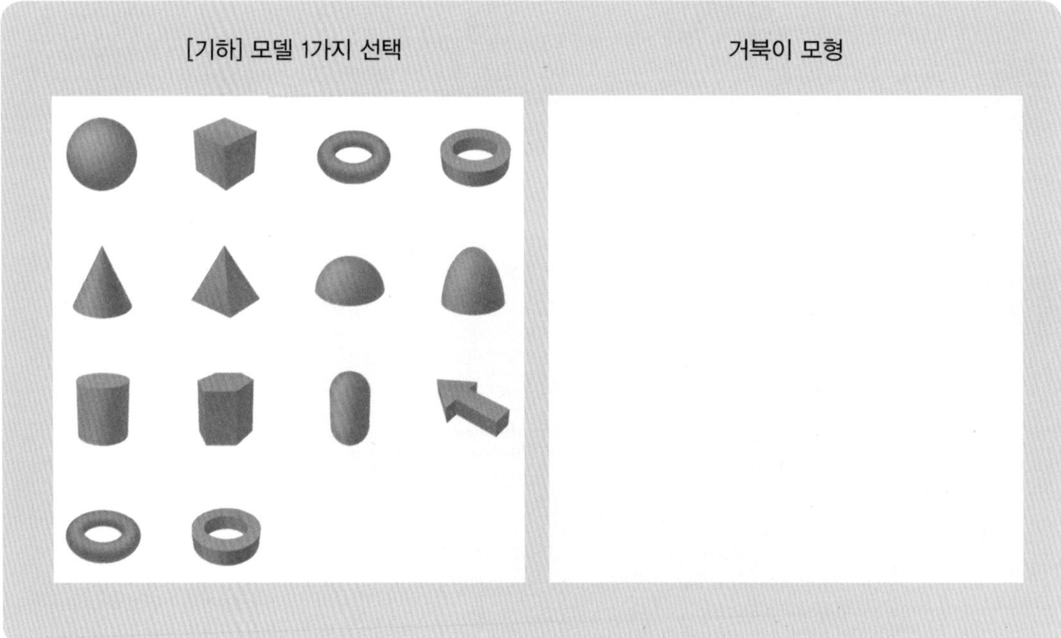

# King 메이커 되기(3) - 동기를 가져라

## 영국 홀브룩 초등학교 이야기

영국 홀브룩 초등학교에서는 저학년 때부터 3D프린팅 수업을 통해 3D모델링과 메이커 능력을 키우고 있답니다. 그리고 고학년이 되면 학교에서 남들을 도울 수 있는 제품을 만들게 해서 미래의 메이커들에게 필요한 제품 개발의 강력한 동기를 심어주고 있습니다. 이런 활동을 통해 홀브룩 초등학교 학생들이 폐질환 환자들을 돕는 흡입기를 개발하게 되어 지역 사회에 이슈가 되었는데요, 몸이 아픈 환자들을 돕는 제품을 만들겠다는 동기가 바로 흡입기 개발의 원동력이 되었다고 합니다.

지금 무엇을 만들고 싶나요? 자신이 만들고 싶은 제품이 다른 사람들에게 어떤 영향을 끼칠 수 있을까요? 제품을 개발할 때는 먼저 동기를 가져야 합니다. 그 동기가 제품 개발에 가장 큰 힘이 될 거예요.

## 빨대의 진화

1

위스키를 자주 마시는 마빈스톤씨는 가운데가 비어있는 밀의 줄기로 위스키를 마시는 것에 늘 불만을 가지고 있다가, 종이를 둥글게 말아서 접착제를 붙여 마시면 어떨까? 하는 아이디어가 떠올라 빨대를 만들게 되었습니다.

2

쉐이크를 먹고 있는 딸이 곧은 빨대로 먹기가 불편한 모습을 보고, 프리드만씨가 주름 빨대를 발명하게 되었습니다.

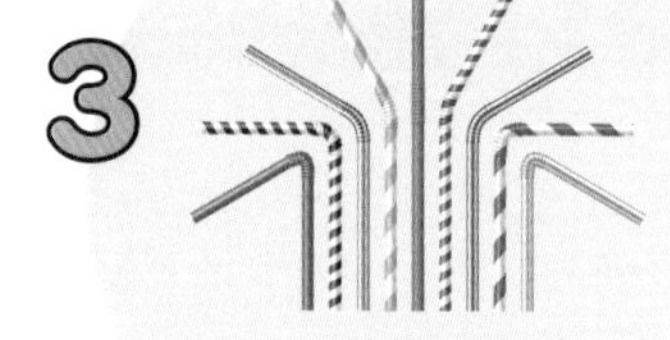

3

플라스틱 주름 빨대가 편하긴 한데, 환경 오염의 주범이라는데… 어떡해야 할까요?
친환경적인 빨대를 발명하면 어떨까요?

친환경적인 새로운 빨대는 어떻게 생겼을까요? 상상하며 컵 위에 그려 보세요.

## Maker Note

무엇이든 만들고 싶을 때는 Maker Note를 활용하세요.

일시: 이름(닉네임):

스케치하기

| 브랜드(상품)명 | | 용도 | |
|---|---|---|---|
| 동기 | | | |

# 캐릭터 'tv티콘' 만들기

## -모방이 학습이다

## Maker Start

• **세상에 하나뿐인 나만의 상품 제작**

아이들에게 엄청 인기가 있는 맥도날드 '해피밀' 세트를 아시나요? 맥도날드 '해피밀' 세트가 인기 있는 이유는 스누피, 슈퍼마리오 등 아이들이 좋아하는 캐릭터 장난감을 햄버거와 함께 주기 때문입니다. 이렇게 캐릭터를 활용하여 판매하는 상품을 '굿즈 상품'이라 하는데, 인기 캐릭터의 경우는 상품 판매에 엄청난 영향을 끼치고 있습니다.

이런 흐름 속에 3D프린터를 이용하여 '세상에 하나뿐인 나만의 피규어'를 제작해 주는 서비스까지 생겨나 주목을 끌고 있습니다. 자신의 사진을 보내면 모델링 작업과 3D프린팅, 후가공 과정을 거쳐 주문한 고객에게 배송하는 서비스를 제공하고 있습니다.

이렇게 자신이 좋아하는 캐릭터 또는 자신이 직접 만든 캐릭터를 활용하여 세상에 하나뿐인 나만의 상품을 제작해 보면 어떨까요? 세상에 하나뿐인 나만의 상품을 만들어 주변에 있는 사람들에게 선물해 보세요. 만드는 재미, 주는 기쁨! 당신은 메이커로서 최고의 행복을 경험하게 될 거에요.

Chalk

?

**MAKER 생각**

**Q.** 자신이 좋아하는 캐릭터(애니메이션, 연예인 등)는 무엇인가요?

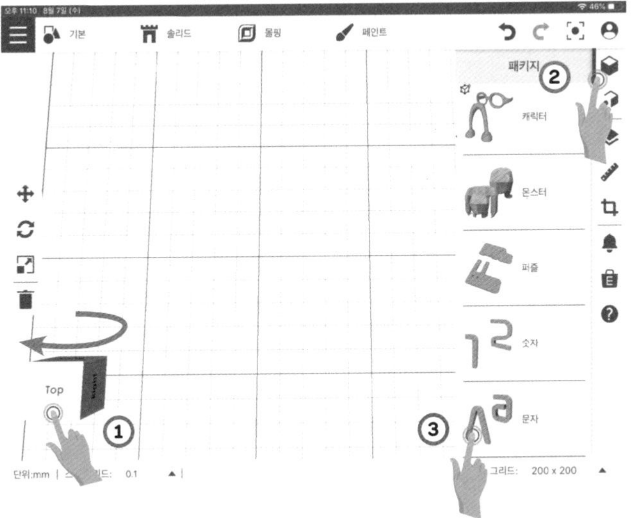

1

그리드판을 그림처럼 돌려 [문자] 아이콘을 누릅니다.

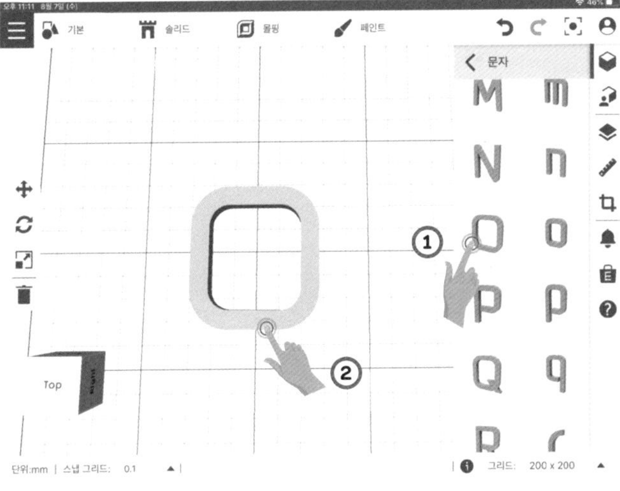

2

[O] 문자 모델을 불러옵니다.

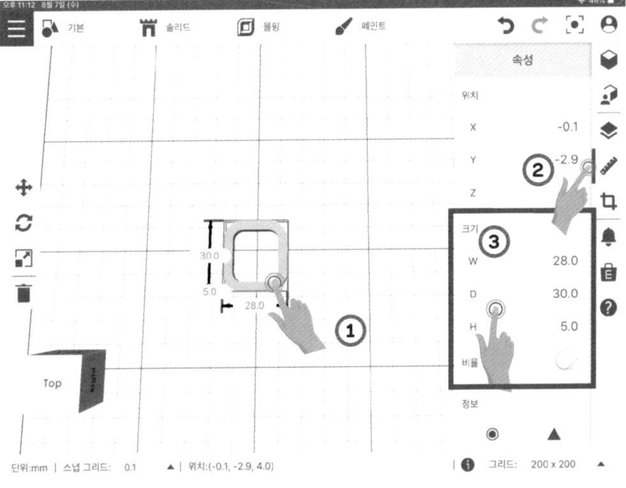

3

'W:28.0/D:30.0/H:5.0'mm 크기로 만듭니다.

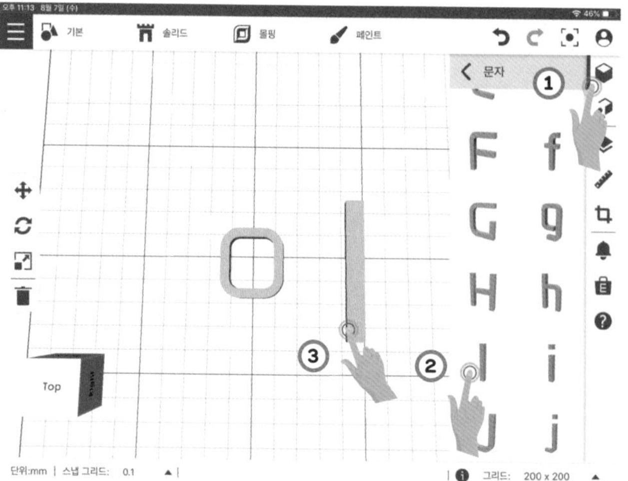

## 4

[문자] 메뉴에 들어가, [ I ] 문자 모델을 불러옵니다.

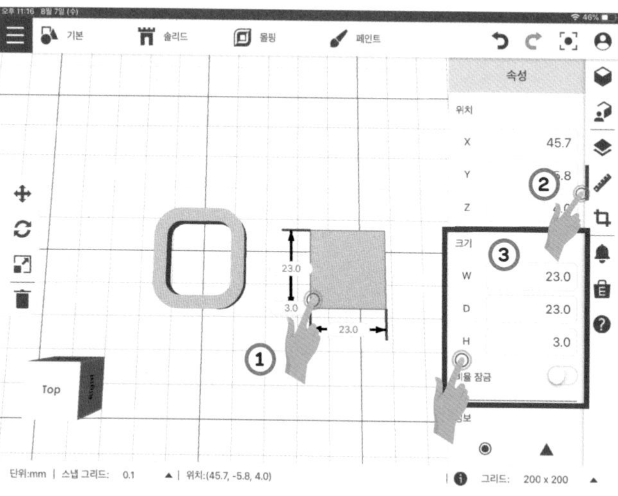

## 5

'W:23.0/D:23.0/H:3.0'mm 크기로 만듭니다.

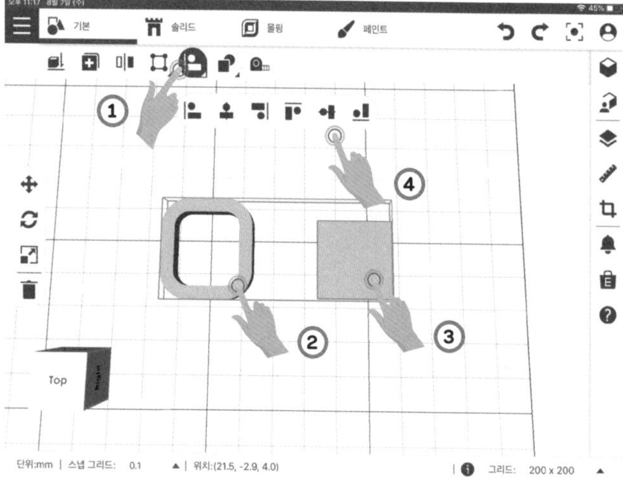

## 6

두 모델을 정렬 준비해서 5번째 아이콘을 누릅니다.

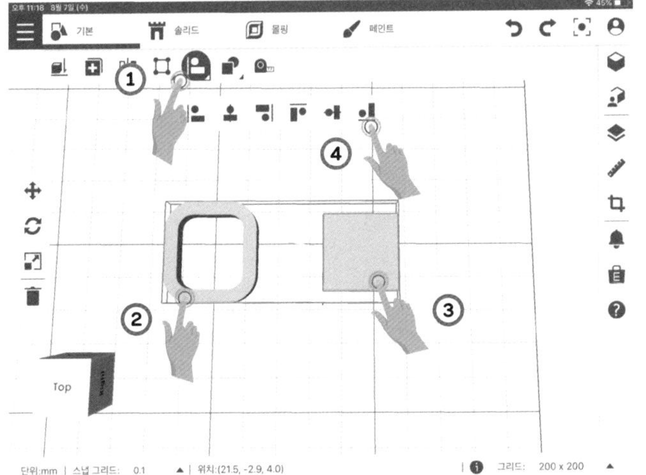

7

두 모델을 정렬 준비하여 6번째 아이콘을 누릅니다.

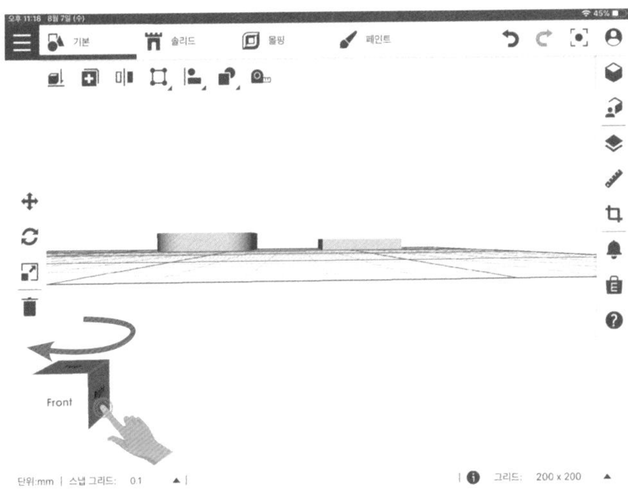

8

그리드판을 돌려 정렬이 잘 되었는지 확인합니다.

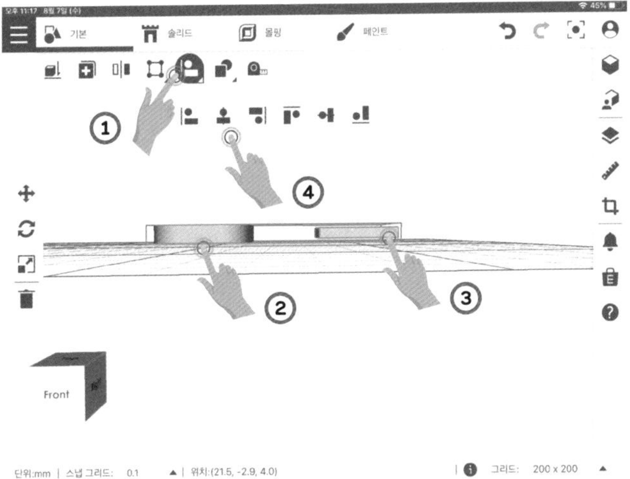

9

두 모델을 정렬 준비하여 2번째 아이콘을 누릅니다.

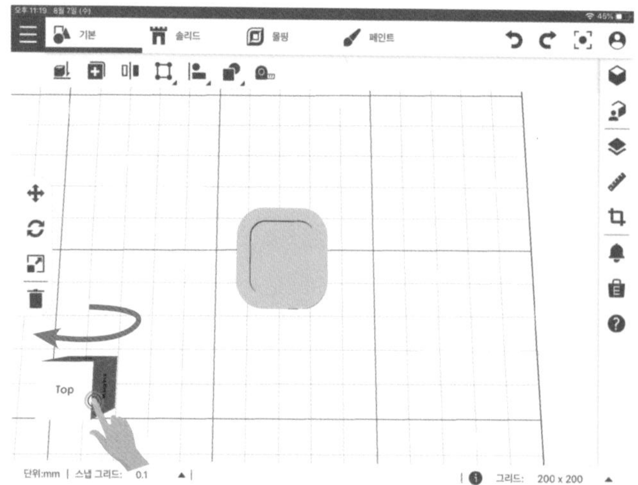


## 10

그리드판을 돌려 정렬이 잘 되었는지 확인합니다.

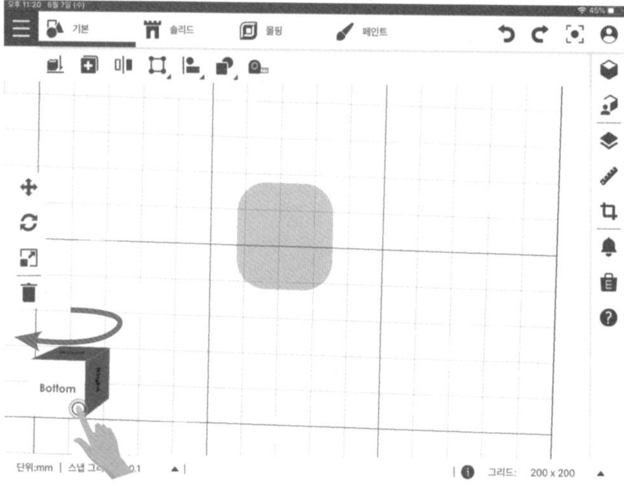


## 11

그리드판을 아래면으로 돌려 그룹화 준비를 합니다.

* 그림 **10**에서는 그룹화가 힘듭니다.

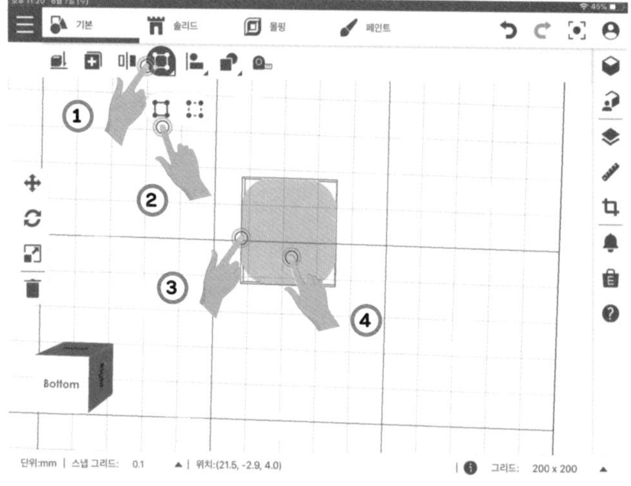


## 12

두 모델을 그룹화시켜 'tv티콘' 얼굴 모양을 만듭니다.

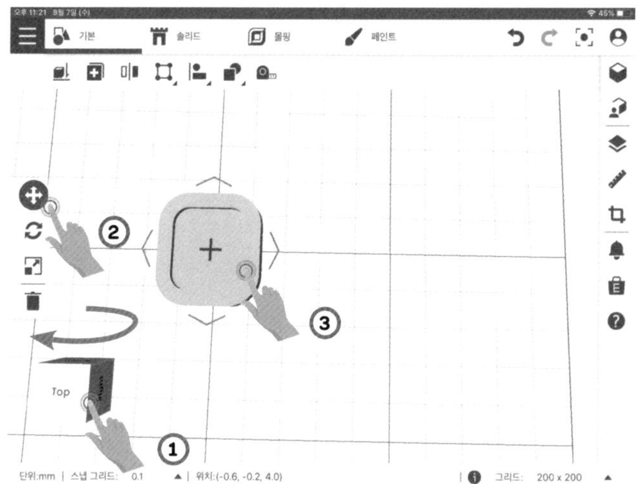

## 13

그리드판을 돌린 후, 모델을 왼쪽으로 이동시킵니다.

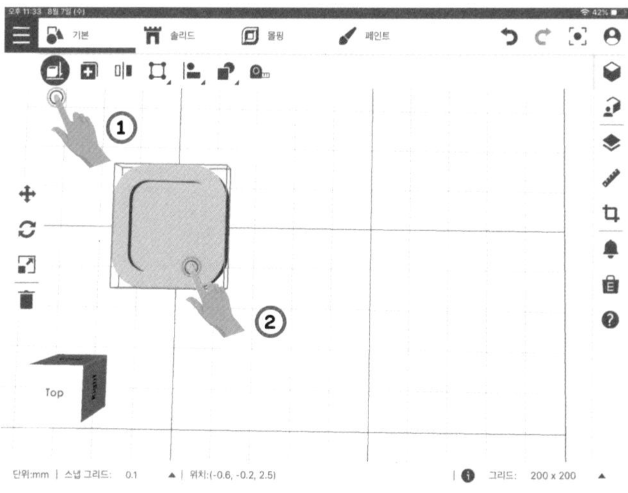

## 14

모델을 랜드시킵니다.

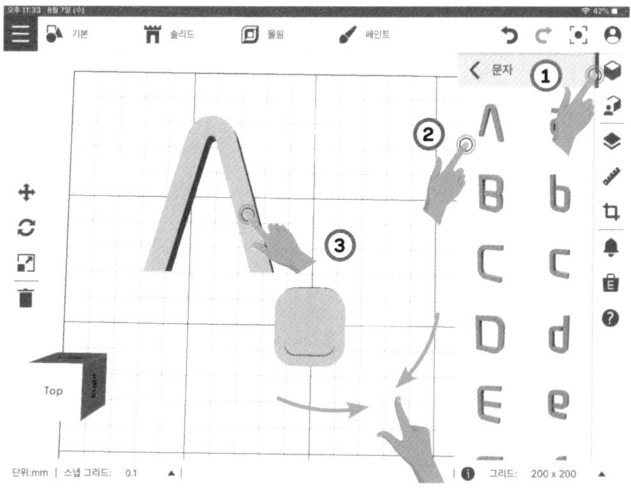

## 15

문자 [A] 모델을 불러옵니다.

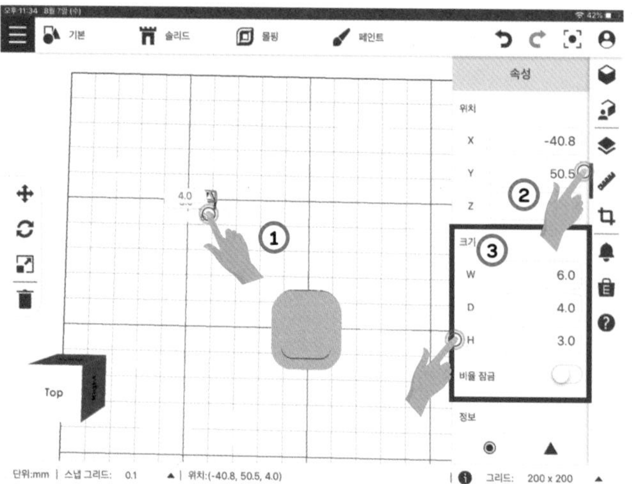

## 16

'W:6.0/D:4.0/H:3.0'mm 크기로 만듭니다.

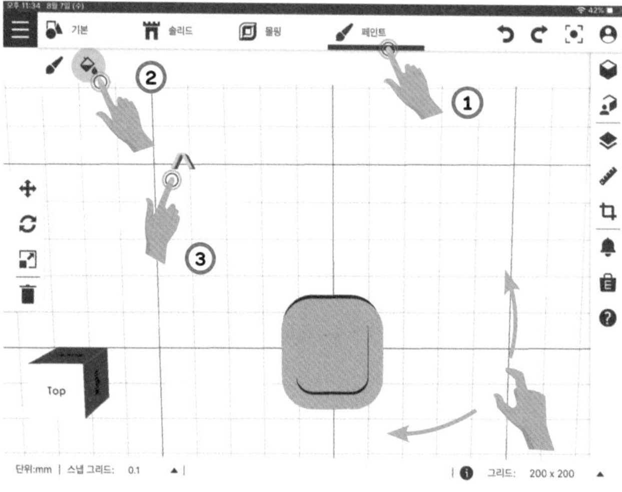

## 17

문자 [A] 모델을 노란색으로 입힙니다.

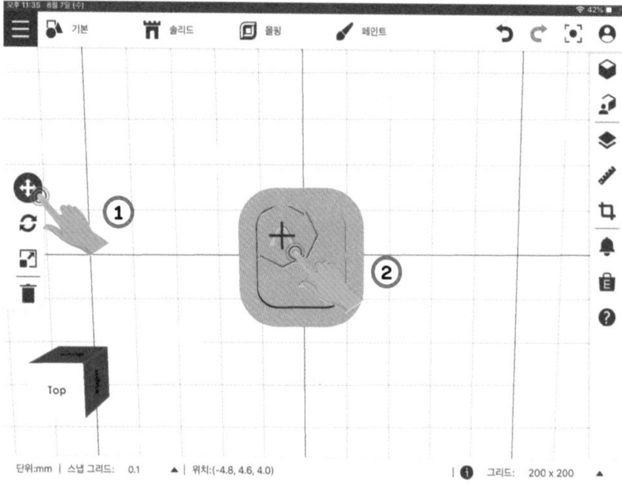

## 18

얼굴 모델 위에 문자 [A]를 이동시켜 올려놓습니다.

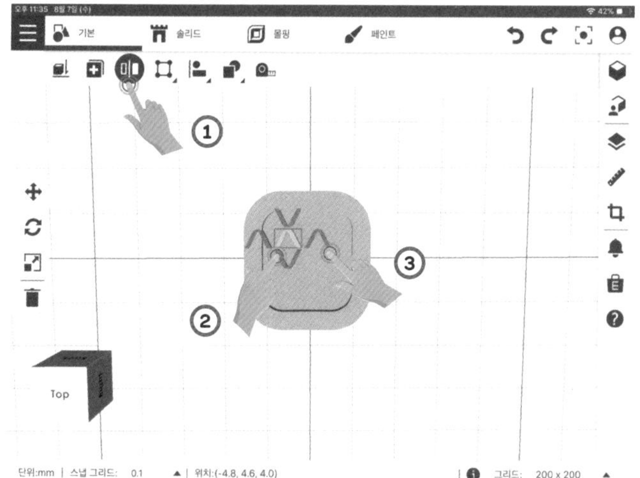

## 19

문자 [A]를 미러 복제합니다.

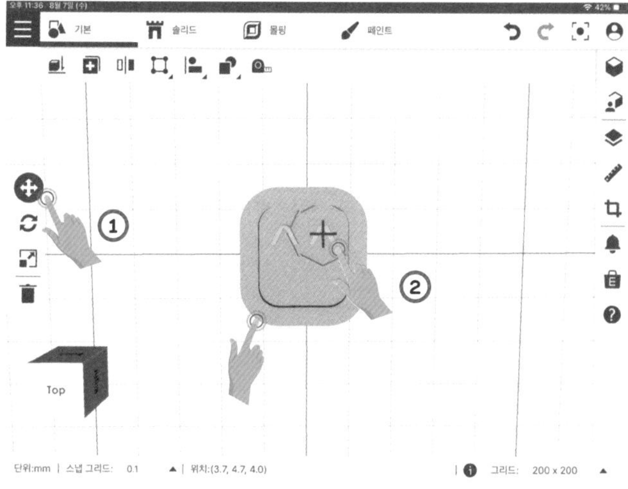

## 20

문자 [A]를 이동시켜 'tv티콘' 눈을 만듭니다.

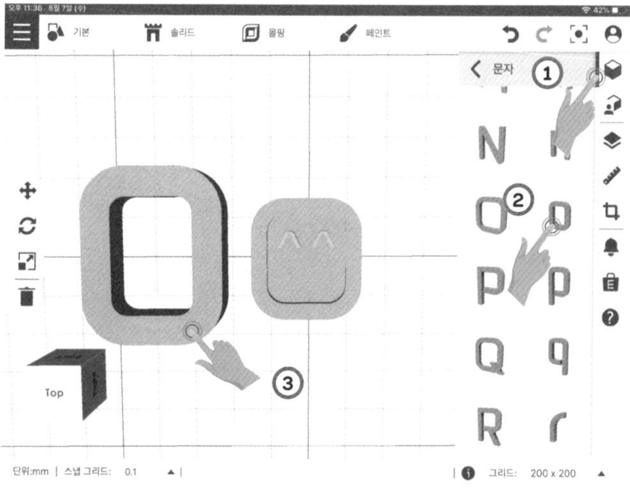

## 21

문자 [O]를 불러옵니다.

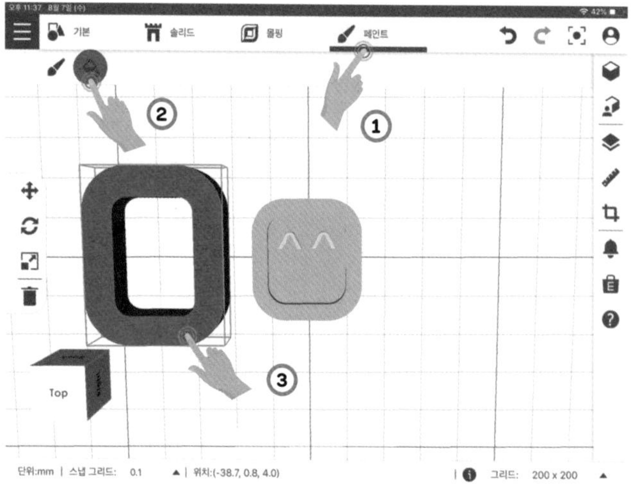

## 22

문자 [O] 모델을 빨간색으로 입힙니다.

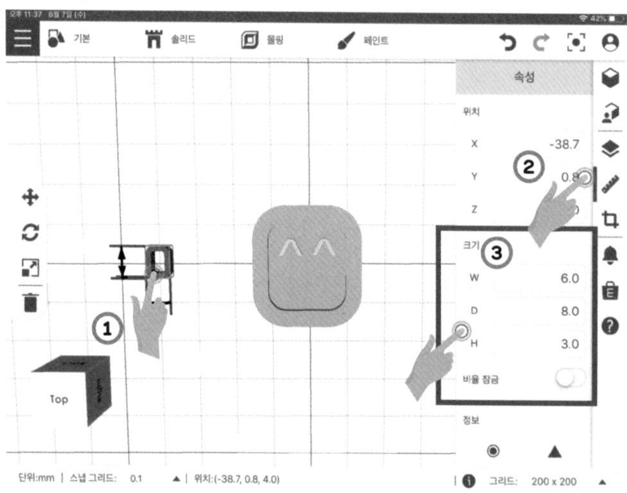

## 23

'W:6.0/D:8.0/H:3.0'mm 크기로 만듭니다.

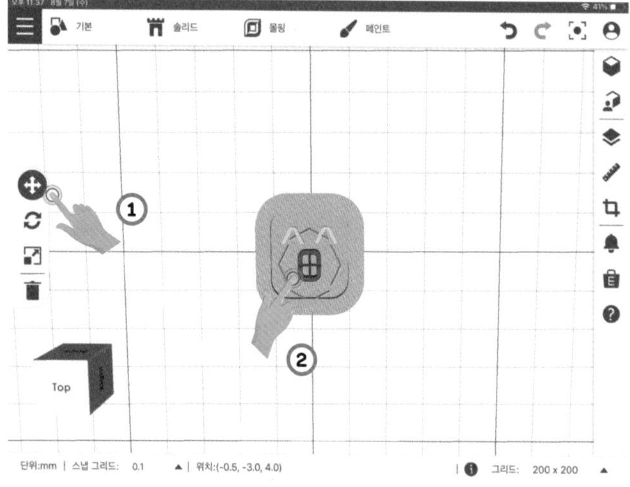

## 24

문자 [O]를 이동시켜 'tv티콘' 입을 만듭니다.

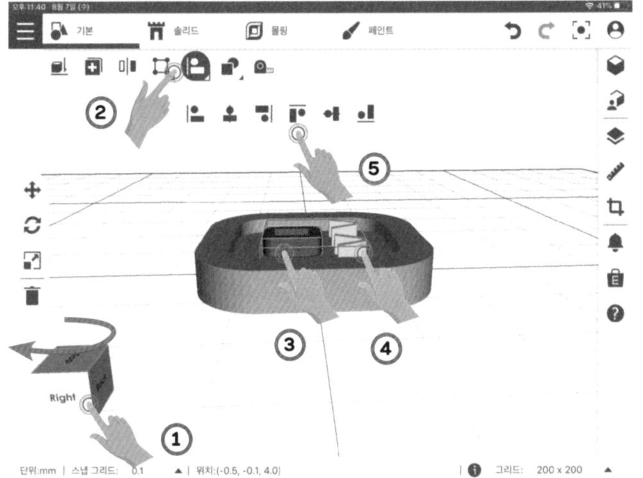

## 25

그리드판을 돌린 후, 눈과 입을 위쪽 정렬을 합니다.

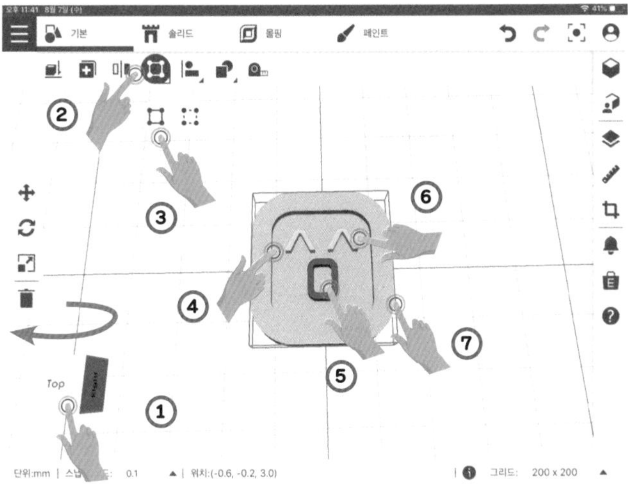

## 26

그리드판을 돌려 눈과 입, 얼굴 모두를 그룹화시킵니다.

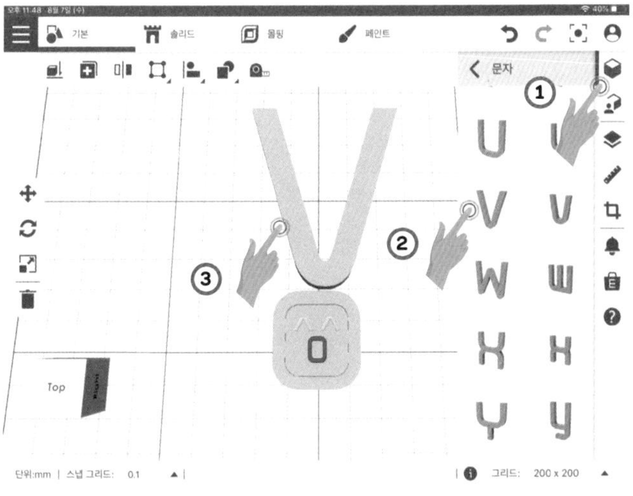

## 27

문자 [V]를 불러옵니다.

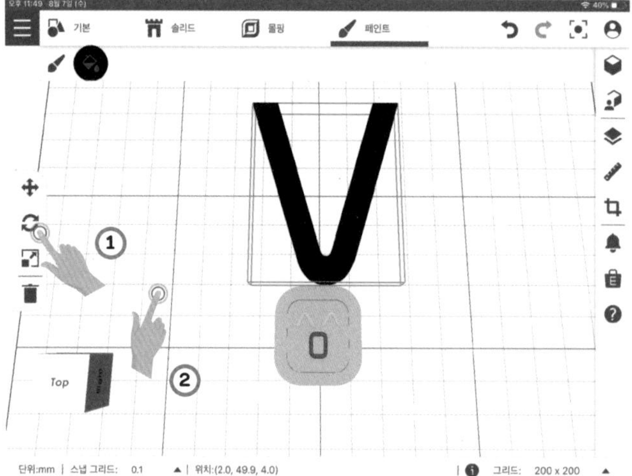

## 28

문자 [V]에 검은색을 입힙니다.

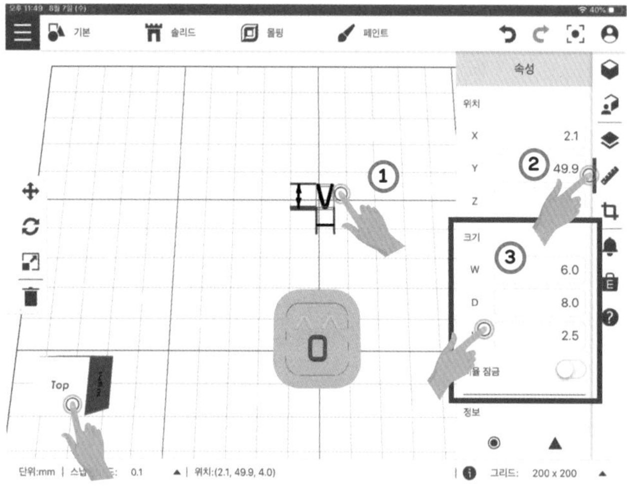

## 29

'W:6.0/D:8.0/H:2.5'mm 크기로 만듭니다.

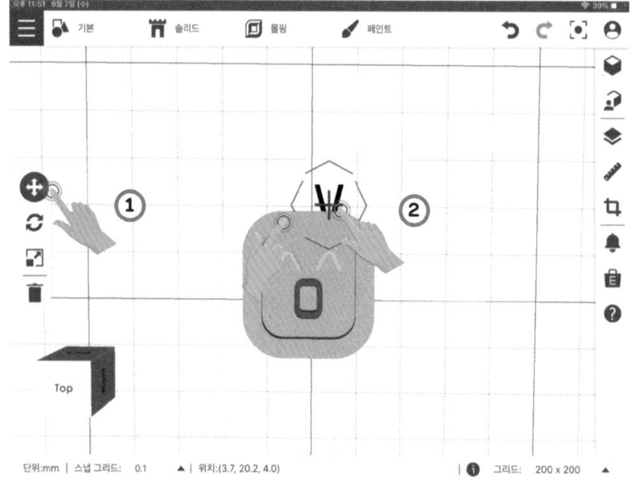

## 30

문자 [V]를 이동시켜 안테나 머리를 만듭니다.

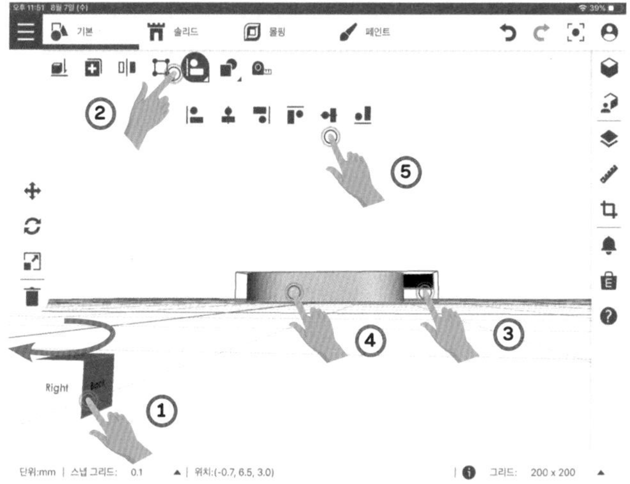


## 31

그리드판을 돌린 후, 얼굴과 안테나를 정렬시킵니다.

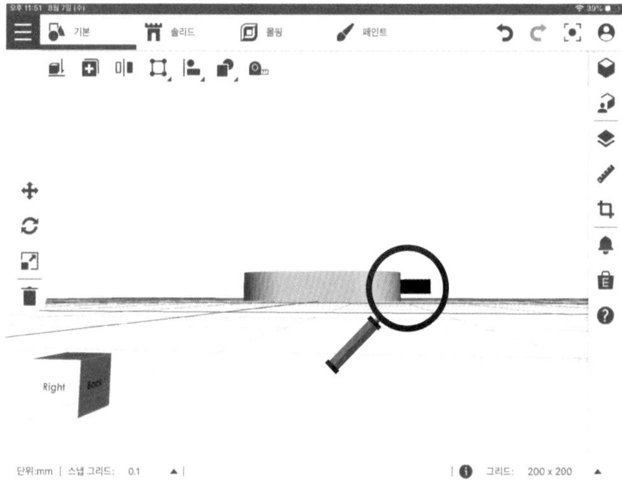


## 32

가운데 정렬이 잘 되었는지 확인합니다.

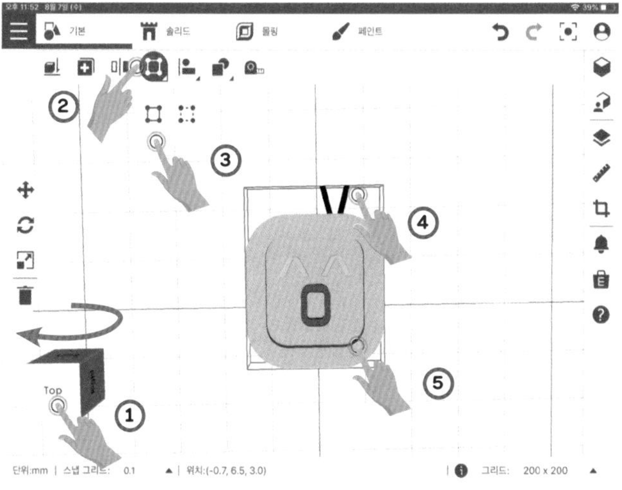


## 33

그리드판을 돌린 후, 안테나와 그룹화시켜 완성합니다.

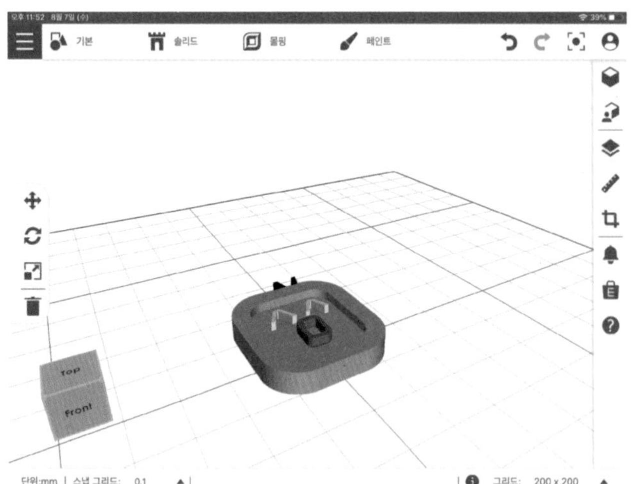

34

완성된 'tv티콘'을 [기본 보기]로 확인합니다.

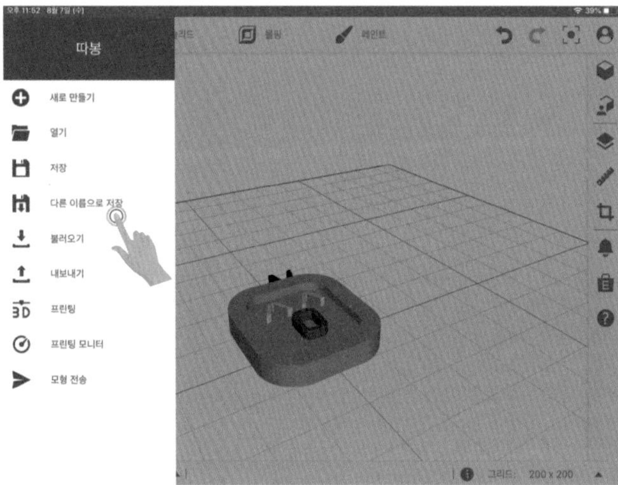

35

완성된 'tv티콘'을 저장합니다.

## 미션 I'M POSSIBLE

**Q** 앞에서 만든 캐릭터 'tv티콘'처럼, [문자] 모델만으로 자신만의 캐릭터를 스케치한 후 모델링 해 보세요.

A a D d G g J j M m P p S s V v Y y

B b E e H h K k N n Q q T t W w Z z

C c F f I i L l O o R r U u X x

스케치하기

| 브랜드(상품)명 | | 용도 | |
|---|---|---|---|

# King 메이커 되기(5) - 모방이 학습이다

## 미키마우스 탄생 이야기

어릴 적 동물을 따라 그리며(모방) 만화가가 되고 싶어 했던 소년이 있었습니다. 그 소년이 자라서 청년이 되었을 때, 너무 가난해서 허름한 창고 생활을 하게 되었는데, 그곳에는 생쥐들이 많았습니다. 이 청년은 자신의 상황을 비관하지 않고 생쥐를 보며 따라 그리며(모방) 창고 생활을 했습니다. 그렇게 생쥐를 그리던 어느 날, 생쥐를 만화 주인공으로 하면 어떨까 하는 동기가 생겨 생쥐에 관한 만화를 만들기 시작했습니다. 그렇게 탄생한 만화 캐릭터가 바로 너무나 유명한 월트 디즈니가 만든 '미키마우스'입니다.

미키마우스와 같은 자신만의 독창적인 캐릭터들을 만든 월트 디즈니의 성공 비결 중 하나가 자신이 좋아하고 만들고 싶은 것을 모방하고 또 모방하면서 창의성을 키워나갔다는 것입니다. 창의성은 학습이 뒷받침되어야 하고, 가장 좋은 학습은 모방하는 것입니다.

무엇을 모방하고 싶으세요? 모방을 하는 순간, 메이커 능력은 발전하게 됩니다.

## 비행기를 발명한 라이트 형제 이야기

어릴 적, 아버지가 사준 장난감 헬리콥터를 계속해서 따라 만들어 보며(모방) 하늘을 나는 꿈을 키우게 된 라이트 형제.

비행기를 발명해서 1903년 12월 17일에 노스캐롤라이나 주의 키티 호크에서 최초의 동력 비행을 성공시켰다.

## Maker Note 무엇이든 만들고 싶을 때는 Maker Note를 활용하세요.

일시: 이름(닉네임):

| 스케치하기 |
| --- |
| |

| 브랜드(상품)명 | | 용도 | |
| --- | --- | --- | --- |
| 동기 | | | |
| 학습내용 | 제품을 만들기 위한 학습 계획 또는 학습한 내용을 적어 보세요. | | |

# 숫자 로봇 '8랑이' 만들기
## -끊임없이 질문을 던져라

## Maker Start

### • 3D프린터로 만든 로봇

가사 일을 돕는 로봇, 식당에서 서비스하는 로봇, 병원에서 수술하는 로봇, 인간 대신 전투하는 로봇 등, 많은 분야의 로봇들이 현재 활발하게 개발되고 있습니다. 그중에서 3D프린터로 만든 3개의 로봇이 화제가 되고 있습니다.

첫 번째는 미국 조지아텍 연구팀이 3D프린팅 기술로 개발한 길이 2mm, 너비 1.8mm, 두께 0.8mm, 무게 5mg의 초미니 로봇인데요, 연구팀에 따르면 사람의 신체 속에 들어가 질환을 치료하는 의료용 로봇으로 활용할 수 있다고 밝혔습니다.

두 번째는 하버드대학 공학응용과학부와 칼텍 연구진이 만든 외부 자극에 민감하게 반응하는 소프트 로봇인데요, 3D프린팅과 종이접기 기술을 활용해 만들어졌습니다. 이 소프트 로봇이 앞으로 어떤 분야에 활용될지 기대가 되고 있습니다.

마지막으로 3D프린팅 기술을 활용하여 해파리처럼 약한 몸을 지닌 바다 생물을 안전하게 포획할 수 있는 로봇이 미국 하버드 대학 와이즈 연구소의 니나 시나트라가 이끄는 연구팀에 의해 개발되었습니다. 이와 같이 미래 유망 산업인 로봇 개발에도 3D프린팅은 정말 필요한 기술이 될 것이라 확신합니다.

Chalk

### MAKER 생각

**Q.** 자신에게 가장 필요한 로봇은 어떤 로봇인가요? 로봇의 필요한 기능에 대해서도 구체적으로 적어 보세요.

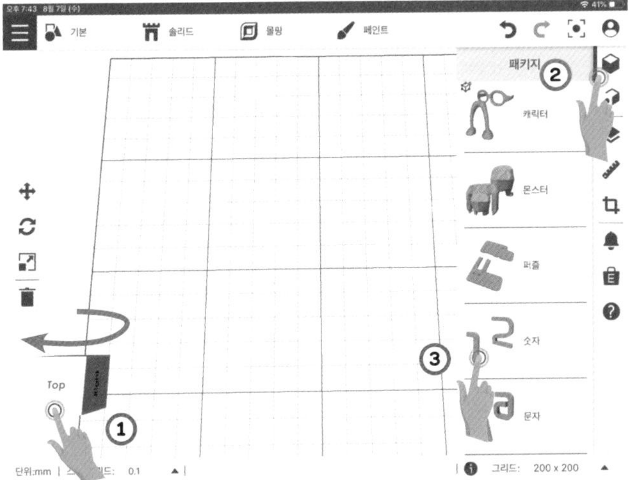


## 1

그리드판을 그림처럼 만든 후, [숫자] 아이콘을 누릅니다.

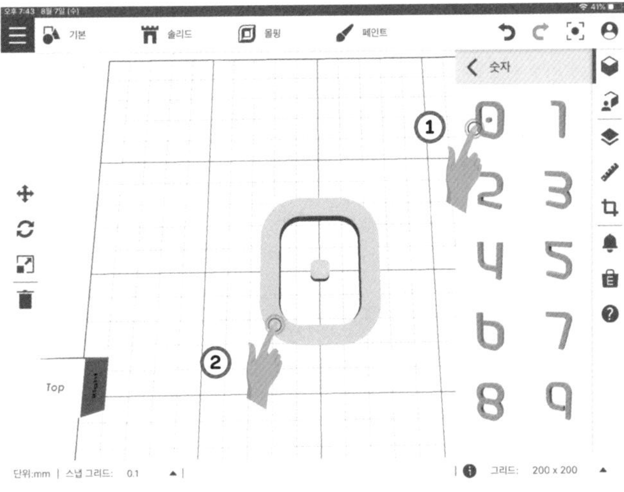


## 2

숫자 모델 [0]을 불러옵니다.

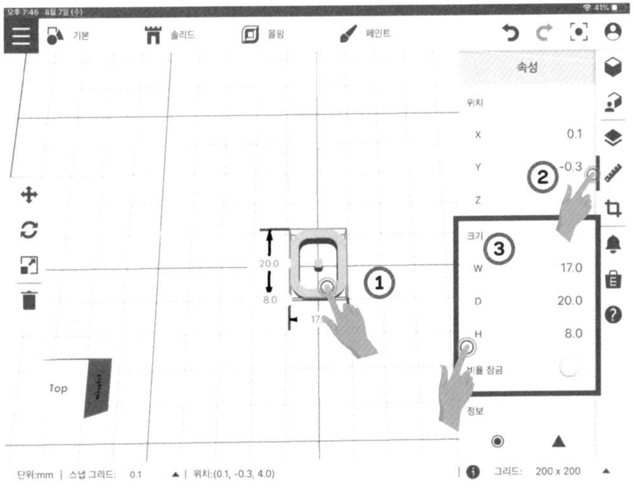


## 3

'W:17.0/D:20.0/H:8.0'mm 크기로 만듭니다.

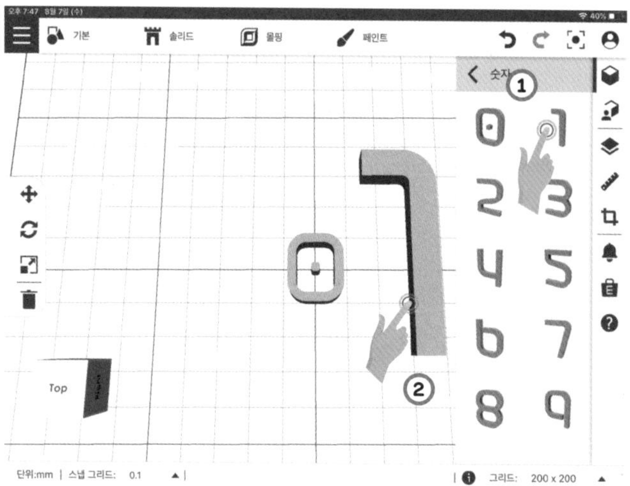

## 4

숫자 모델 [1]을 불러옵니다.

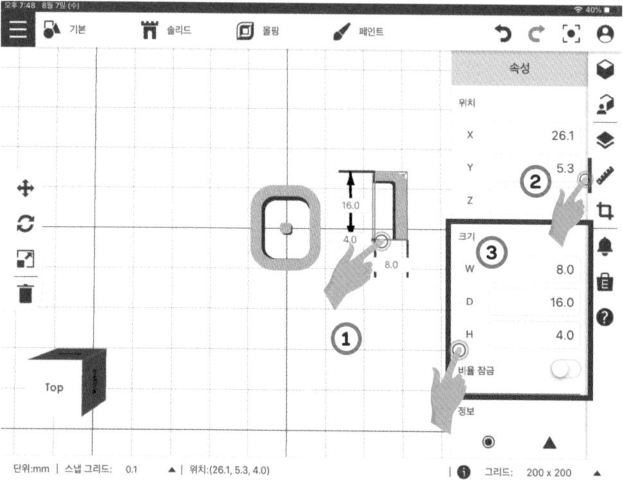

## 5

'W:8.0/D:16.0/H:4.0'mm 크기로 만듭니다.

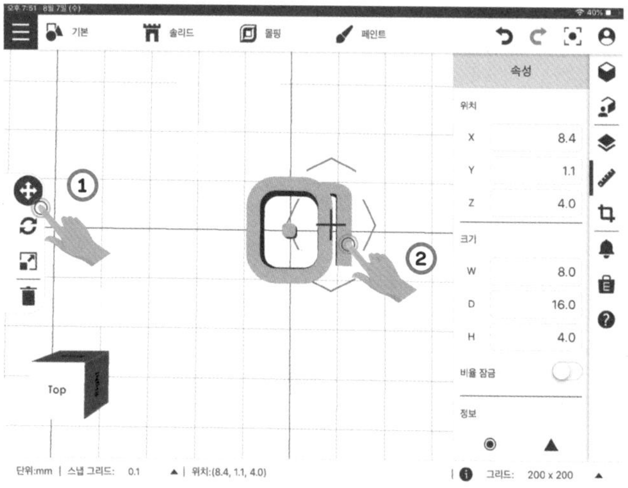

## 6

숫자 모델 [1]을 이동시켜 팔의 크기를 확인합니다.

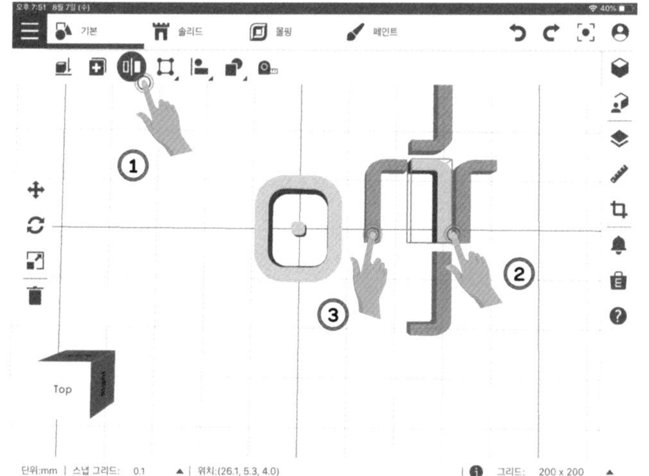

## 7

숫자 모델 [1]을 이동 시킨 후, 미러 복제를 합니다.

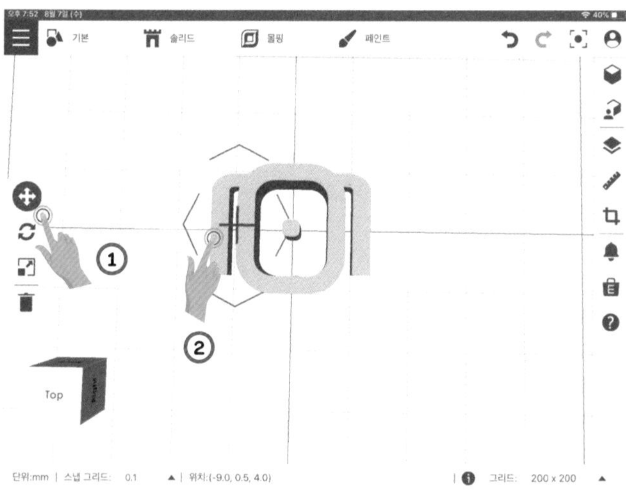

## 8

숫자 모델 [1]을 각각 이동시켜 팔을 만듭니다.

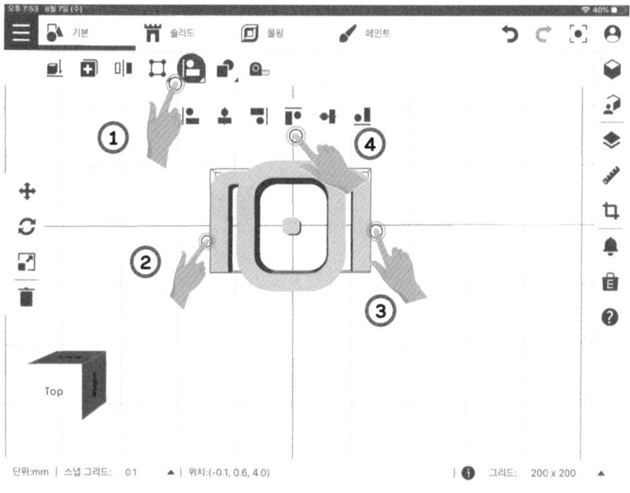

## 9

두 팔을 정렬 준비 후, 4번째 정렬 아이콘을 누릅니다.

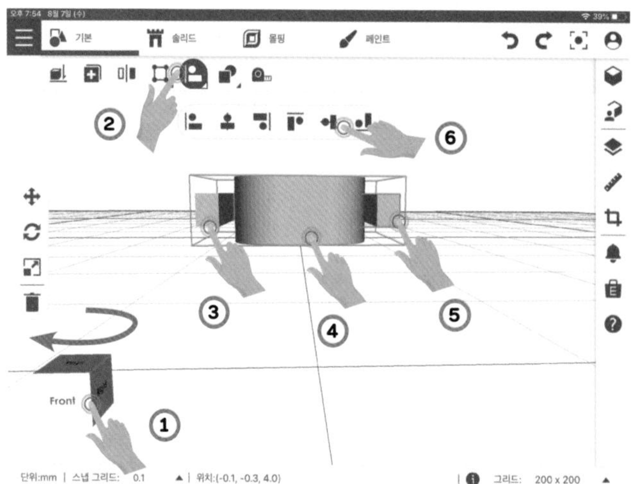

## 10

그림처럼 정렬 준비 후, 5번째 정렬 아이콘을 누릅니다.

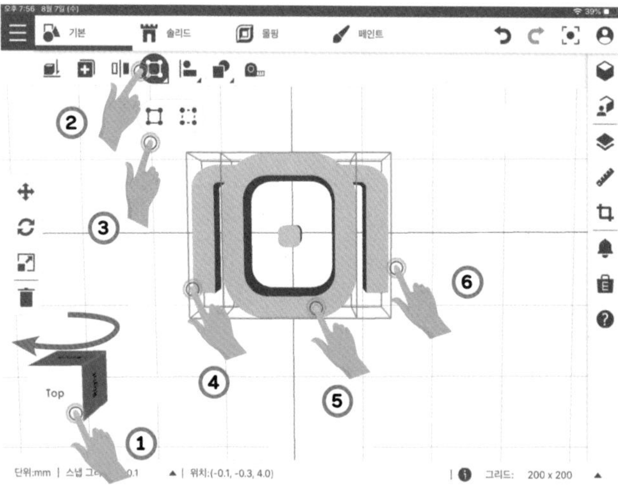

## 11

로봇 몸통과 두 팔을 그룹화시킵니다.

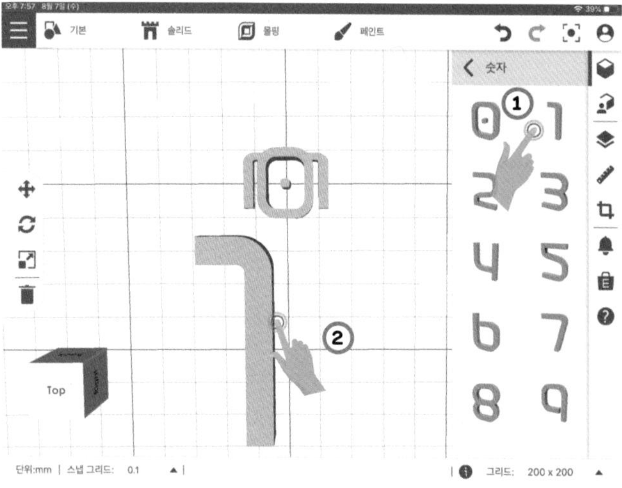

## 12

숫자 모델 [1]을 불러옵니다.

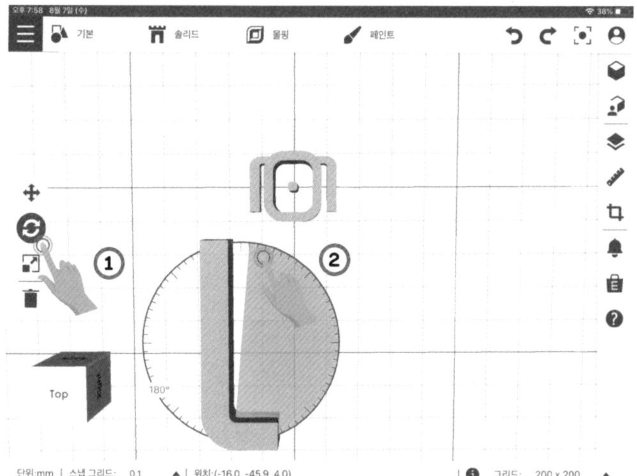

## 13

새로운 모델을 180도 회전시킵니다.

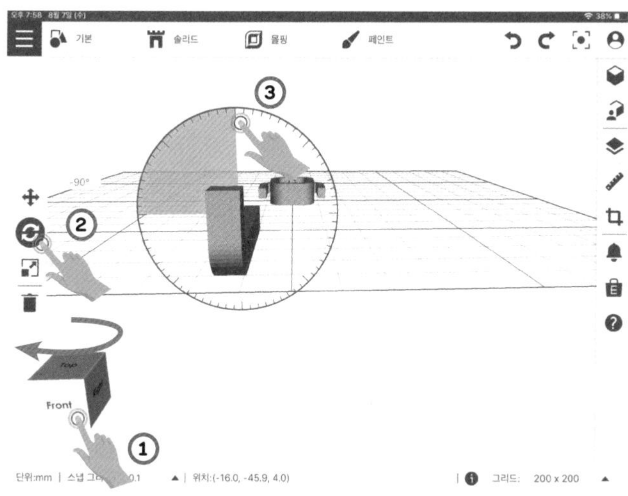

## 14

그리드판을 돌린 후, 90도로 회전시킵니다.

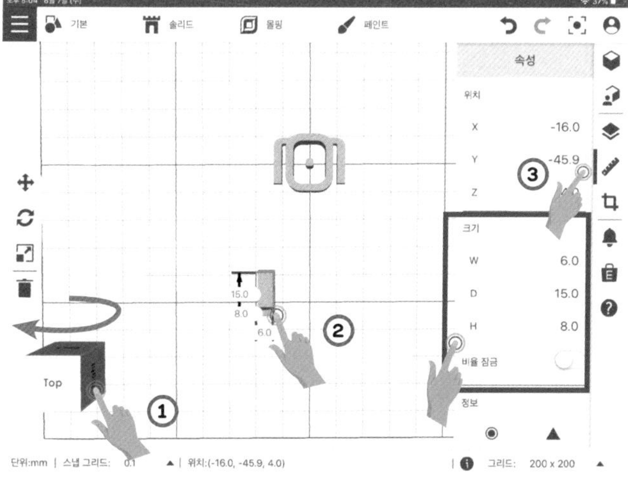

## 15

'W:6.0/D:15.0/H:8.0'mm 크기로 만듭니다.

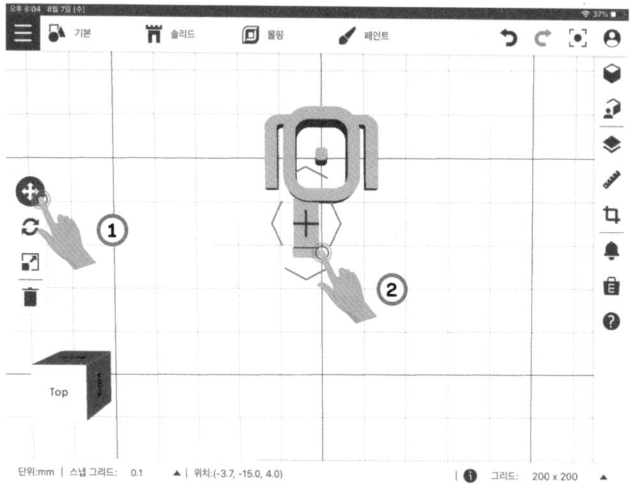

## 16

그림처럼 이동시켜 한쪽 다리를 만듭니다.

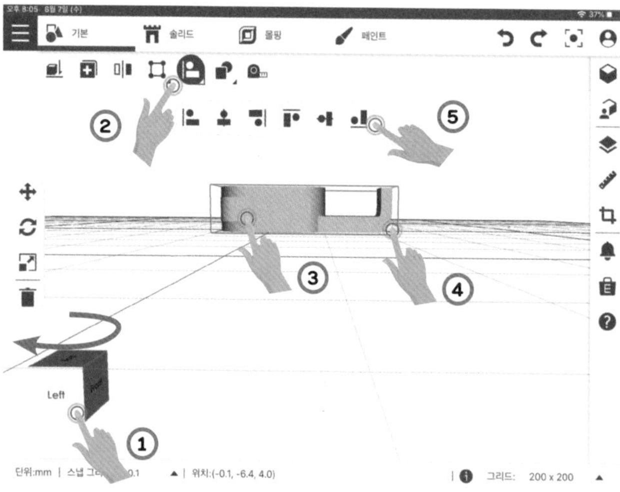

## 17

정렬 준비 후, 6번째 정렬 아이콘을 누릅니다.

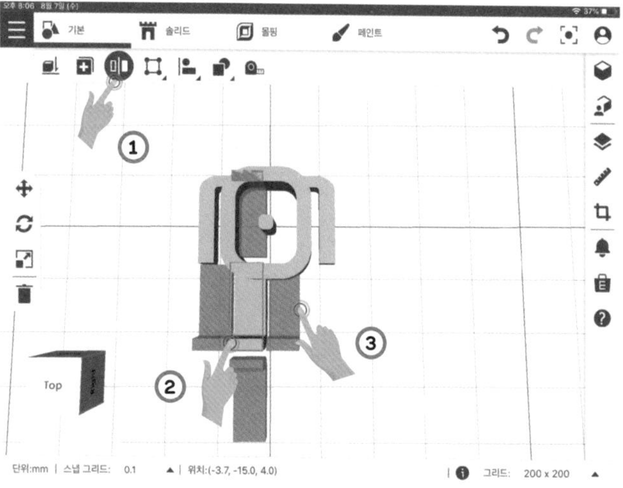

## 18

미러 복제해서 다리를 완성합니다.

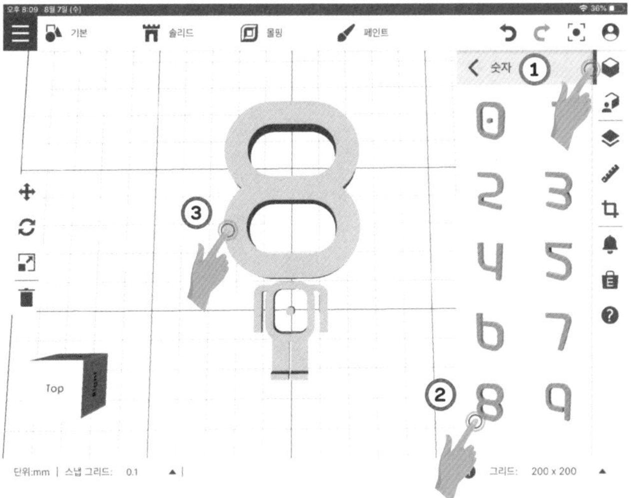

19

새로운 숫자 모델 [8]을 불러옵니다.

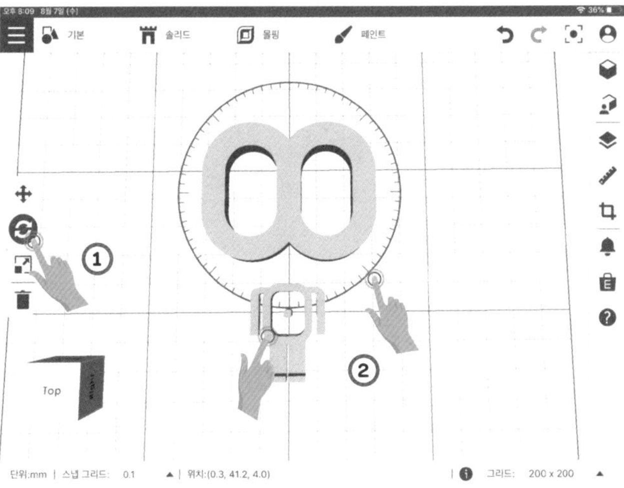

20

숫자 모델 [8]을 180도로 회전시킵니다.

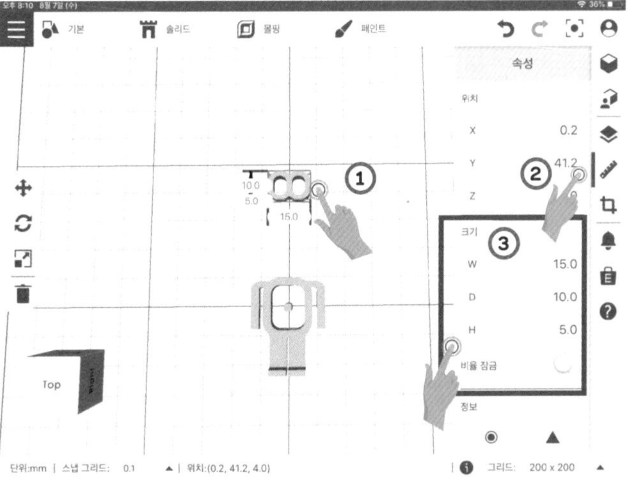

21

'W:15.0/D:10.0/H:5.0'mm 크기로 만듭니다.

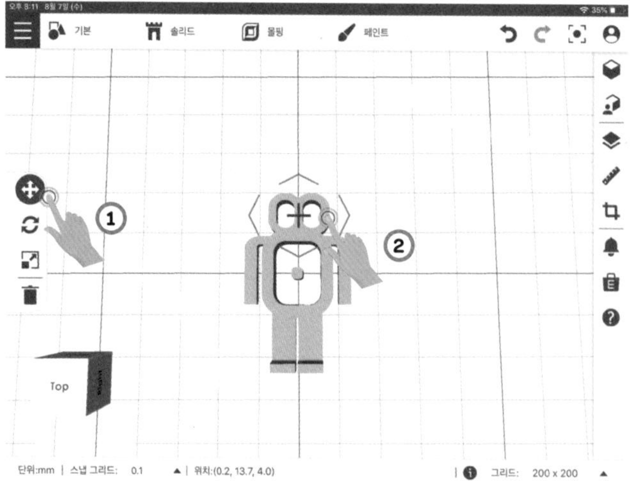

## 22

숫자 모델 [8]을 이동시켜 얼굴을 만듭니다.

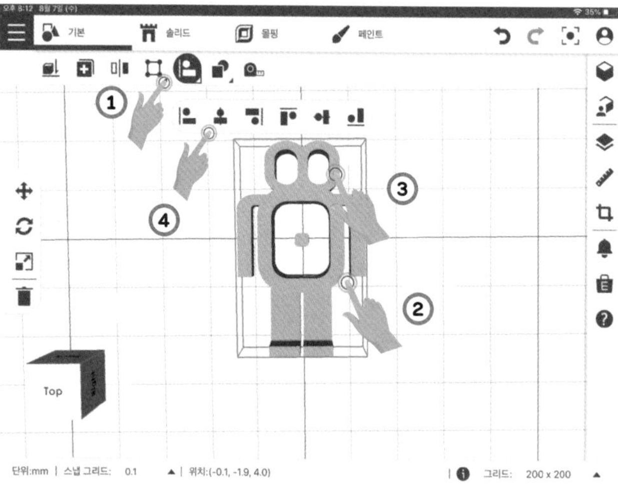

## 23

정렬 준비 후, 2번째 정렬 아이콘을 누릅니다.

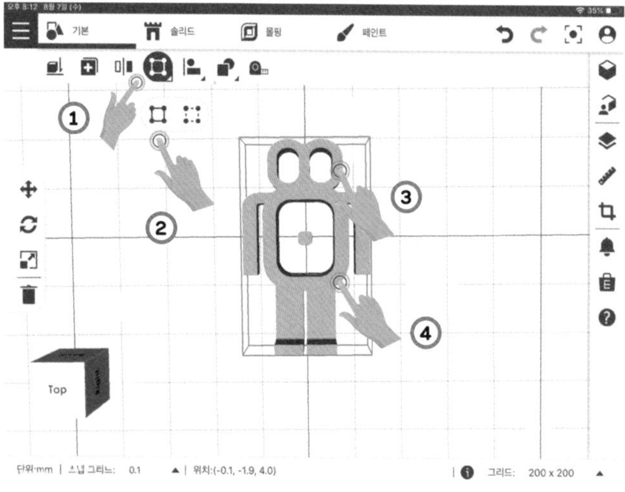

## 24

얼굴과 그룹화시킵니다.

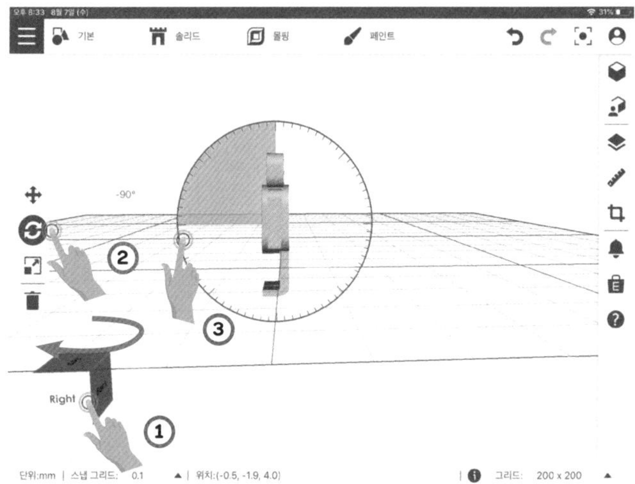

## 25

그리드판을 돌려, 90도로 회전시킵니다.

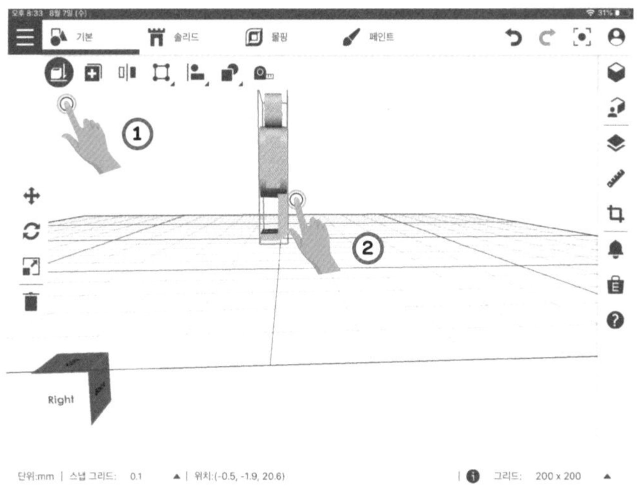

## 26

모델을 그림처럼 랜드시킵니다.

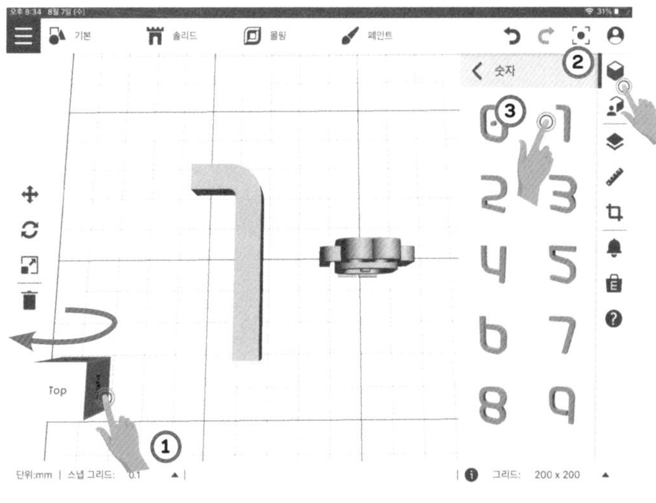

## 27

숫자 모델 [1]을 불러옵니다.

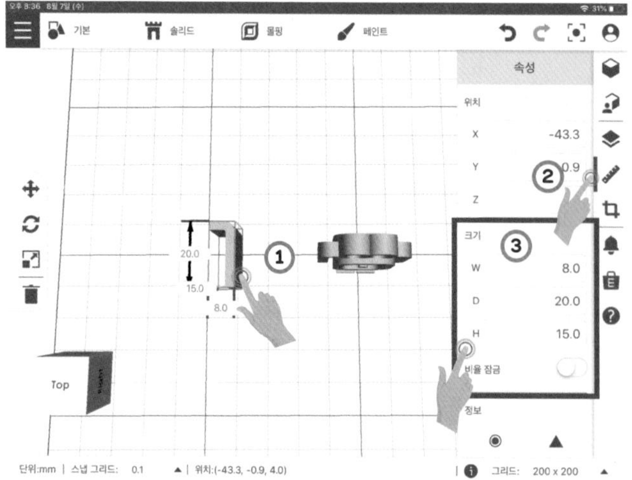


## 28

'W:8.0/D:20.0/H:15.0'mm 크기로 만듭니다.

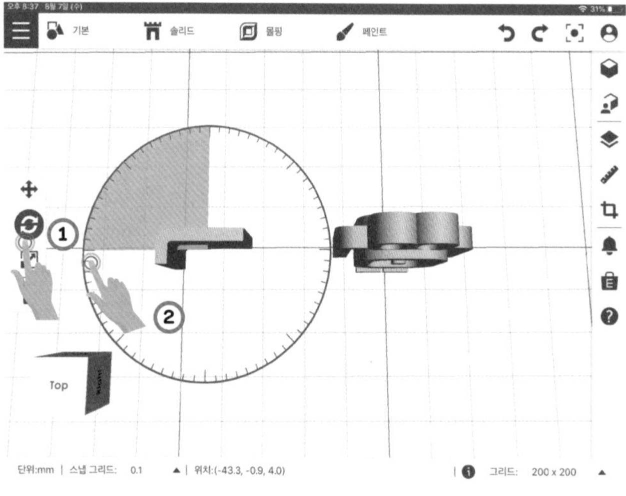


## 29

숫자 모델 [1]을 90도로 회전시킵니다.

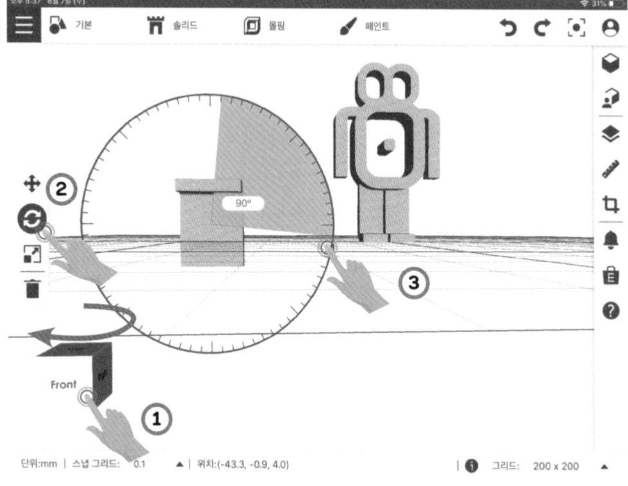


## 30

그리드판을 돌린 후, 다시 90도로 회전시킵니다.

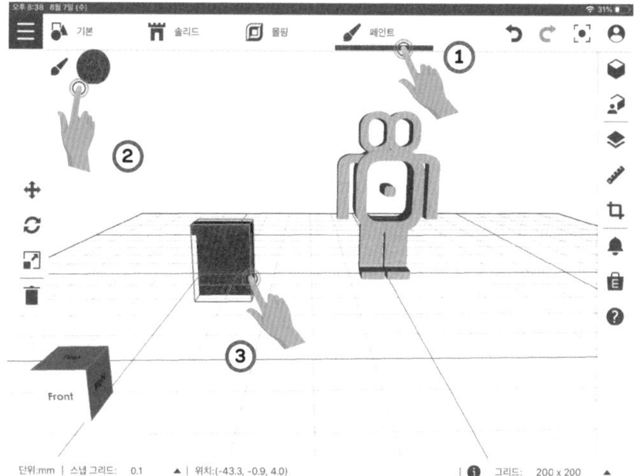

## 31

새로운 모델을 빨간색으로 입힙니다.

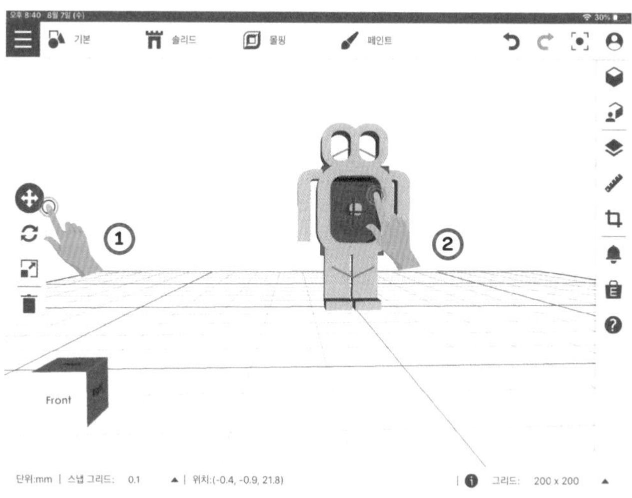

## 32

그림처럼 이동시켜 망토를 만들 준비를 합니다.

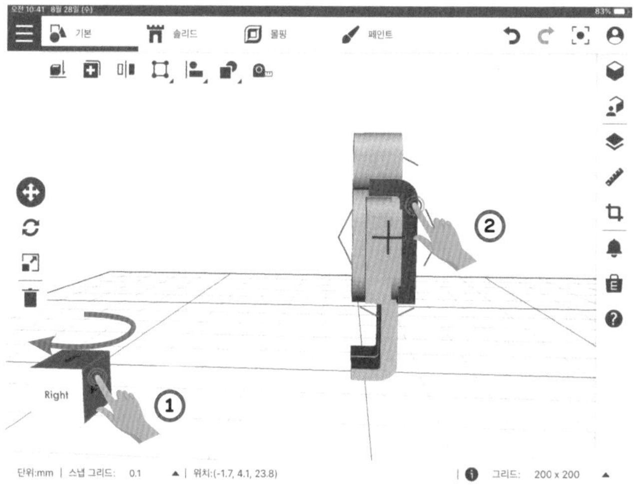

## 33

그리드판을 돌린 후, 망토를 몸통과 붙입니다.

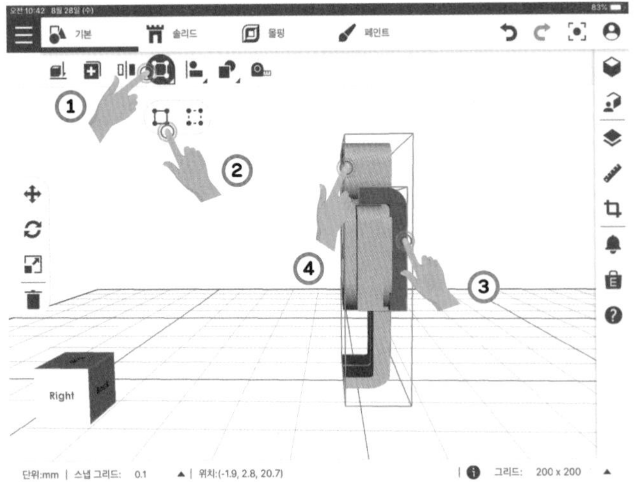

## 34

망토랑 그룹화시켜 숫자 로봇 '8랑이'를 완성합니다.

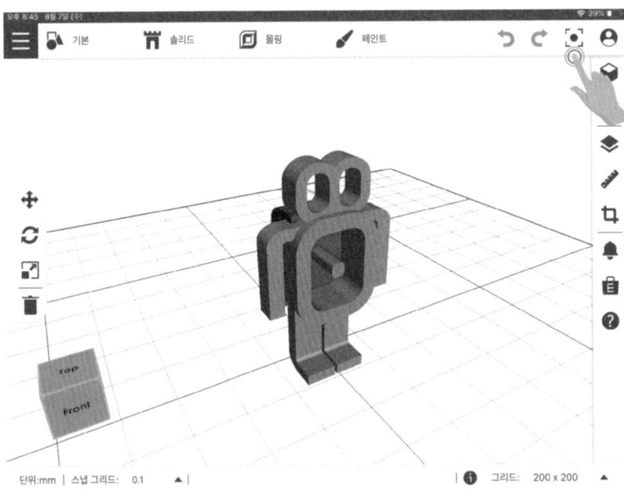

## 35

[기본 보기] 화면으로 완성된 모델을 확인해 봅니다.

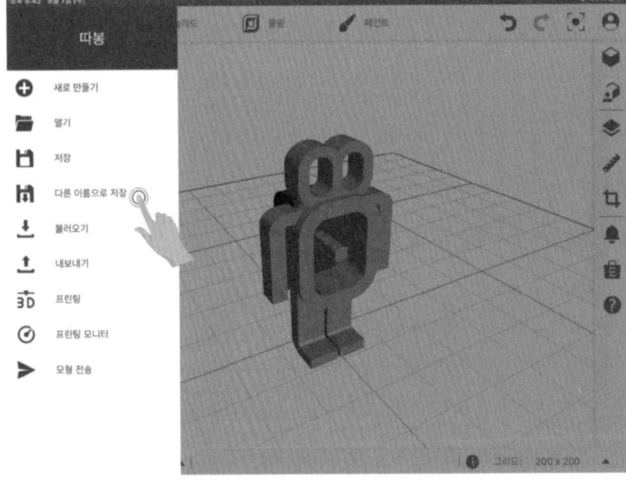

## 36

숫자 로봇 '8랑이'를 저장합니다.

## 미션 I'M POSSIBLE

**Q** 앞에서 만든 숫자 로봇 '8랑이'처럼, [기하] 메뉴에서 숫자 모델만으로 자신만의 로봇을 만들어 보세요.

**스케치하기**

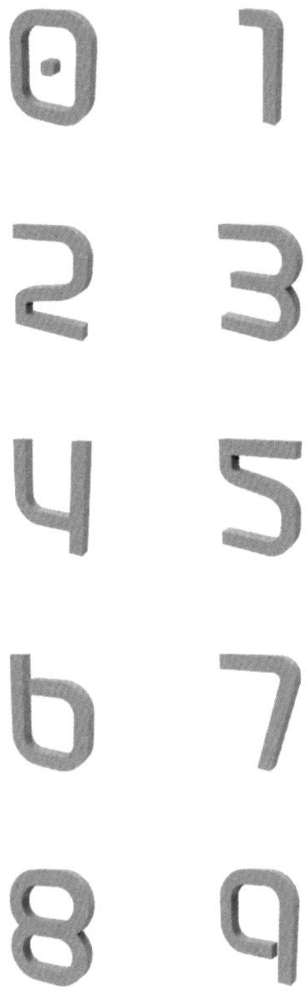

0 1

2 3

4 5

6 7

8 9

| 브랜드(상품)명 | | 용도 | |
|---|---|---|---|

# King 메이커 되기(6) - 끊임없이 질문을 던져라

## 13살 소년의 질문

췌장암이 뭐지?
사망률이 높은 이유는?
치료 방법은?

잭 안드라카라는 소년은 13살 때, 가족처럼 지내던 이웃집 아저씨가 췌장암으로 돌아가시게 되어 큰 슬픔에 잠기게 되었습니다. 그로 인해 아저씨의 죽음의 원인이 되었던 췌장암에 호기심을 가지게 되었고, 인터넷을 통해 이에 대해 알아보기 시작하였습니다. 그때부터 잭 안드라카는 틈만 나면 인터넷에 질문을 던졌습니다. "췌장암이 뭐지? 사망률이 높은 이유는? 치료 방법은? 진단은 어떻게?" 이렇게 인터넷에 질문하며 학습한 끝에, 16살에 세계 최고 췌장암 조기 진단 키트를 발명하게 되고 2012년 인텔 국제과학경진대회 고든무어상을 수상하게 되었습니다.

궁금한 것이 있다면, 끊임없이 질문을 던지세요. 질문하는 힘, 새로운 것을 만들어 내고 해답을 찾고 싶어 하는 메이커들에게 아주 큰 힘이 될 거예요.

## 레오나르도 다빈치의 노트

회화, 건축, 철학, 시, 작곡, 조각, 육상, 물리학, 수학, 해부학, 요리 등 다양한 분야에 전문성을 갖췄던 레오나르도 다빈치는 자신의 노트에 궁금한 것을 작성해서 전문가에게 자주 물어보았는데요, 그의 천재성은 바로 언제든지 질문을 아끼지 않았다는 것입니다.

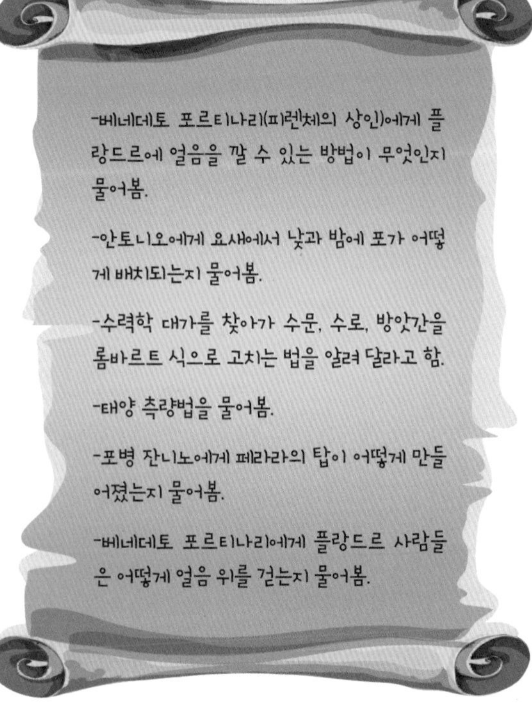

# Maker Note 무엇이든 만들고 싶을때는 Maker Note를 활용하세요.

일시: 이름(닉네임):

| 스케치하기 | | | |
|---|---|---|---|
| 브랜드(상품)명 | | 용도 | |
| 동기 | | | |
| 학습내용 | 제품을 만들기 위한 학습 계획 또는 학습한 내용을 적어 보세요. | | |

# 미니어처 하우스 만들기

## -관찰, 자세히 보라

## Maker Start

### • 하루 만에 집도 만드는 3D프린터

3D프린팅 기술을 활용하여 만드는 것 중에 가장 놀라운 것이 바로 '집'일 것입니다. 실제 3D프린팅으로 집을 만드는 과정이 궁금하다면, 유튜브 등을 통해 영상으로 확인할 수가 있습니다. 특히, 러시아 건설용 3D프린터 스타트업인 아피스코르(Apis Cor)가 하루 만에 건물을 3D프린터로 만들어서 뉴스에 등장하기도 했는데요. 아피스코르가 3D프린터로 만든 집은 바닥 면적이 38㎡인 단층집 구조로, 건설에 들어간 비용이 한화 약 1,100만원 정도로 기존 건축 비용보다 평균 50% 이상 절감할 수 있었으며, 무엇보다 건축폐기물이 생기지 않아 친환경 집으로 각광을 받았습니다.

최근에는 유럽우주국(ESA)에서 3D프린터 로봇을 달에 보낸 뒤, 달 표면 위에 기지(집)를 만드는 가상의 작업 과정을 만드는 동영상을 통해 그들의 꿈을 공개하기도 했습니다.

앞으로 3D프린팅 기술이 더 발전한다면 집이 없는 사람들에게 큰 도움이 되지 않을까요?

Chalk

?

**MAKER 생각**

**Q.** 자신만의 집을 3D프린터로 만든다면, 어떤 집을 짓고 (만들고) 싶은가요?

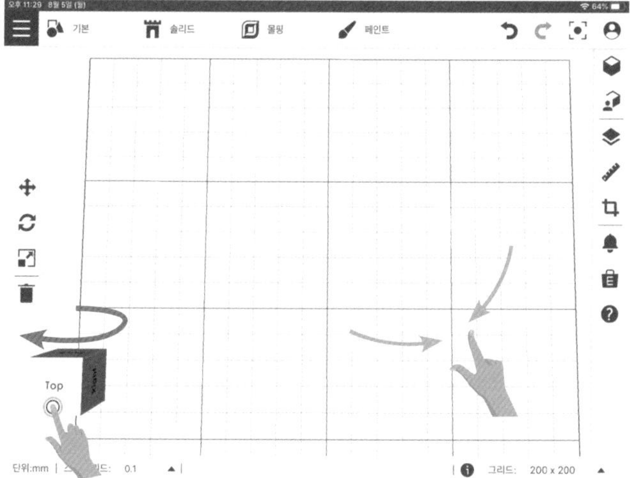

## 1

그림처럼 그리드판을 준비합니다.

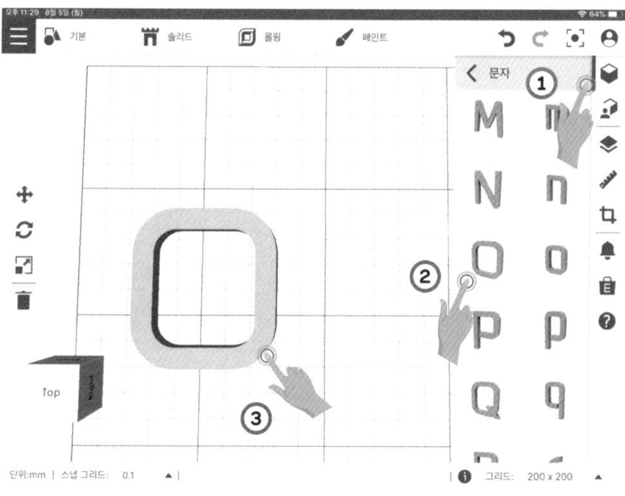

## 2

문자 모델 [O]를 불러옵니다.

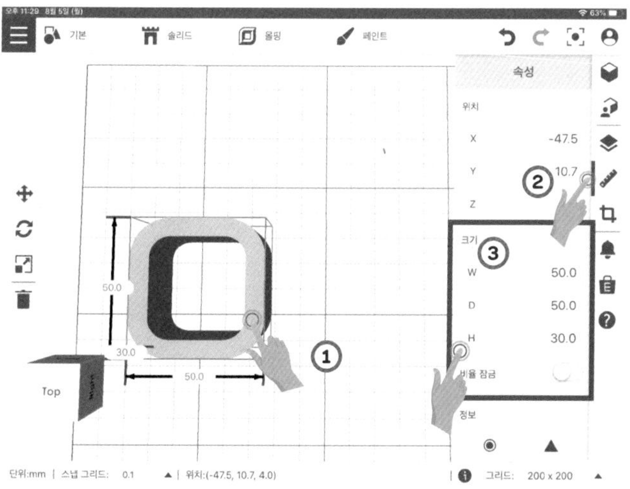

## 3

'W:50.0/D:50.0/H:30.0'mm 크기로 만듭니다.

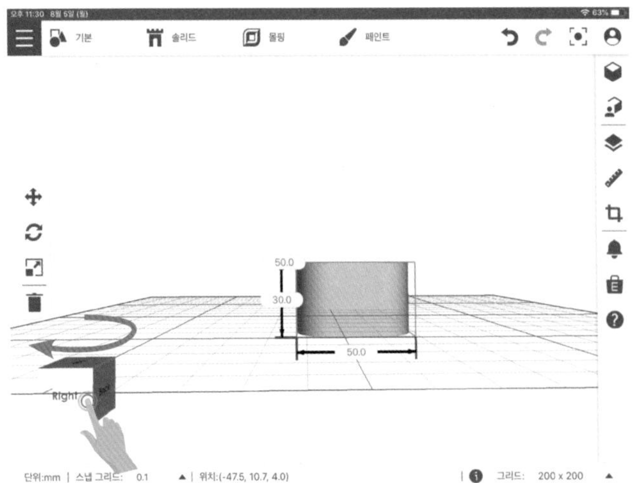

## 4

그리드판을 돌려 그림과 같이 만듭니다.

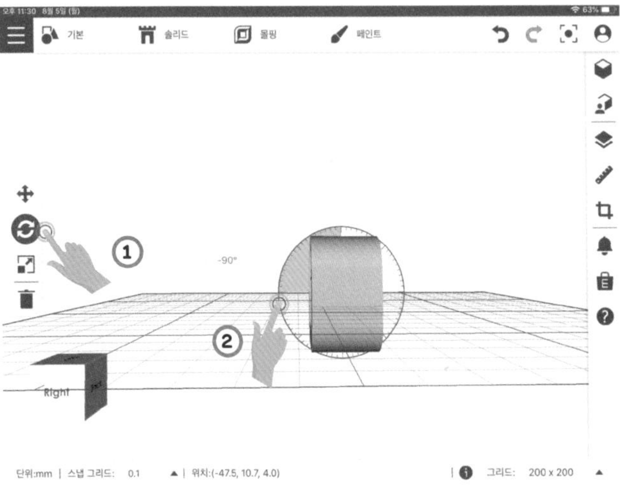

## 5

모델을 90도로 회전시킵니다.

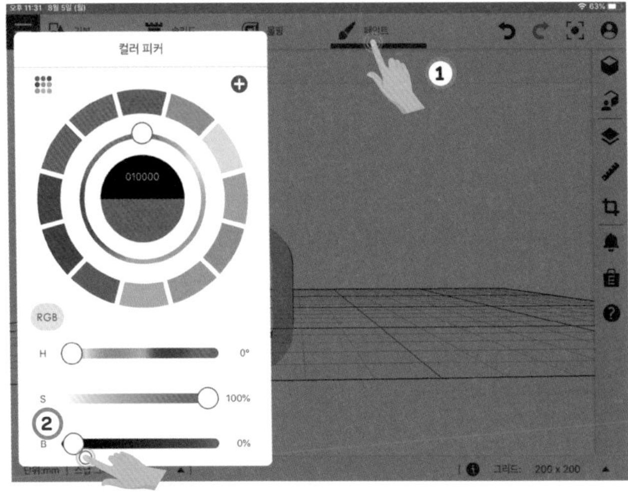

## 6

컬러피커에 들어가 검은색을 만듭니다.

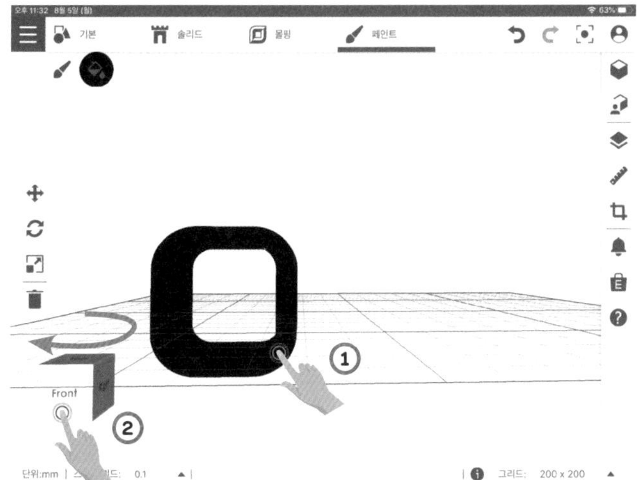

7

모델을 검은색으로 입힌 후, 그리드 판을 돌립니다.

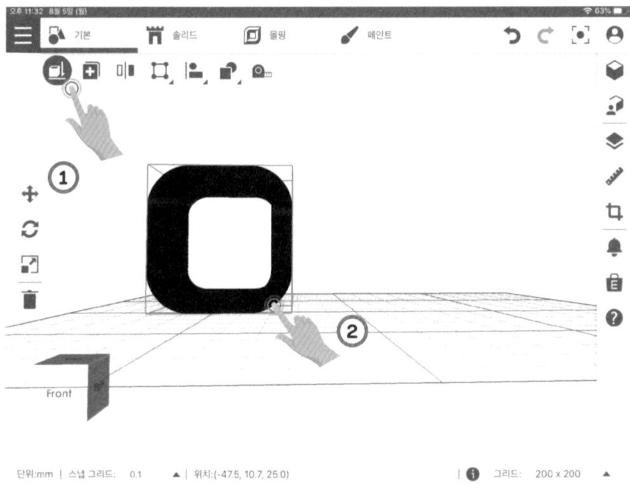

8

모델을 랜드시킵니다.

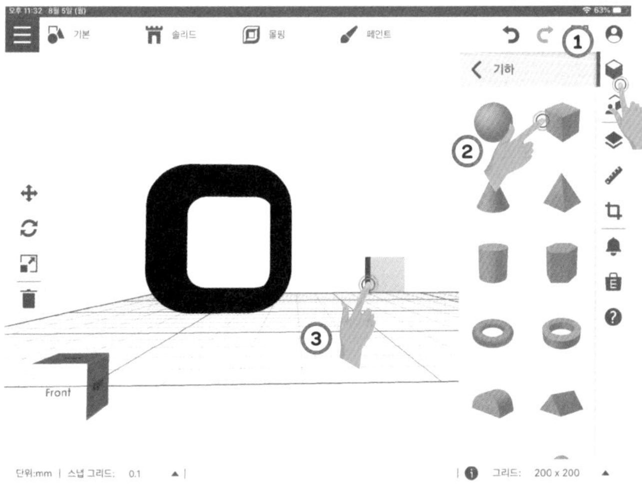

9

[기하] 메뉴에서 새로운 모델을 불러옵니다.

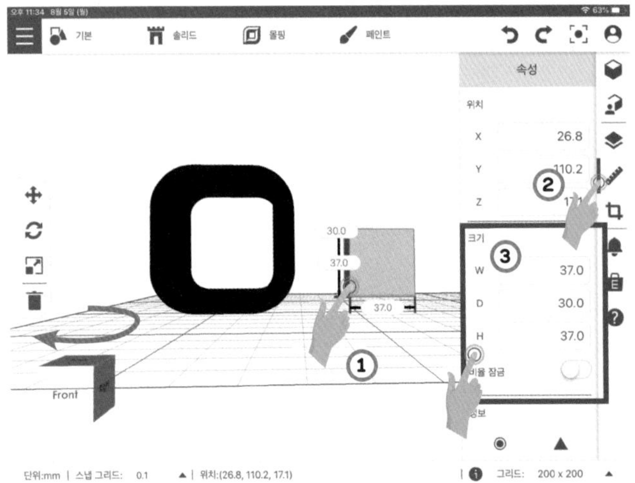

## 10

'W:37.0/D:30.0/H:37.0'mm 크기로 만듭니다.

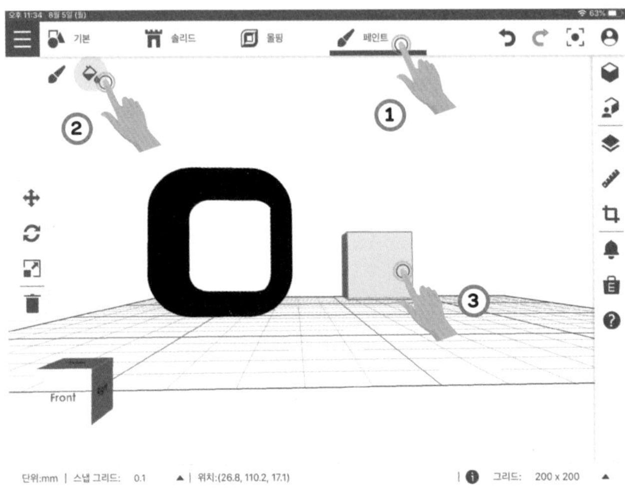

## 11

새로운 모델을 노란색으로 입힙니다.

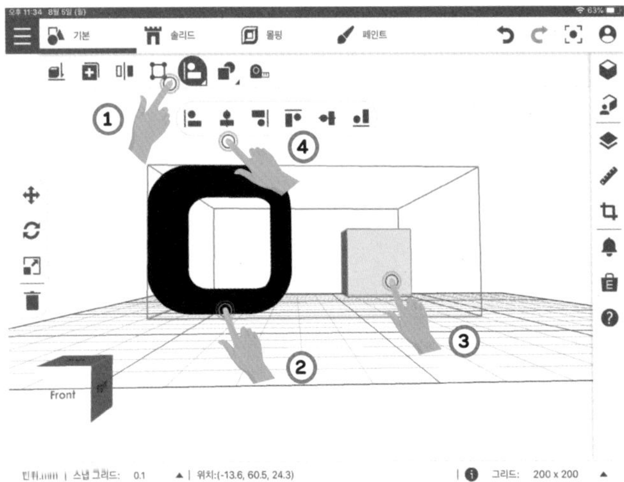

## 12

모델들을 정렬 준비한 후, 2번째 정렬 아이콘을 누릅니다.

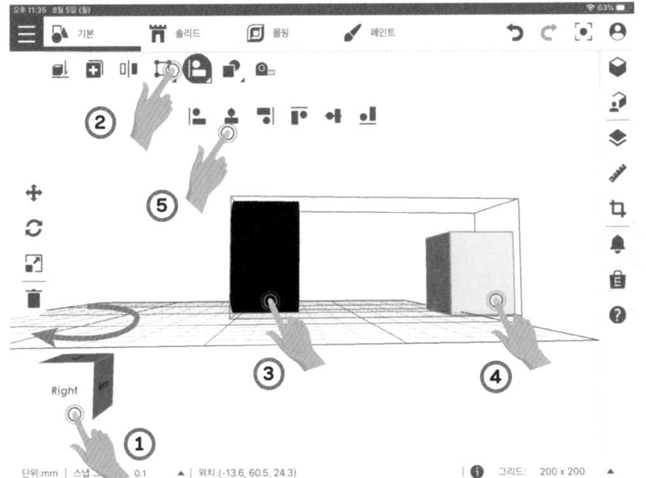

## 13

그리드판을 돌려 그림처럼 다시 한 번 중앙 정렬을 합니다.

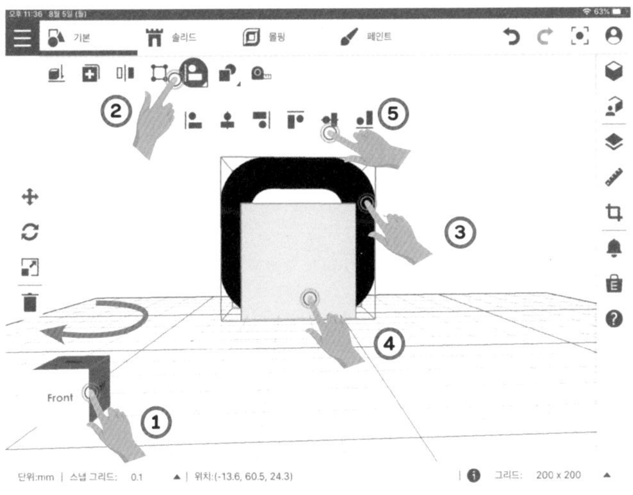

## 14

그리드판을 다시 돌려 그림처럼 한 번 더 가운데 정렬을 합니다.

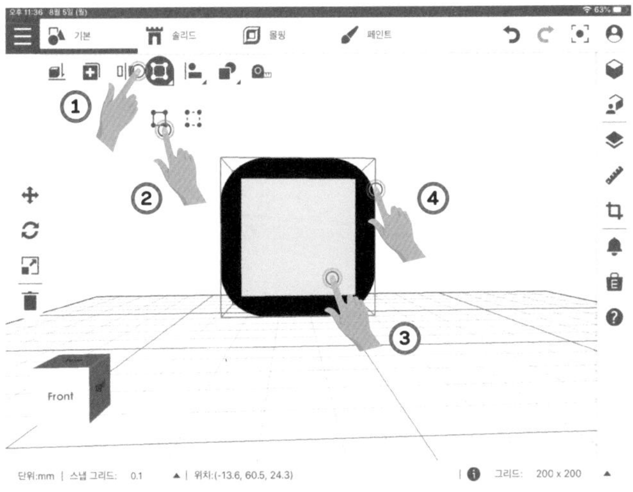

## 15

모델들을 그룹화시킵니다.

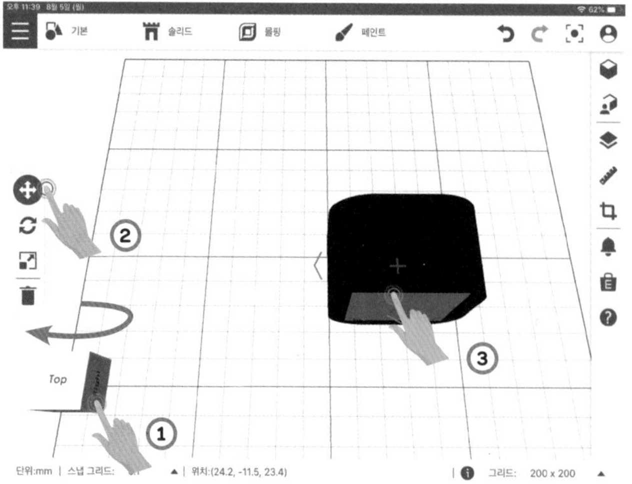

## 16

그리드판을 조정 후, 모델을 그림처럼 이동시킵니다.

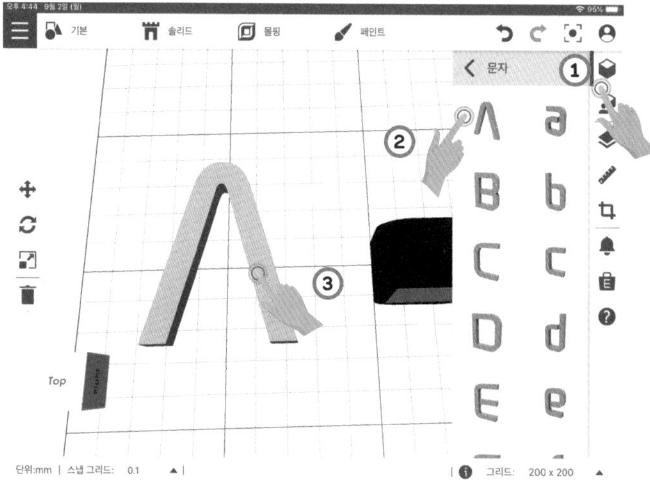

## 17

문자 모델 [A]를 불러옵니다.

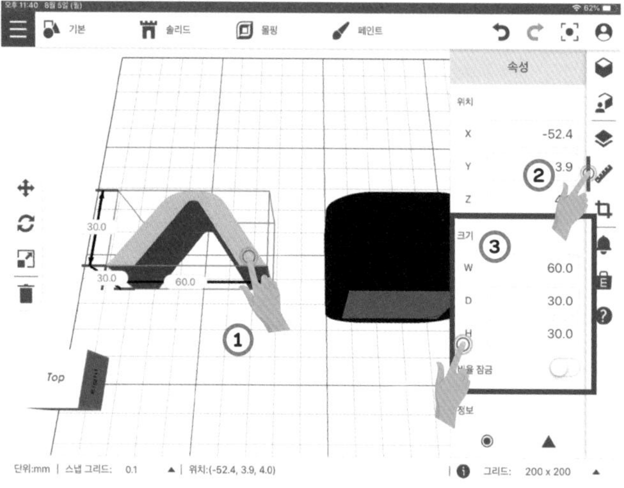

## 18

'W:60.0/D:30.0/H:30.0'mm 크기로 만듭니다.

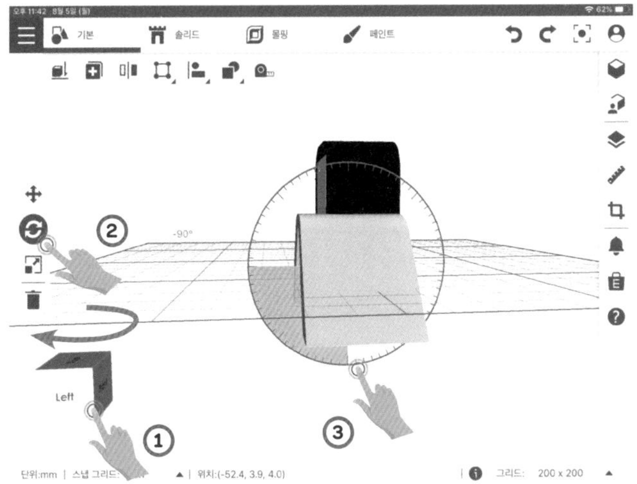


## 19

그리드판을 돌린 후, 90도로 회전 시킵니다.

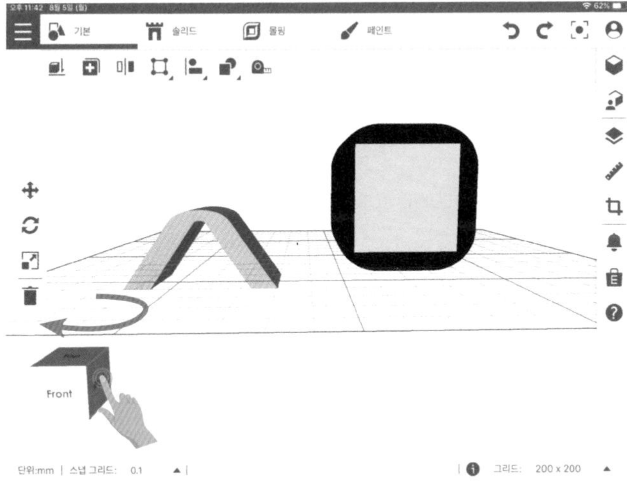


## 20

그리드판을 그림처럼 돌려 봅니다.

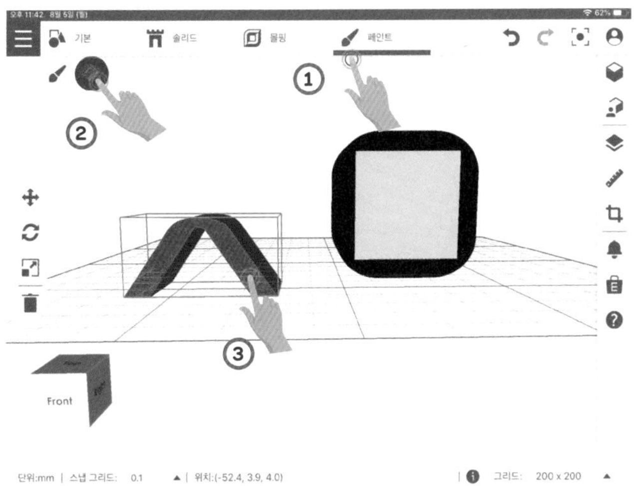


## 21

빨간색을 입힙니다.

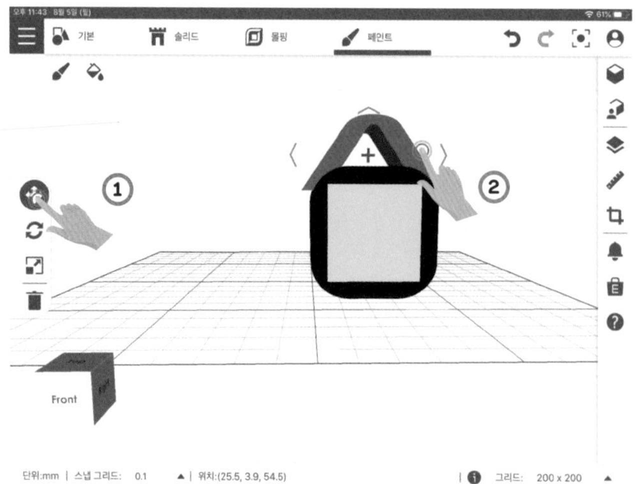


## 22

빨간 모델을 이동시켜 그림처럼 올려놓습니다.

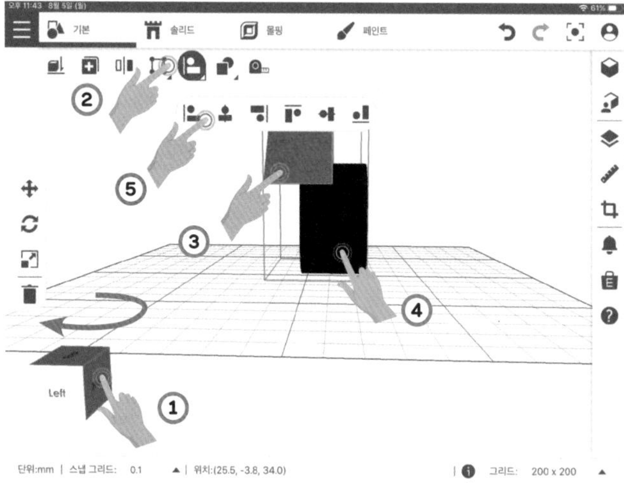


## 23

정렬 준비 후, 2번째 정렬 아이콘을 누릅니다.

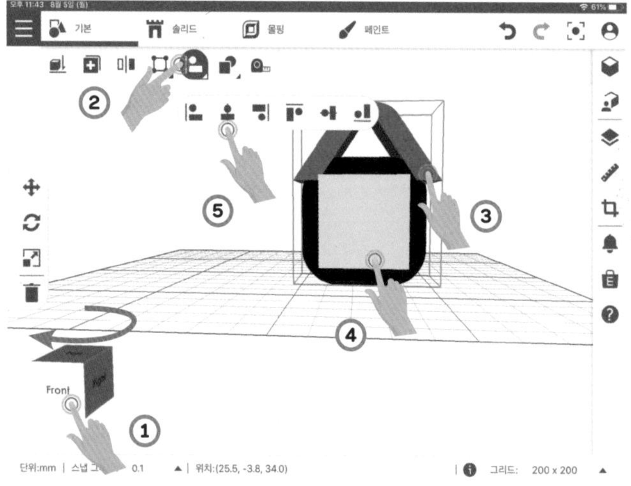


## 24

정렬 준비 후, 다시 2번째 정렬 아이콘을 누릅니다.

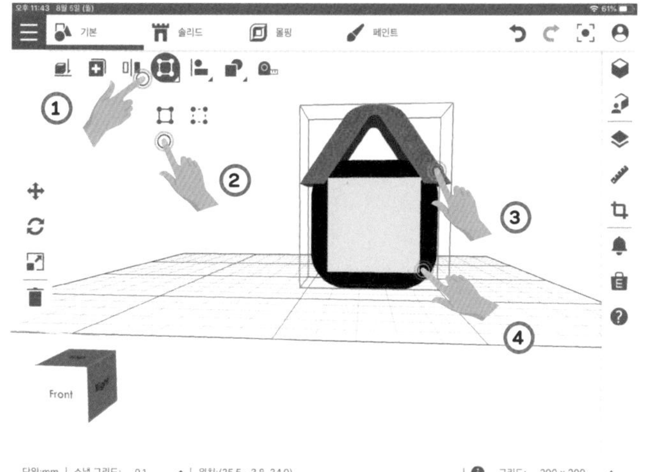

## 25

그림처럼 만든 빨간 지붕을 그룹화 시킵니다.

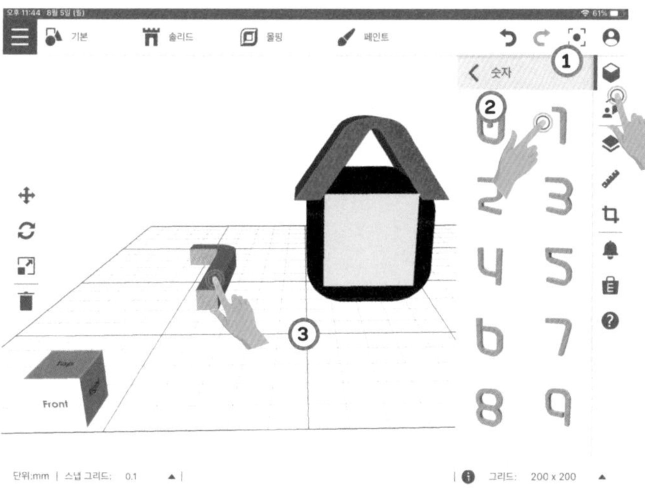

## 26

새로운 숫자 모델 [1]을 불러옵니다.

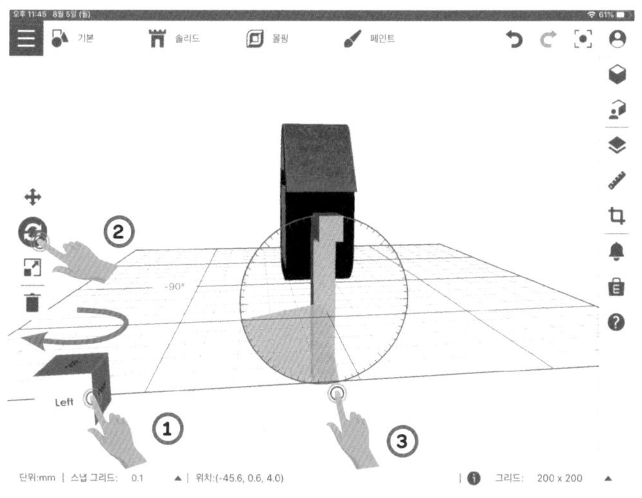

## 27

그리드판을 돌린 후, 90도로 회전 시킵니다.

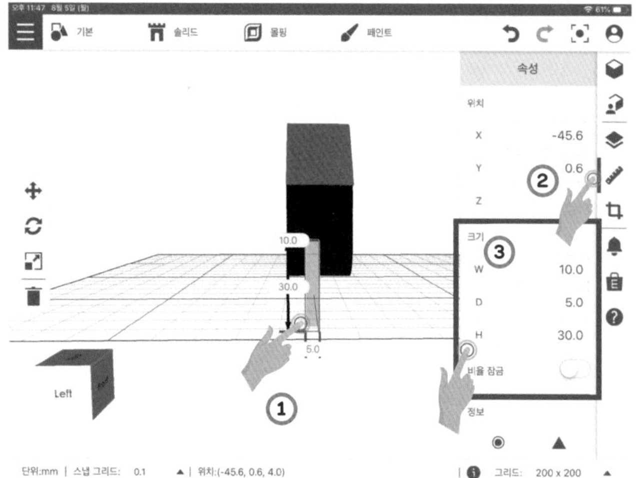


## 28

'W:10.0/D:5.0/H:30.0'mm 크기로 만듭니다.

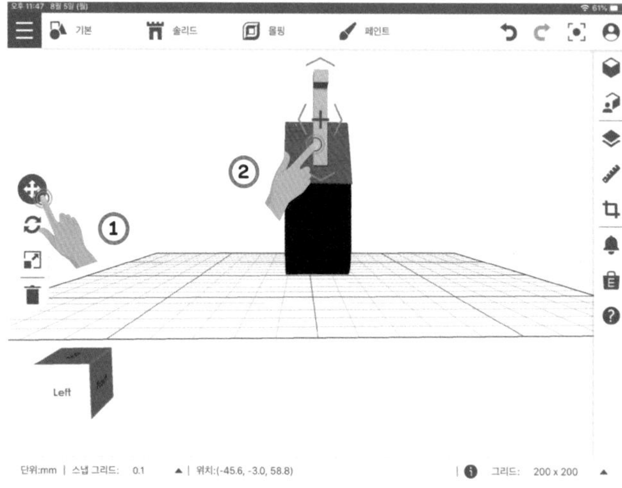


## 29

새로운 모델을 지붕 위치만큼 위로 이동시킵니다.

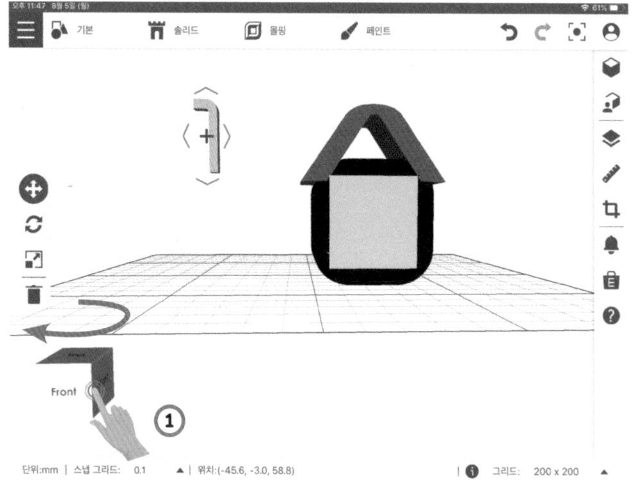


## 30

그리드판을 돌려 지붕 위치만큼 올라갔는지 확인합니다.

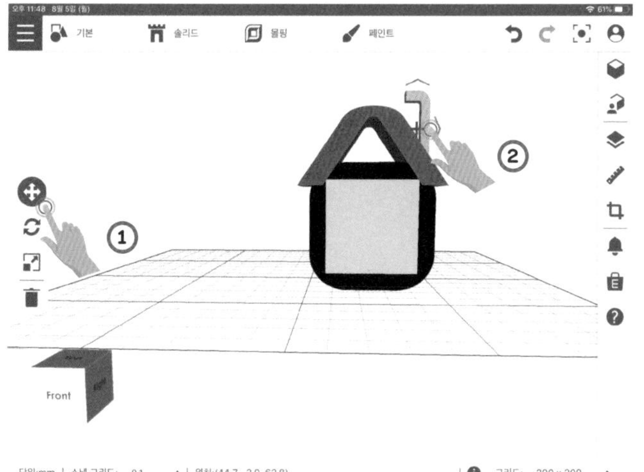

## 31

그림처럼 지붕 위로 이동시켜 굴뚝을 만듭니다.

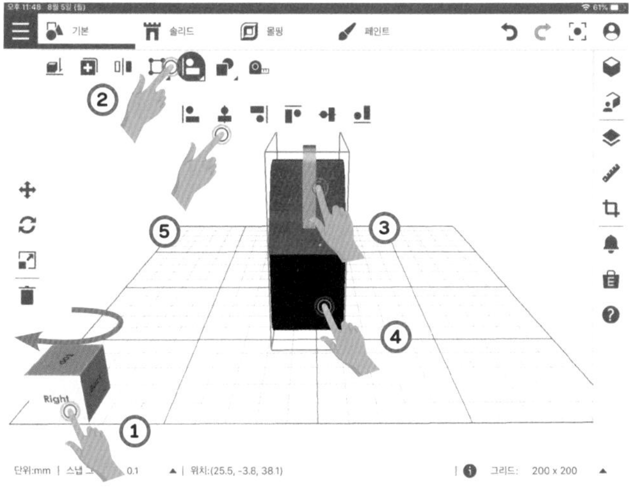

## 32

그리드판을 돌린 후, 굴뚝을 그림처럼 가운데 정렬시킵니다.

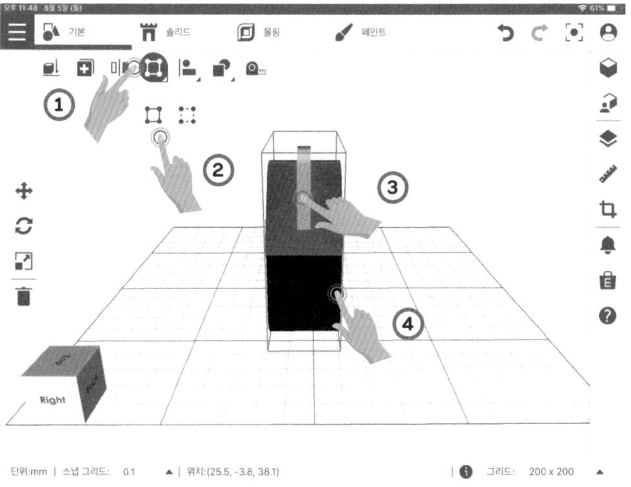

## 33

집과 굴뚝은 그룹화시킵니다.

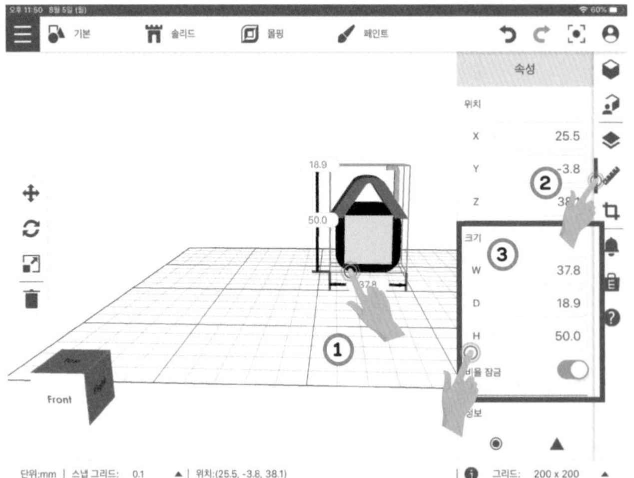


## 34

그리드판을 돌린 후 [비율 잠금]을 하고, 'H:50.0mm' 크기로 만듭니다.

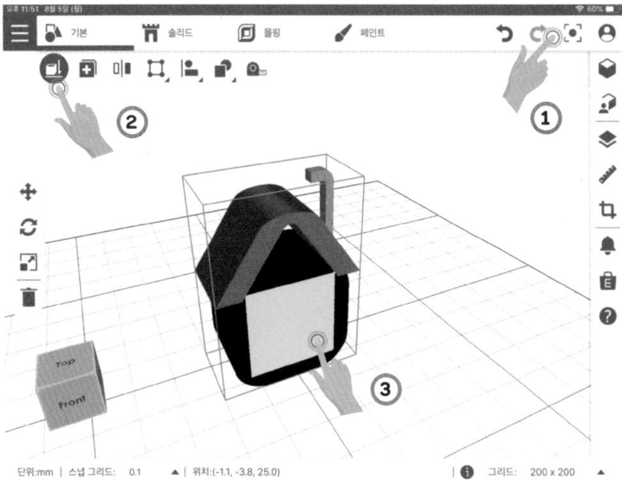


## 35

미니어처 하우스 모델을 랜드시킵니다.

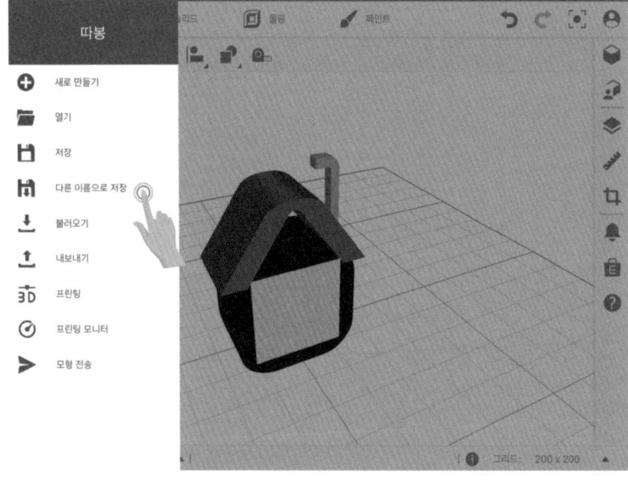


## 36

미니어처 하우스 모델을 저장합니다.

## 미션 I'M POSSIBLE

**Q** 앞에서 만든 미니어처 하우스처럼 [패키지] 메뉴에서 [기하], [문자], [숫자] 모델을 모두 활용하여 자신만의 미니어처 하우스를 만들어 보세요.

| 스케치하기 |
| --- |
| |

| 브랜드(상품)명 | | 용도 | |
| --- | --- | --- | --- |

## King 메이커 되기(7) - 관찰, 자세히 보라

### 아들을 살리게 된 엄마의 관찰

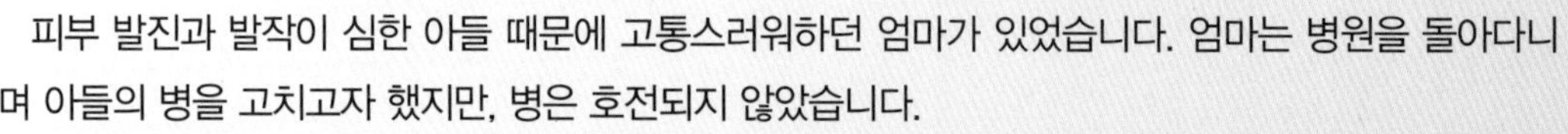

피부 발진과 발작이 심한 아들 때문에 고통스러워하던 엄마가 있었습니다. 엄마는 병원을 돌아다니며 아들의 병을 고치고자 했지만, 병은 호전되지 않았습니다.

병원에서 가망이 없다는 말을 듣고, 아밀리아 안토네티는 아들의 발병 원인을 찾기 위해 아들의 모든 상황을 자세히 관찰하고 꼼꼼하게 기록하기 시작했습니다. 그러던 어느 날, 대청소하는 날이면 밤마다 아들이 발작을 일으키는 것을 보고, 아들 병의 주범이 화학 세제임을 알게 되었습니다. 그때부터 화학 세제를 사용을 멈추고, 100% 천연비누를 직접 만들어서 아이를 씻기 시작하면서 아들의 병을 고칠 수 있었습니다.

아밀리아 안토네티는 자신의 경험담을 얘기하면서 아들에게 사용했던 천연비누를 아들과 같은 고통을 겪는 엄마들에게 나누어 주어 큰 호응을 얻게 되자, 비누회사 SOAPWORKS를 창업해서 큰 성공을 거두었습니다.

문제를 해결하려면, 우리는 그 문제가 어떻게 생기게 되었는지 유심히 관찰할 필요가 있습니다. 관찰을 하다 보면 어느 순간 만들고 싶은 무언가가 떠오르게 된답니다.

## Maker Note 무엇이든 만들고 싶을 때는 Maker Note를 활용하세요.

일시: 이름(닉네임):

스케치하기

| 브랜드(상품)명 | | 용도 | |
|---|---|---|---|

| 동기 | |
|---|---|

| 학습내용 | 제품을 만들기 위한 학습 계획 또는 학습한 내용을 적어 보세요. |
|---|---|

| 방법(솔루션) | 제품을 보다 유용하게 만들 수 있는 방법을 적어 보세요. |
|---|---|

# 도넛 열쇠고리 만들기
## -관점, 다르게 보라

## Maker Start

### • 셰프를 꿈꾸는 3D프린터

'2030년 어느 겨울 아침, 인공지능스피커가 눈이 많이 와서 그런지 예정된 시간보다 20분 빨리 알람을 울리며 나를 깨웠다. 일어나자마자 화장실에서 들어가 볼일을 보며 스마트 거울을 통해 오늘의 날씨와 뉴스를 전해 들을 수 있었다. 화장실을 나온 후, 식품용 3D프린터를 통해 만들어진 따뜻한 커피와 베이글을 먹으며 아침을 든든하게 시작할 수 있었다.'

미래의 아침 모습을 상상해 보았습니다. 이 중에서 3D프린터가 만든 음식은 어떤 맛일지 가장 궁금합니다. 식품 분야에서 3D프린팅 기술이 적용된 지는 오래되었습니다. 지난 2011년 영국의 엑스터 대학 연구진이 3D프린터로 '초콜릿'을 만들어서 호평을 받았습니다.

또한, 미국 항공우주국 나사(NASA)는 우주에서도 피자를 만들 수 있는 3D프린터 개발을 했는데요. 3D프린터로 만든 피자는 우주에서 필요한 영양분과 그 특성을 고려해서 유지, 단백질 등을 주요 원료로 만들었으며 유통기한도 30년 동안 보존할 수 있어 '우주식량'의 대안으로, 식품용 3D프린터 개발이 활발하게 이루어질 전망입니다.

앞으로 식품용 3D프린터를 잘 활용할 수 있다면, 미래 아주 스마트한 셰프를 꿈꿀 수 있지 않을까요?

Chalk

**MAKER 생각**

**Q.** 자신이 좋아하는 음식은 무엇인가요? 그 음식을 만들기 위해 들어가는 재료가 무엇인지 적어 보세요.

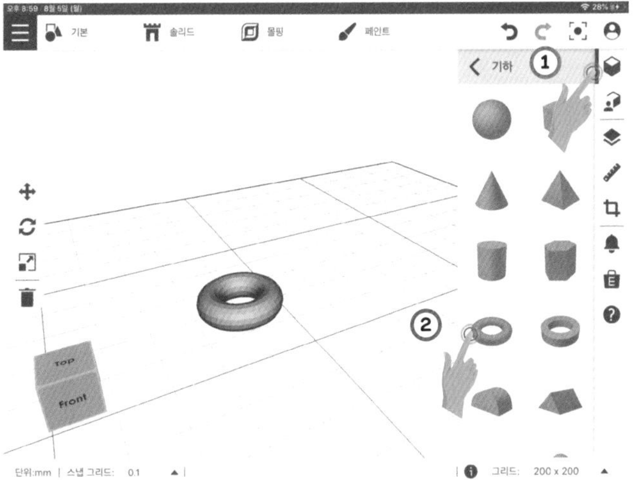


## 1

[기하] 메뉴에서 그림과 같은 모델을 불러옵니다.

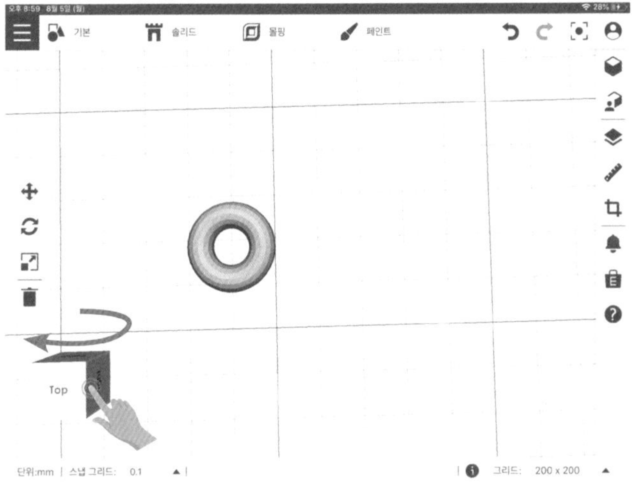


## 2

그리드판을 돌려 그림처럼 만듭니다.

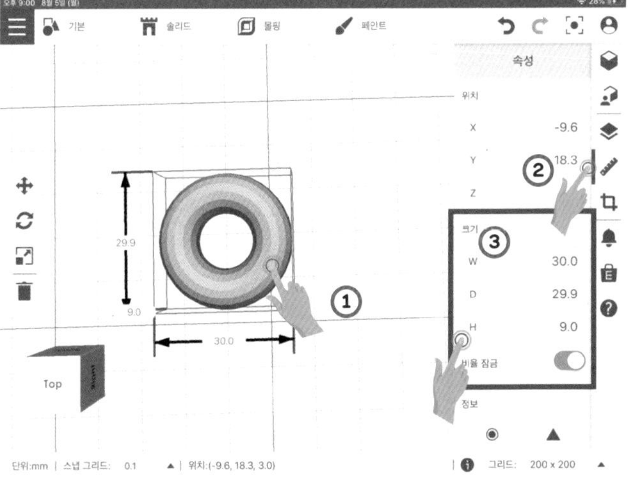


## 3

[비율 잠금] 상태에서 'W:30.0mm' 크기로 만듭니다.

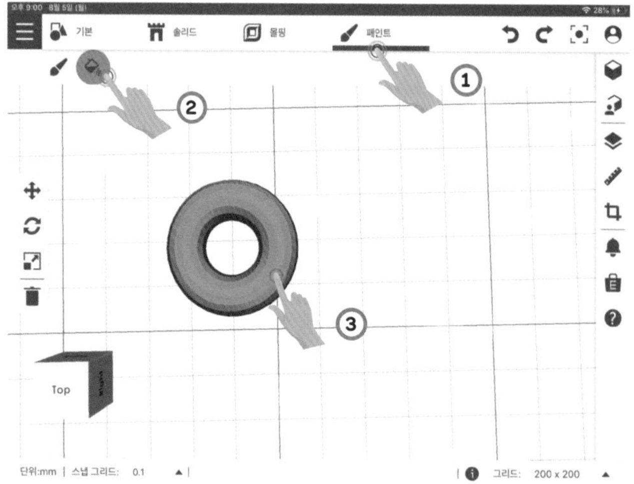

4

그림과 비슷한 색을 입혀 기본 도넛을 만듭니다.

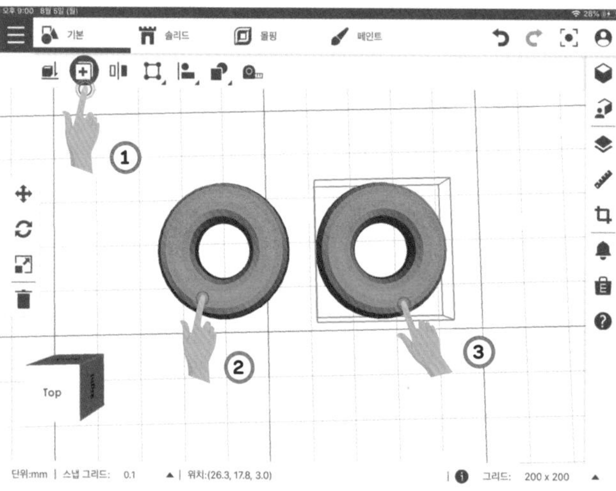

5

기본 도넛을 그림과 같이 복제합니다.

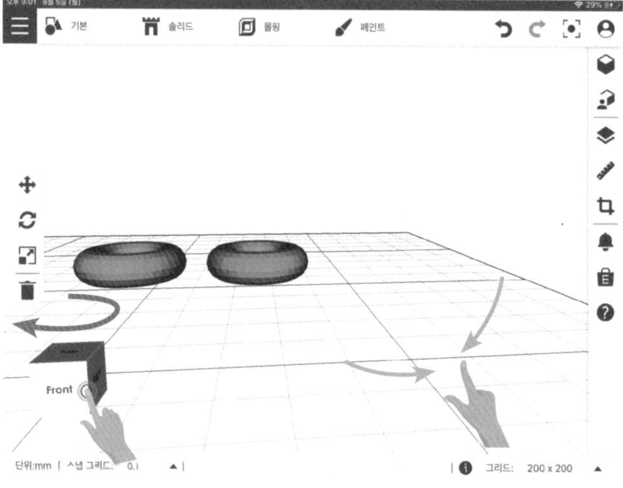

6

그리드판을 그림처럼 만들어 줍니다.

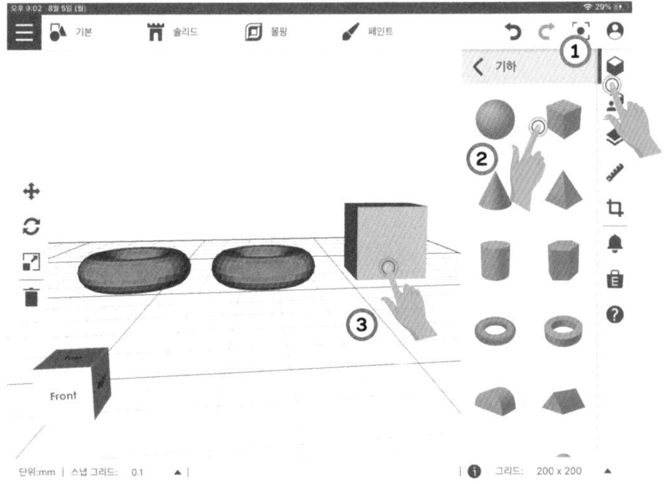


7

새로운 모델을 불러옵니다.

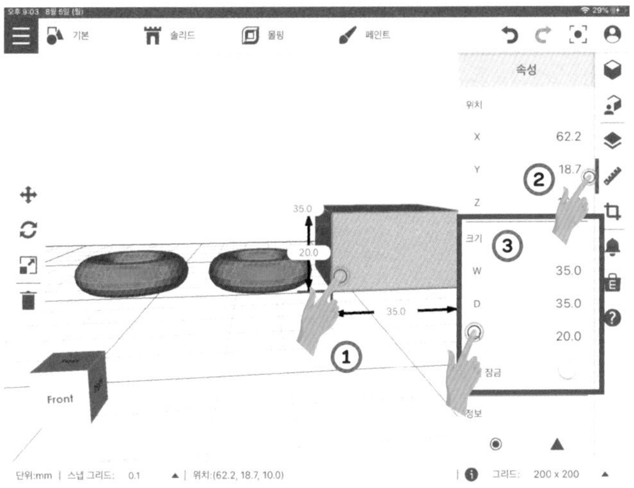


8

'W:35.0/D:35.0/H:20.0'mm 크기로 만듭니다.

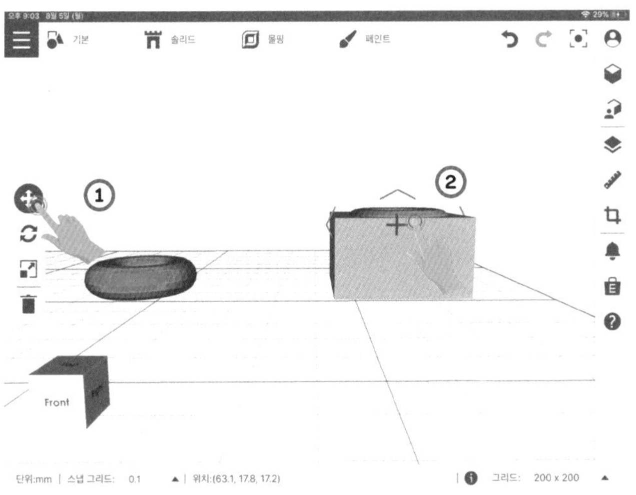


9

복제된 도넛을 그림처럼 박스 위에 살짝 올려놓습니다.

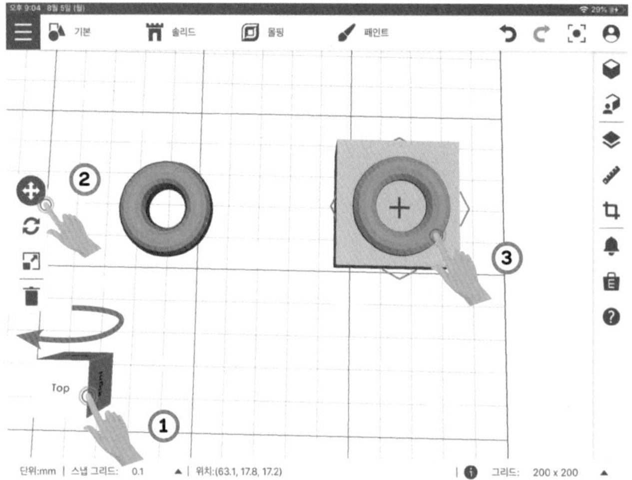

## 10

그리드판을 돌린 후, 박스 안에 도넛이 들어가게 합니다.

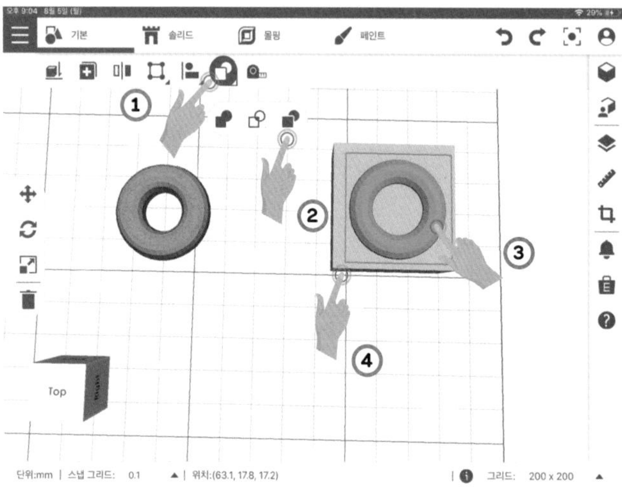

## 11

그림과 같이 감산을 하면 그림**12** 처럼 됩니다.

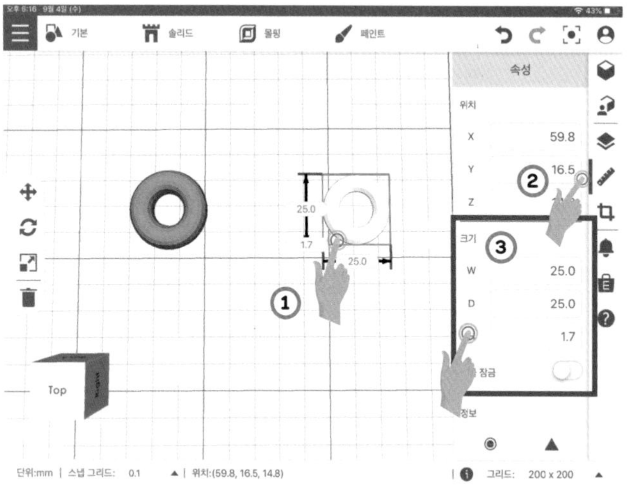

## 12

'W:25.0/D:25.0/H:1.7'mm 크기로 만듭니다.

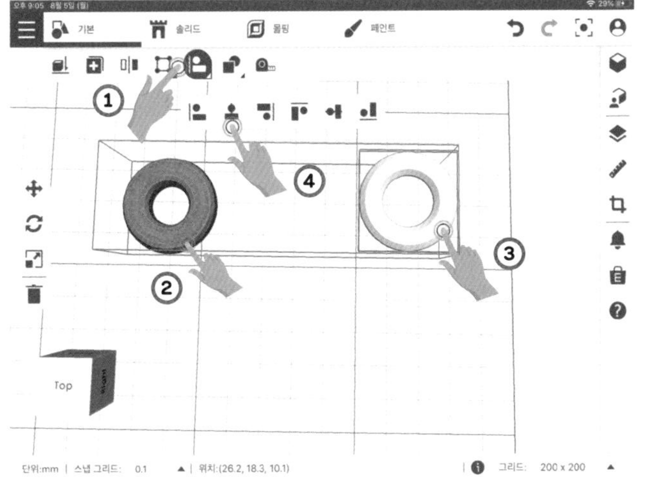

## 13

정렬 준비 후, 2번째 정렬 아이콘을 누릅니다.

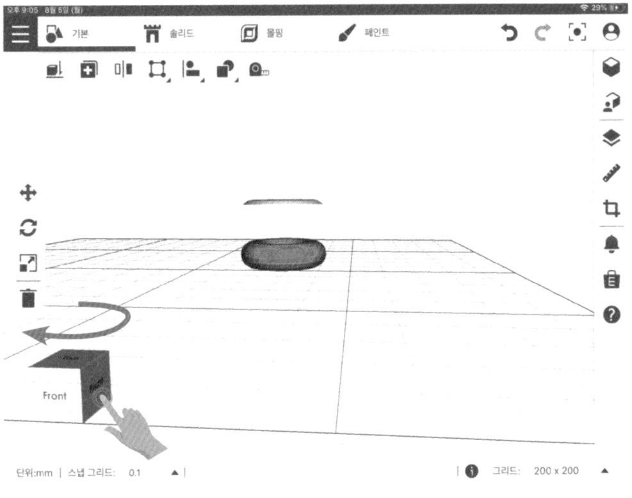

## 14

그리드판을 돌려 정렬이 잘 되었는지 확인합니다.

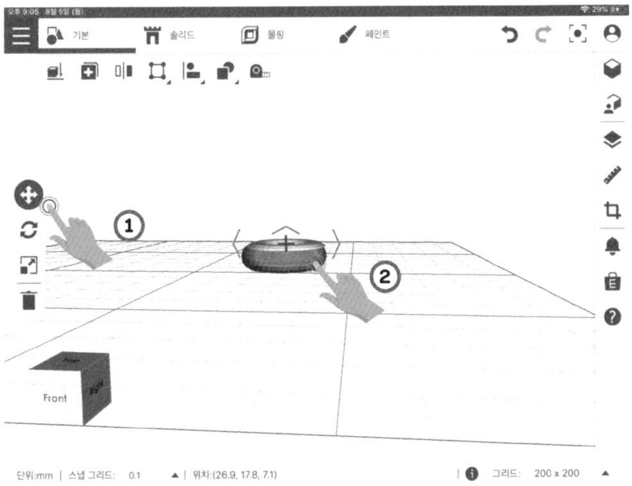

## 15

기본 도넛에 감산된 모델을 그림처럼 올려놓습니다.

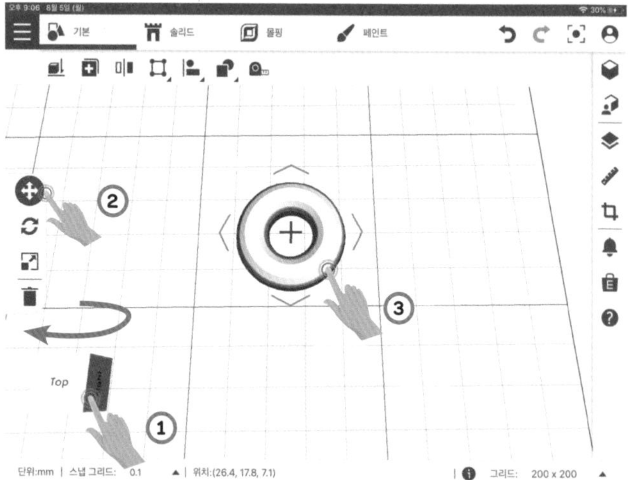


## 16

그리드판을 돌린 후, 그림처럼 중앙에 맞춰 봅니다.

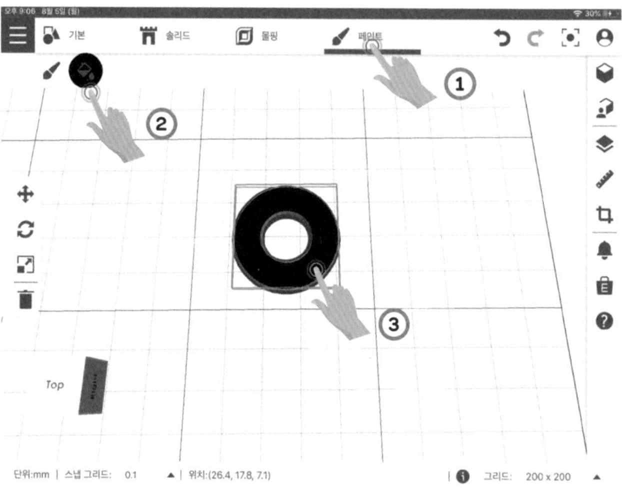


## 17

감산된 모델을 검은색을 입혀 초콜릿 부분을 만듭니다.

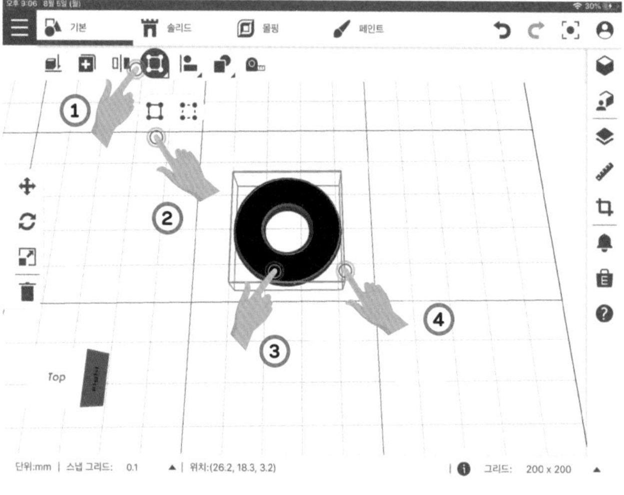


## 18

모델들을 그룹화시켜 초콜릿 도넛을 만듭니다.

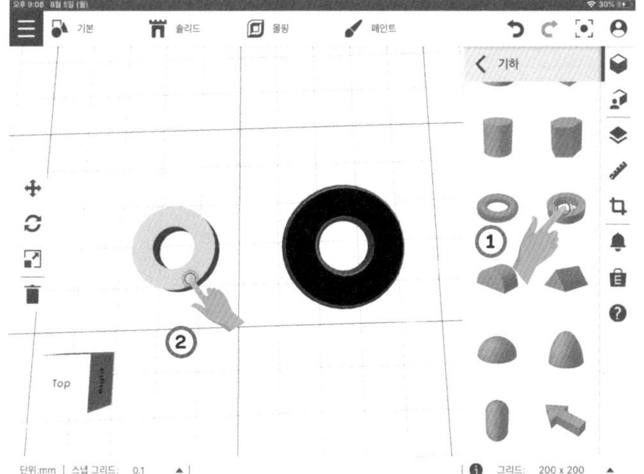


## 19

[기하] 메뉴에서 새로운 모델을 불러옵니다.

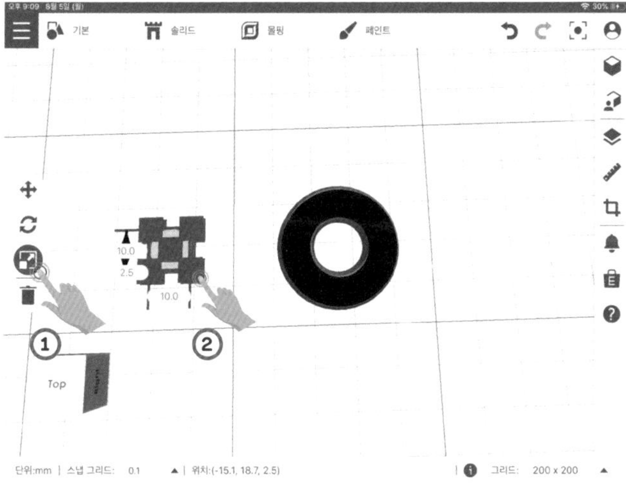


## 20

'10×10×2.5mm'크기와 비슷하게 고리를 만듭니다.

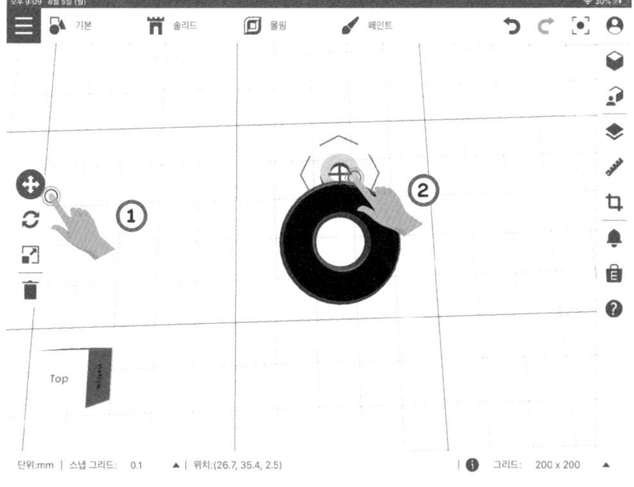


## 21

초콜릿 도넛 위에 고리를 이동시킵니다.

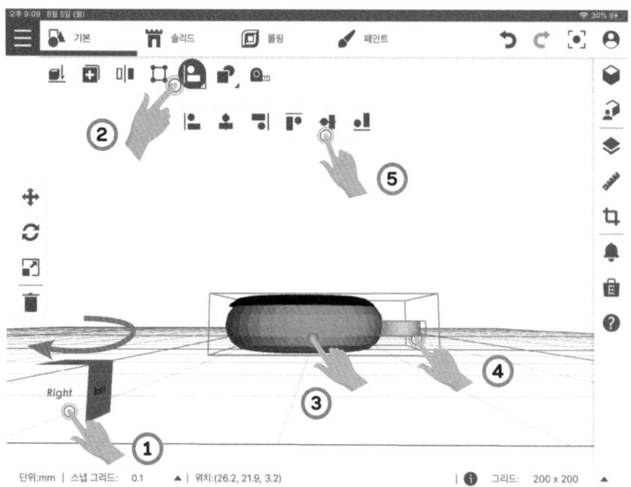

## 22

정렬 준비 후, 5번째 정렬 아이콘을 누릅니다.

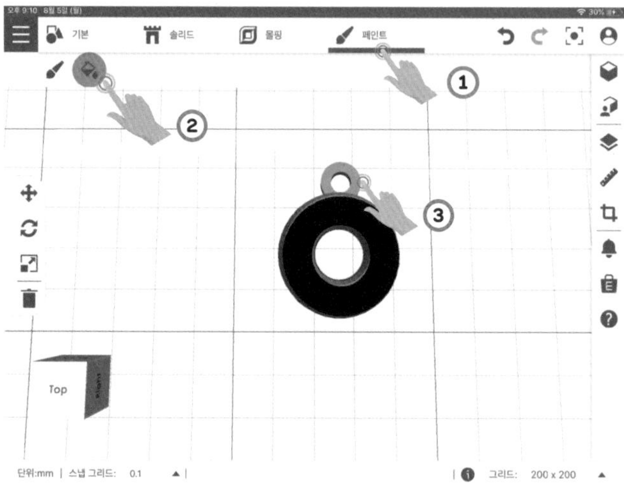

## 23

고리를 그림과 비슷한 색을 입힙니다.

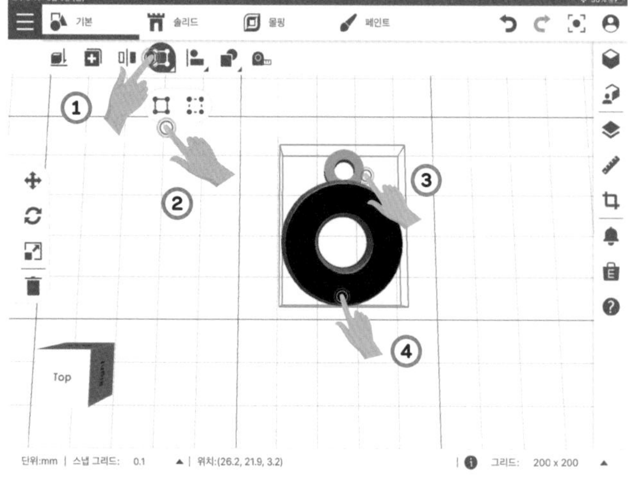

## 24

모델들을 그룹화시켜 도넛 열쇠고리를 완성합니다.

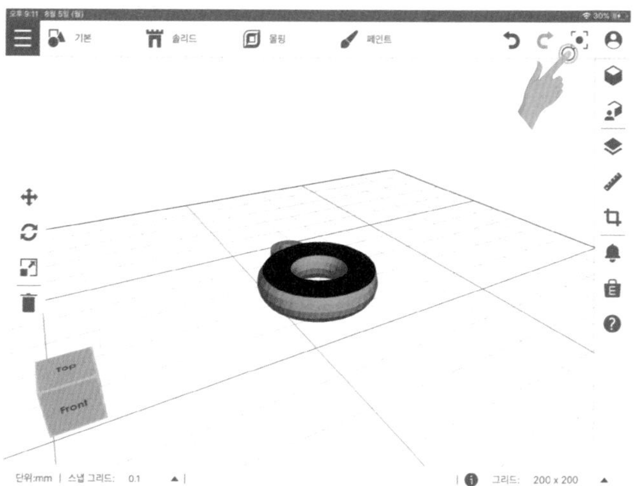


## 25

[기본 보기] 화면으로 완성된 모델을 확인합니다.

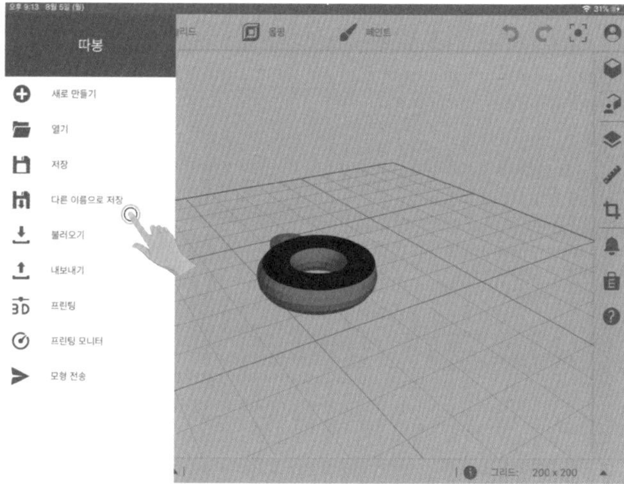


## 26

완성된 모델을 저장합니다.

도넛 모양으로 열쇠고리 외에,
무엇을 만들 수 있을까요?

예) 칫솔꽂이

## 미션 I'M POSSIBLE

**Q** 앞에서 만든 '도넛 열쇠고리'처럼, 다른 음식 모양의 열쇠고리를 만들어 보세요.

| 스케치하기 |
| --- |
| |

| 브랜드(상품)명 | | 용도 | |
| --- | --- | --- | --- |

## 아이스크림콘의 탄생

1904년 세인트루이스 상품박람회에서 한 아이스크림 가게에서 장사가 너무 잘 되자, 컵이 모자라 아이스크림을 판매할 수 없게 되었습니다. 계속 아이스크림을 팔고 싶었던 가게 사장은 어떻게 하면 좋을까 궁리를 하게 됩니다. 우연히 옆에 있는 와플가게를 보게 되었는데요.

그의 머리에서 아주 좋은 생각이 떠올랐습니다. 바로 아이스크림을 컵 대신 와플에 담아 팔아 보면 어떨까 하는 생각이었습니다. 곧장 와플가게로 가서, 와플을 사서 와플에 아이스크림을 담아 팔기 시작해서 큰 호응을 얻게 되었습니다. 그렇게 해서 과자까지 맛볼 수 있는 아이스크림콘이 탄생하게 되었답니다.

아이스크림을 컵에 담아야 하는 고정관념을 깨고, 와플을 아이스크림 컵 대용으로 바라본 관점의 변화가 없었다면, 지금의 아이스크림콘도 없었을 겁니다. 고정관념을 깨고 다른 관점으로 바라보세요. 새로운 것을 만들어 내는 메이커의 능력을 갖게 될 거예요.

# Maker Note

무엇이든 만들고 싶을 때는 Maker Note를 활용하세요.

일시: 이름(닉네임):

| 스케치하기 |
|---|
| |

| 브랜드(상품)명 | | 용도 | |
|---|---|---|---|

| 동기 | |
|---|---|

| 학습내용 | 제품을 만들기 위한 학습 계획 또는 학습한 내용을 적어 보세요. |
|---|---|

| 방법(솔루션) | 제품을 보다 유용하게 만들 수 있는 방법을 적어 보세요. |
|---|---|

# Q빅 반지 만들기

## -디자인이 생명이다

## Maker Start

### • 3D프린팅 주얼리 시장을 주목하라

지난 2012년 3D프린터를 만든 앵그리버드 주얼리 세트가 나와 온라인에서 화제가 된 적이 있었습니다. 앵그리버드 캐릭터와 3D프린터의 만남으로 탄생한 반지와 펜던트가 한정판으로 나왔는데요. 이렇게 3D프린팅 기술이 가장 크게 발전하고 있는 분야가 바로 주얼리 시장입니다.

2016년에는 자신의 심장 박동 그래프를 3D프린터를 통해 반지로 제작하는 회사가 등장했습니다. 자신의 설레이는 마음을 반지로 담아 좋아하는 사람에게 선물할 수 있어 연인들에게 큰 호응을 받았습니다.

주얼리 분야에서 3D프린터는 아주 정교한 출력이 가장 중요합니다. 3D프린터의 출력이 정교해질수록 3D프린팅 주얼리 분야는 더욱더 성장할 것입니다. 그럼 3D프린팅 주얼리 시장이 커질수록 우리에게는 무엇이 중요할까요? 바로 디자인 능력입니다. 세상에 하나뿐인 주얼리를 만들기 위해 독창적인 디자인을 하고, 모델링 할 수 있는 3D프린팅 메이커 능력이 더 중요해질 것입니다.

Chalk

### MAKER 생각

**Q.** 지금까지 본 주얼리(반지, 목걸이 등) 중에 맘에 드는 것은 무엇이고, 어떤 모양(디자인)이었나요?

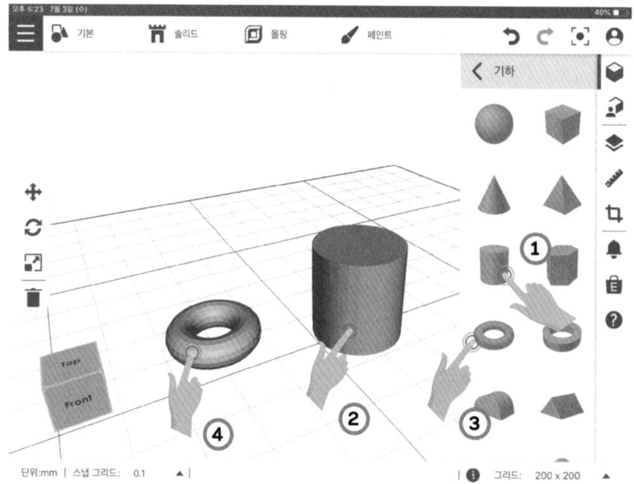

1

[기하] 메뉴에서 그림과 같은 모델을 각각 불러옵니다.

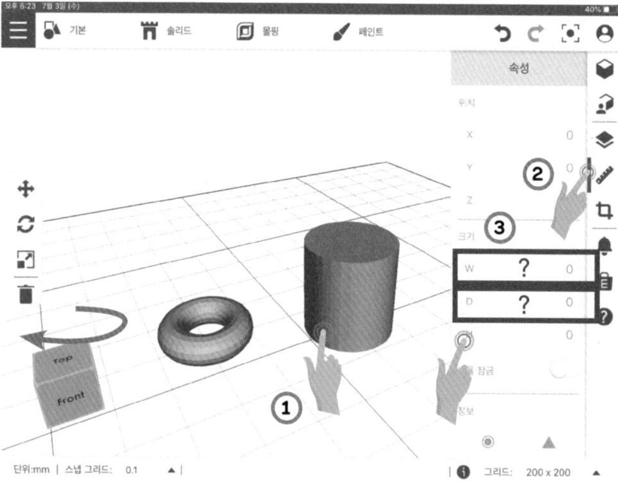

2

자신의 반지(손가락 굵기) 사이즈를 측정해 봅니다.

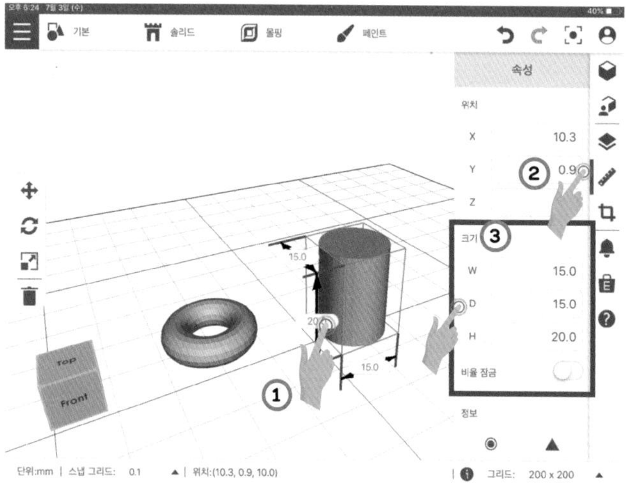

3

측정한 반지(손가락 굵기) 사이즈를 입력합니다.

*그림에 표시된 치수와 상관없이 자신에게 맞는 크기를 입력해 주세요.

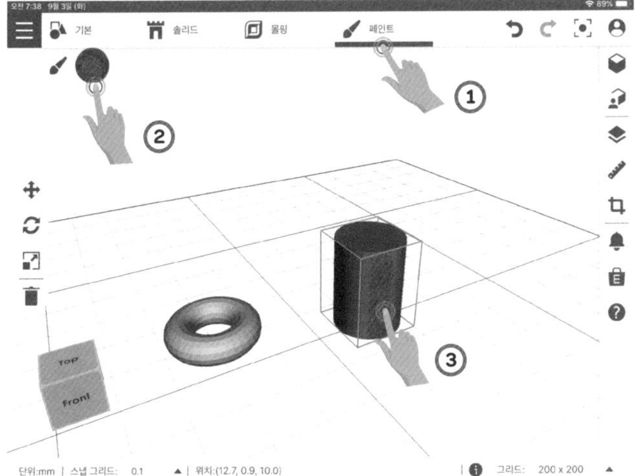

## 4

그림과 같이 원통형 모델을 빨간색으로 색을 입힙니다.

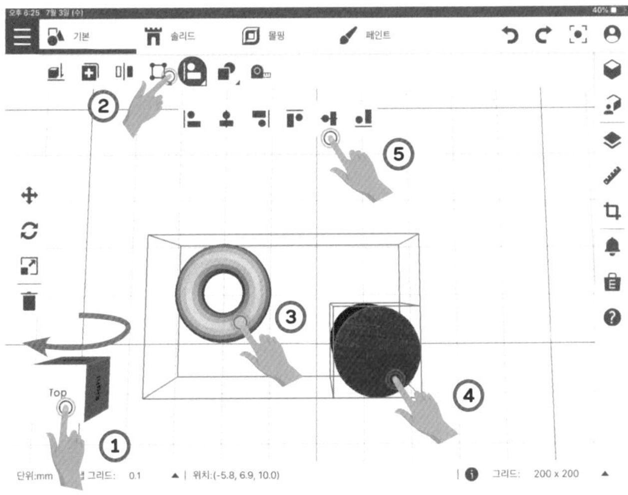

## 5

정렬 준비 후, 5번째 정렬 아이콘을 누릅니다.

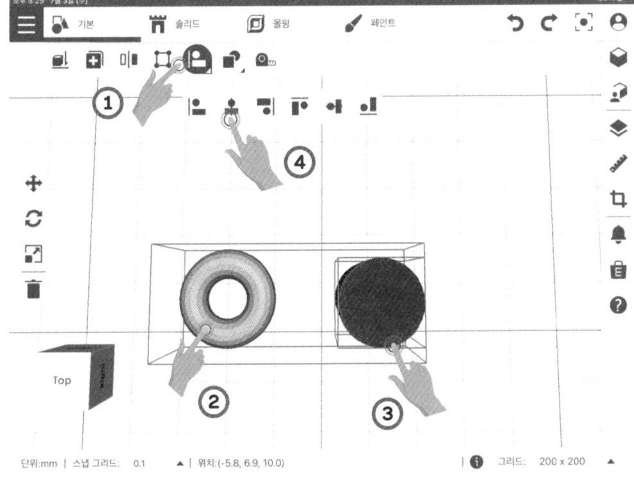

## 6

다시 한번 정렬 준비 후, 2번째 정렬 아이콘을 누릅니다.

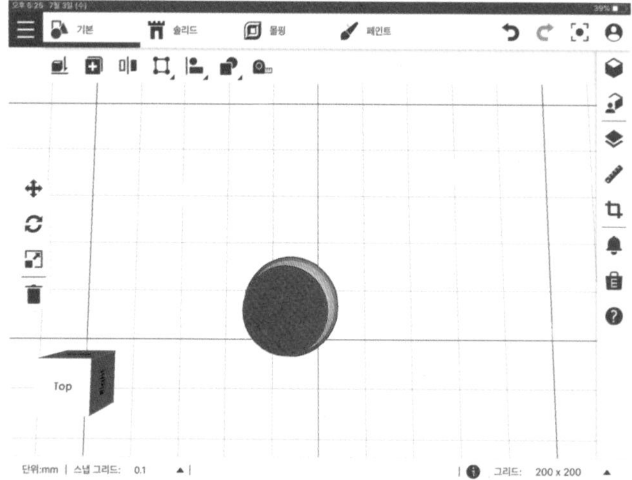

7

가운데로 정렬이 잘 되었는지 확인합니다.

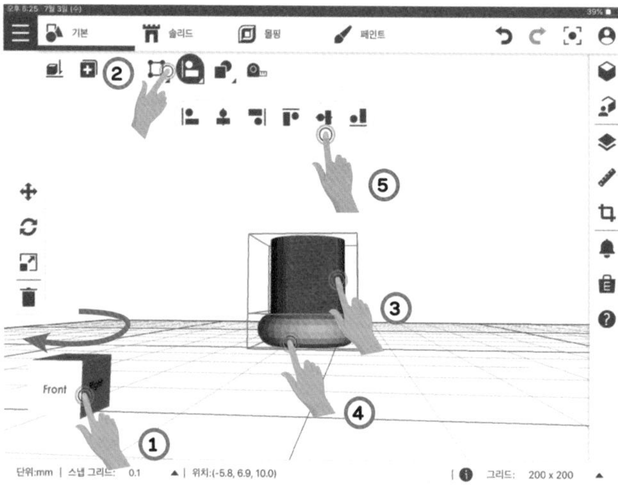

8

정렬 준비 후, 5번째 정렬 아이콘을 누릅니다.

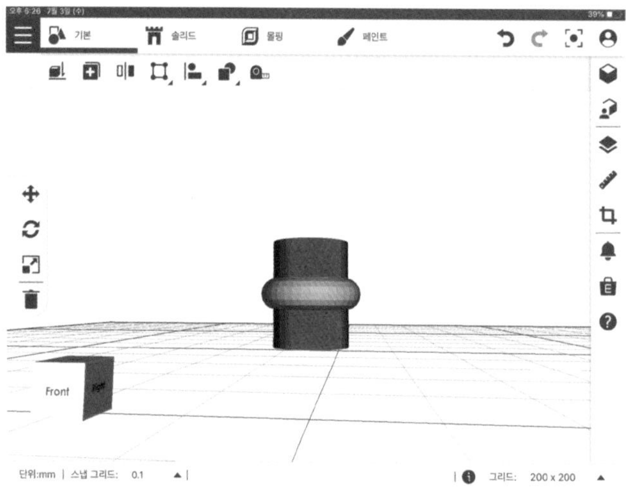

9

그림과 같이 정렬이 잘 되었는지 확인합니다.

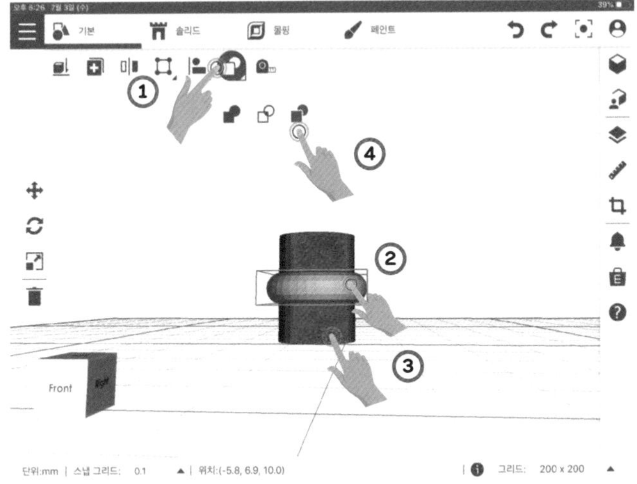

## 10

반지를 만들기 위해 감산을 합니다.

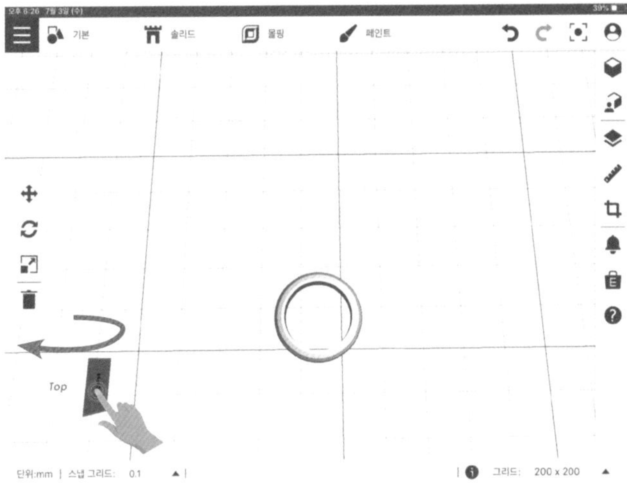

## 11

그리드판을 돌려 감산이 잘 되었는지 확인합니다.

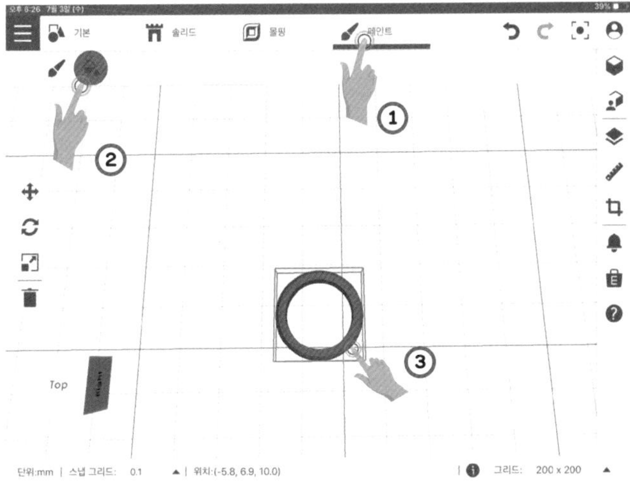

## 12

원하는 반지의 색을 입힙니다.

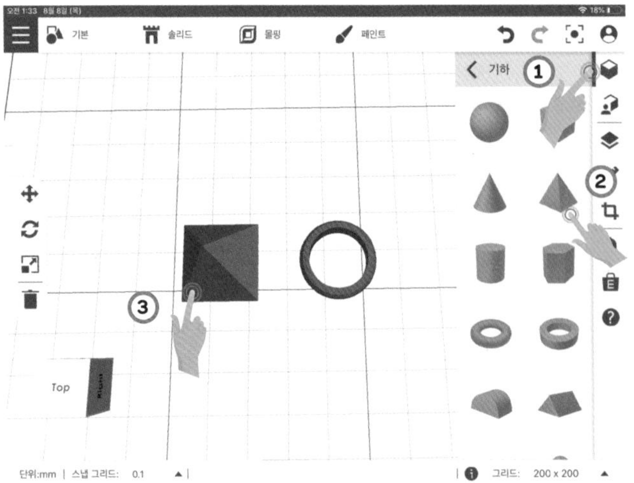

## 13

[기하] 메뉴에서 그림과 같은 모델을 불러옵니다.

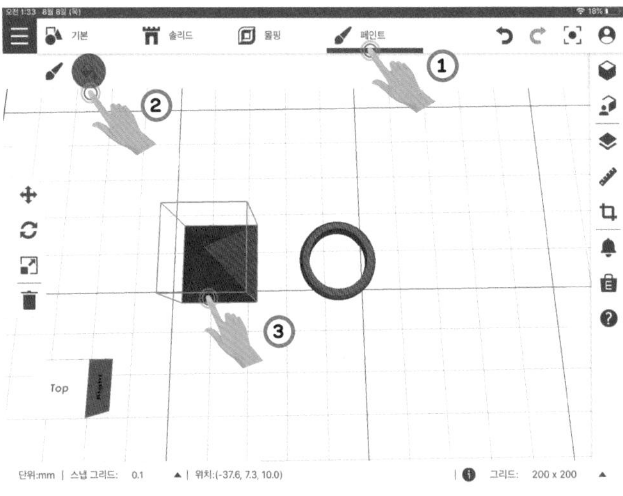

## 14

새로운 모델도 원하는 색을 입힙니다.

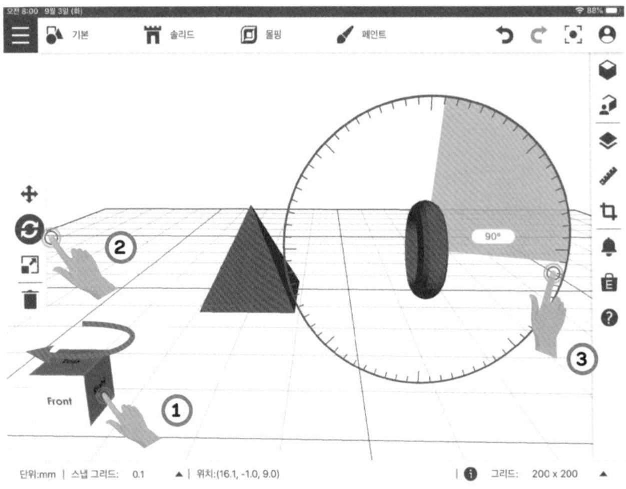

## 15

그림과 같이 모델을 90도로 회전시킵니다.

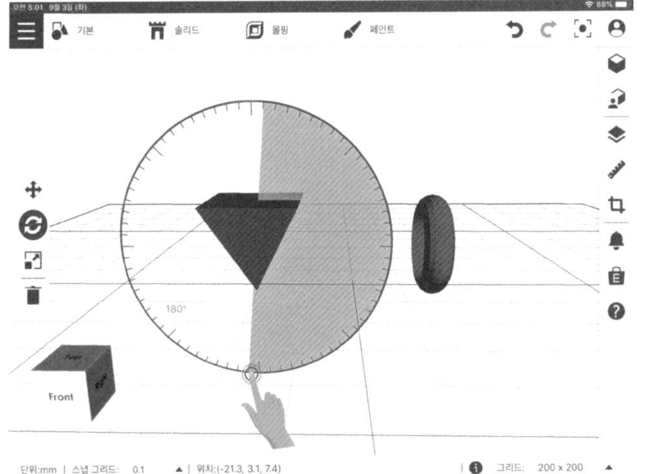

## 16

그림과 같이 모델을 180도로 회전 시킵니다.

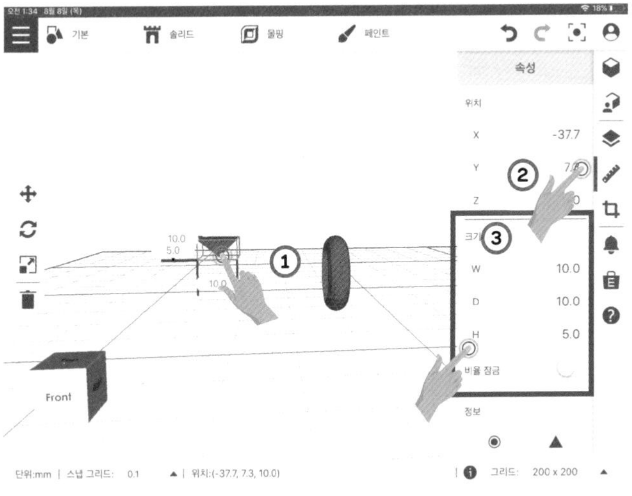

## 17

'W:10.0/D:10.0/H:5.0'mm 크기로 만듭니다.

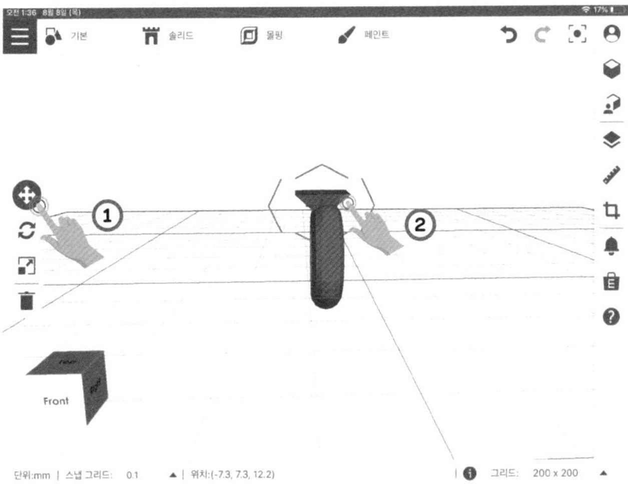

## 18

그림과 같이 반지 모델 위로 이동 시킵니다.

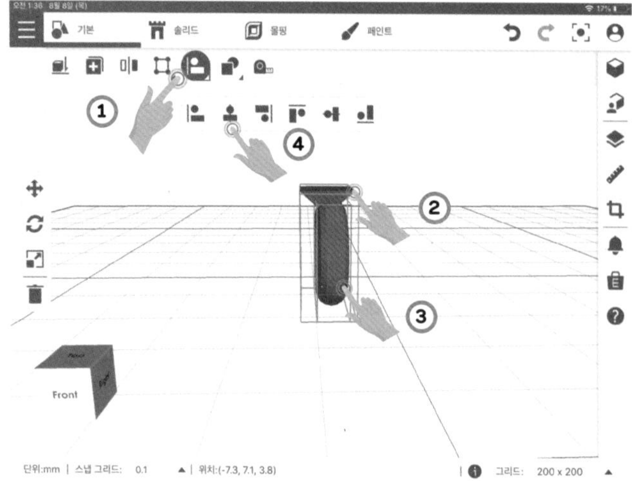


## 19

정렬 준비 후, 2번째 정렬 아이콘을 누릅니다.

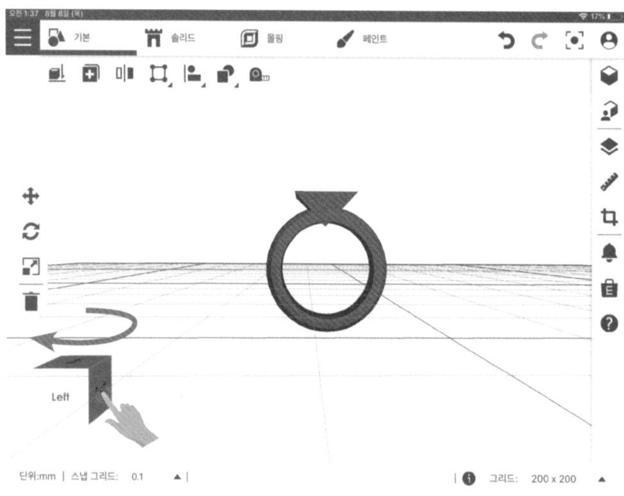


## 20

그리드판을 돌려 정렬이 잘 되었는지 확인합니다.

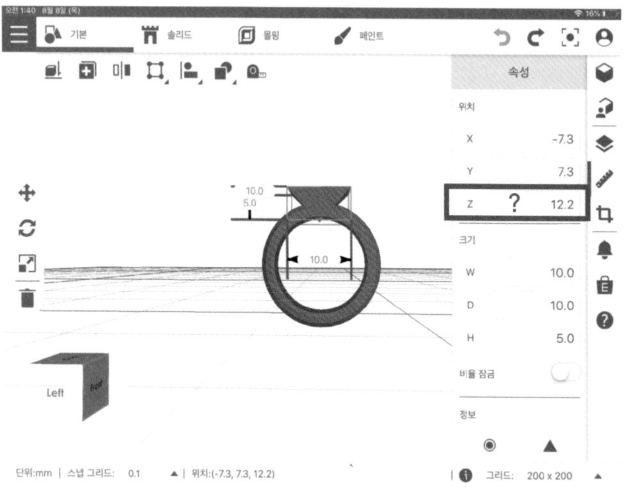


## 21

뾰족하게 나온 부분이 있다면, 없애기 위한 Z값은 얼마일지 생각해 봅니다.

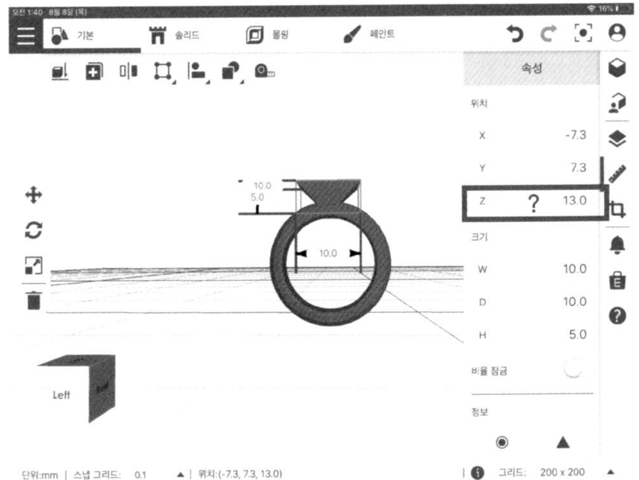

## 22

자신이 생각한 Z값을 입력합니다.

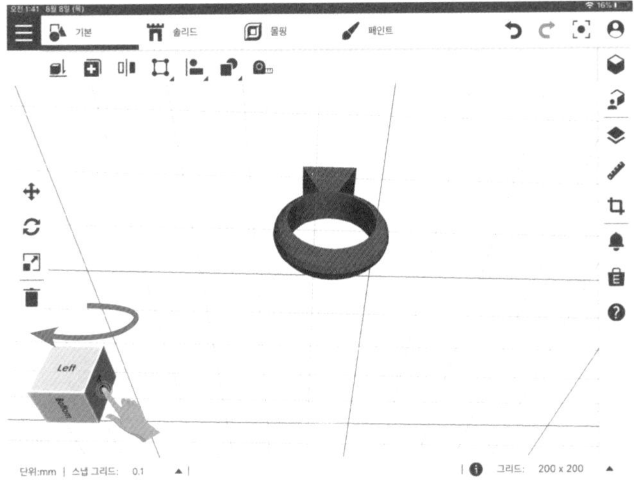

## 23

뾰족한 부분이 없어졌는지 확인합니다.

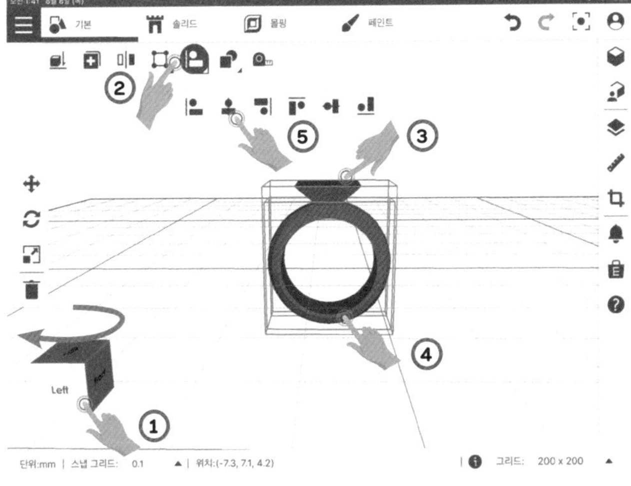

## 24

정렬 준비 후, 2번째 정렬 아이콘을 누릅니다.

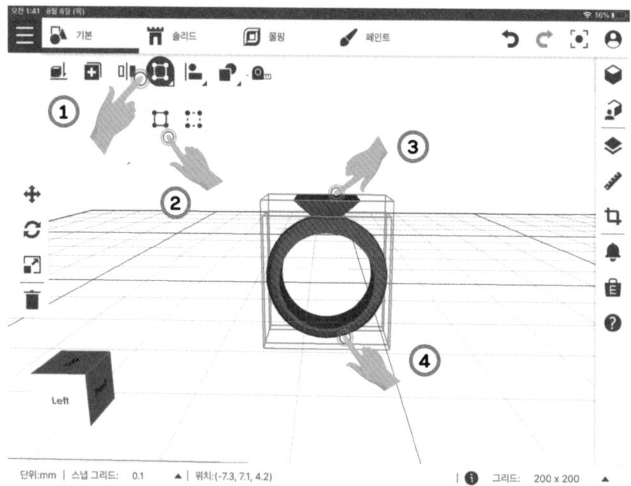

## 25

각각의 모델을 그룹화시킵니다.

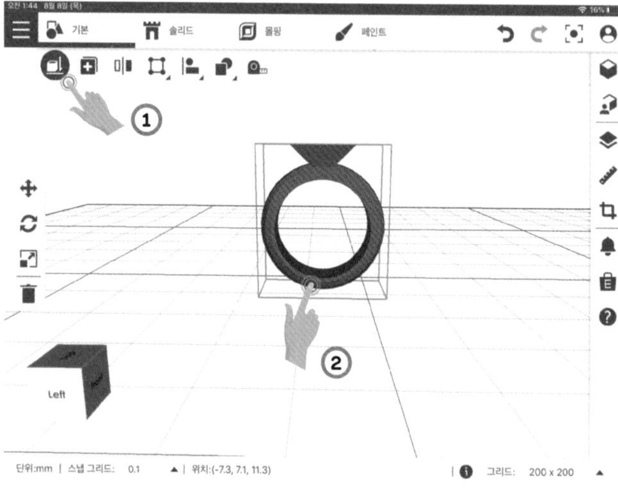

## 26

모델을 랜드시킵니다.

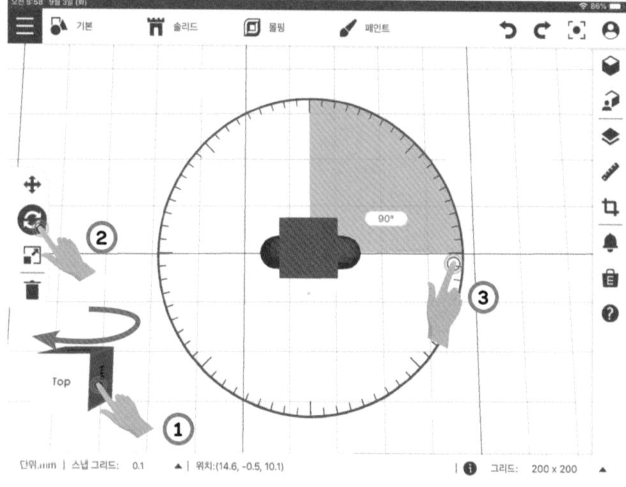

## 27

그리드판을 돌려 모델을 90도로 회전시킵니다.

## 28

문자 모델 [Q]를 불러옵니다.

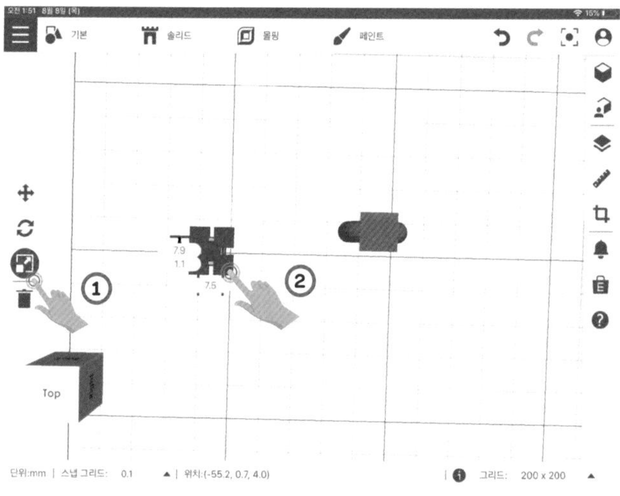

## 29

크기를 '8.0mm' 이하로 만들어 봅니다.

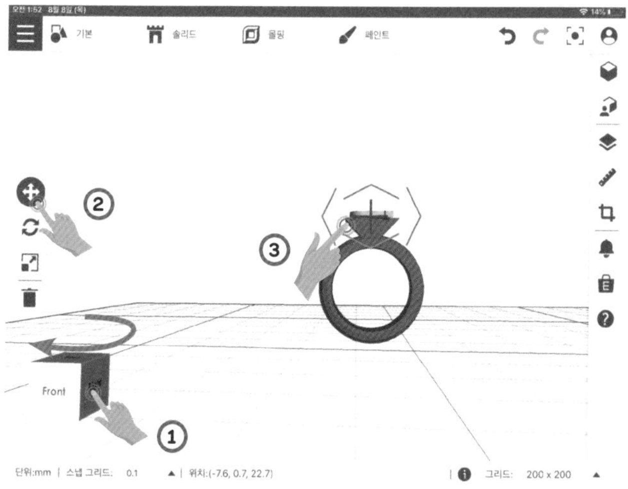

## 30

[Q] 모델을 반지 위에 올려놓습니다.

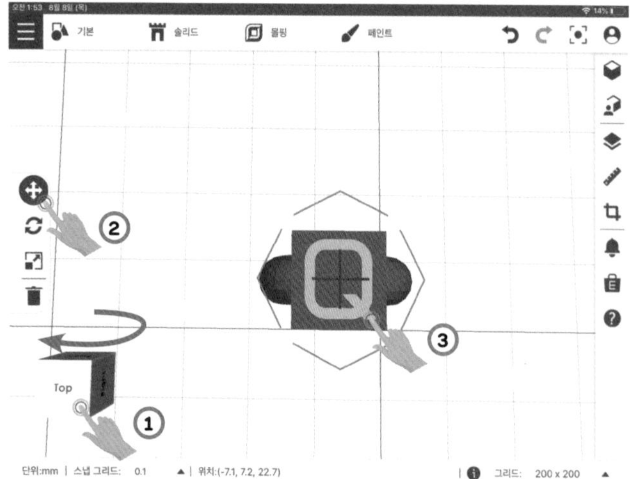

## 31

[Q] 모델을 반지 중앙으로 천천히 이동시킵니다.

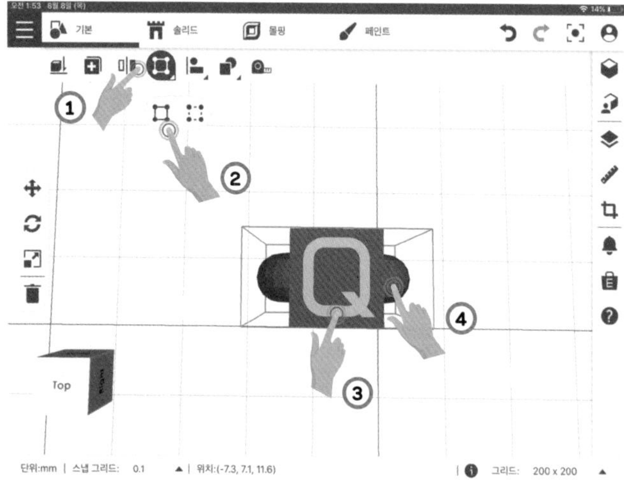

## 32

각각의 모델을 그룹화시킵니다.

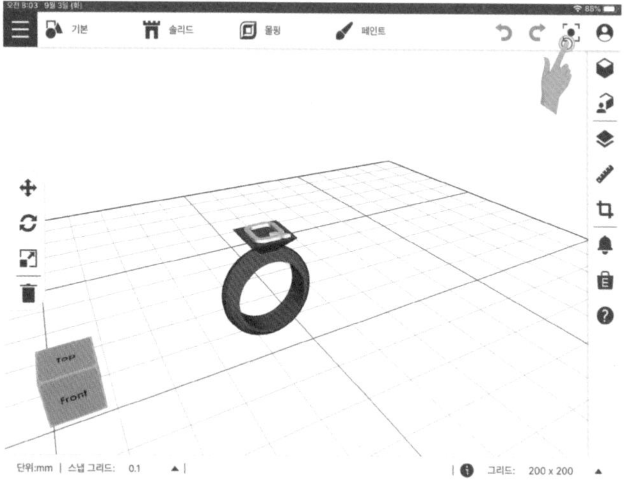

## 33

완성된 모델을 [기본 보기] 화면으로 확인합니다.

## 34

완성된 모델을 저장합니다.

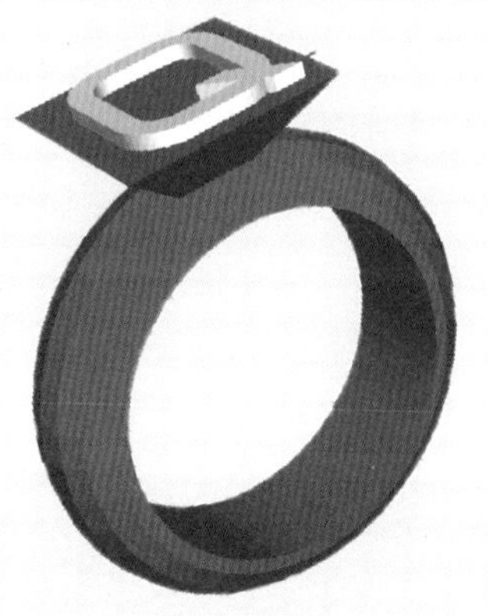

"이거 봐요, 우리 아이가
글쎄.. 3D프린터로 반지를
만들어 줬어요. 호호"

**Q** 당신에게 가장 소중한 사람을 생각하며, 이 세상 단 하나뿐인 반지를 만들어 보세요.

스케치하기

| 브랜드(상품)명 | | 용도 | |
|---|---|---|---|

## 최고의 디자인, 콜라병

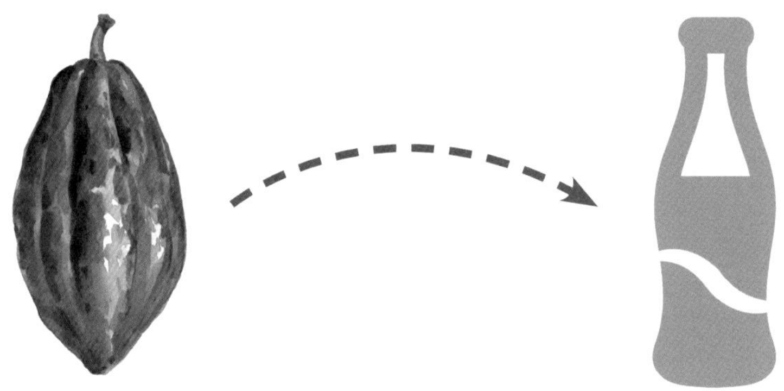

세상에서 가장 많이 팔리는 음료수 중 하나가 코카콜라입니다. 코카콜라가 많이 팔리게 된 요인 중에 하나가 맛도 맛이지만, 콜라병의 디자인도 한몫을 했답니다. 지금의 콜라병의 디자인은 루트 유리공장의 사무엘슨과 알딘의 작품입니다. 차별화된 콜라병의 디자인을 고민하던 사무엘슨과 알딘은 코카콜라의 재료인 카카오 열매를 관찰하다가 길쭉한 모양과 열매껍질의 세로선에 호기심을 느끼게 되고, 카카오 열매 모양을 콜라병 디자인에 적용해서 지금의 곡선형 코카콜라 컨투어병이 탄생하게 되었습니다.

이렇게 탄생한 코카콜라 컨투어병은 소비자 제품 역사상 가장 아름답고 친숙한 디자인으로 평가받게 되었지요.

제품의 기능보다 디자인이 더 중요해진 시대가 되었습니다. 제품을 만드는 데에 있어서 소비자들의 구매 욕구를 불러일으키는 디자인 능력은 메이커들에게 가장 큰 독창성을 가져다줄 수 있습니다. 어떻게 디자인하지? 가장 창의적인 질문을 던져야 할 때입니다.

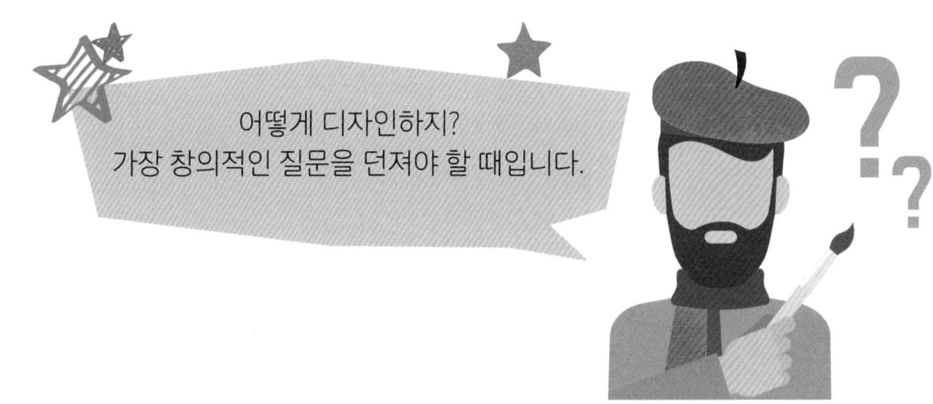

## Maker Note 무엇이든 만들고 싶을 때는 Maker Note를 활용하세요.

일시: 이름(닉네임):

| 스케치하기 |
|---|
| |

| 브랜드(상품)명 | | 용도 | |
|---|---|---|---|

| 동기 | |
|---|---|

| 학습내용 | 제품을 만들기 위한 학습 계획 또는 학습한 내용을 적어 보세요. |
|---|---|

| 방법(솔루션) | 제품을 보다 유용하게 만들 수 있는 방법을 적어 보세요. |
|---|---|

# 기린 미니컵 만들기

## -연결하고 융합하라

## Maker Start

• **빛의 속도를 꿈꾸는 3D프린터**

지금 3D프린터의 가장 큰 단점은 속도에 있습니다. 아주 비싼 산업용 3D프린터 외에는 일반적인 3D프린팅 속도가 아주 느립니다. 3D프린터에 따라 조금씩 속도의 차이가 있지만, 우리가 일반적으로 사용하고 있는 물컵 정도를 프린팅하려면 평균 3시간 이상의 시간이 소요됩니다.

하지만, 속도의 문제는 시간이 지나면 금방 해결될 것으로 보입니다. 미국 UC버클리 연구진에 따르면 빛을 합성수지 용액에 쏘아 원하는 형상을 만드는 '리플리케이터(Replicator)' 3D프린팅 기술을 개발했다고 합니다. 이는 일반적인 FDM 방식의 3D프린터가 필라멘트 소재를 층층이 쌓는 방식이라면 '리플리케이터(Replicator)'는 복제할 물체를 스캔 기기로 360도 촬영을 한 뒤, 빛에 굳는 특수 합성수지 용액이 들어 있는 원통형 용기를 360도 회전시키면서 스캔한 대로 빛을 이 용기에 쏘아 만드는 방식입니다. 이 방식은 기존 3D프린팅 방식보다 제작 시간을 10배 이상 단축시킬 수 있을 것으로 보고 있습니다.

이와 같은 기술의 발전은 3D프린팅으로 대량 맞춤형 생산까지 가능해지는 날도 얼마 남지 않았다는 것을 예상할 수 있습니다.

Chalk

### MAKER 생각

**Q.** 대량 생산까지 할 수 있는 3D프린터가 우리집에 있다면, 무엇을 만들어 팔고 싶은가요?

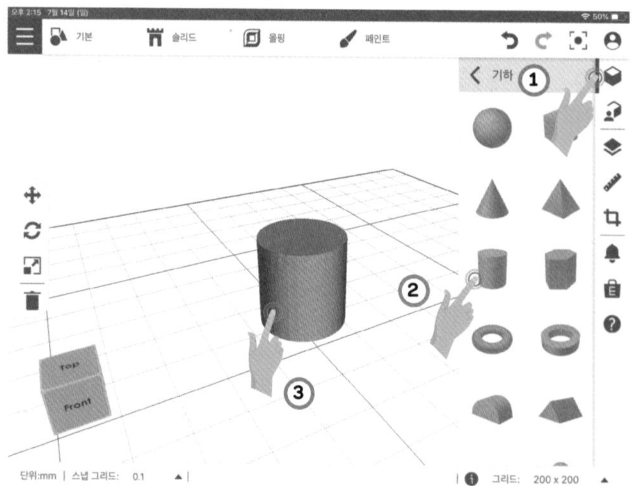


## 1

[기하] 메뉴에서 그림과 같은 모델을 불러옵니다.

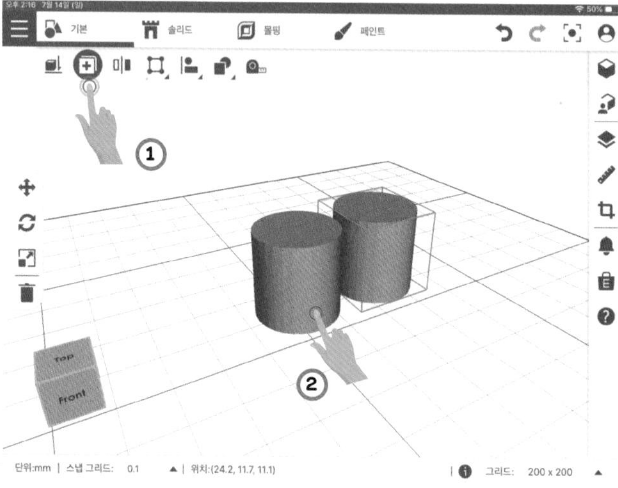


## 2

모델을 복제합니다.

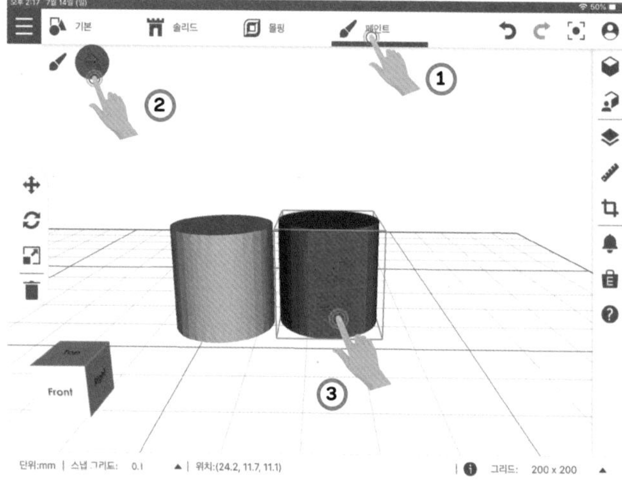


## 3

복제된 모델에 기존 모델과는 다른 색을 입힙니다.

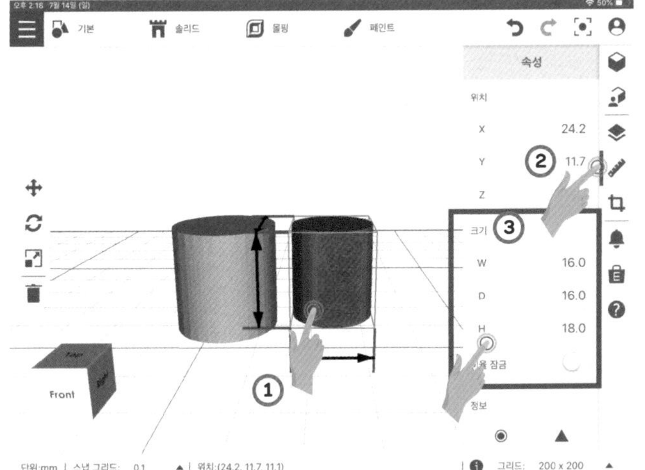

## 4

'W:16.0/D:16.0/H:18.0'mm 크기로 만듭니다.

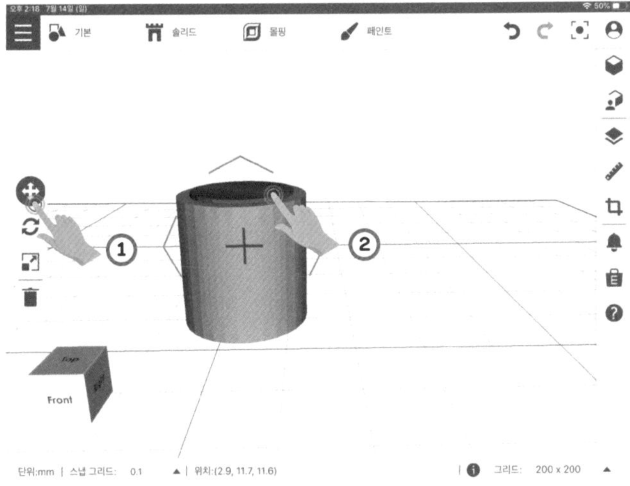

## 5

크기를 조절한 모델을 기존 모델 안에 이동시켜 넣습니다.

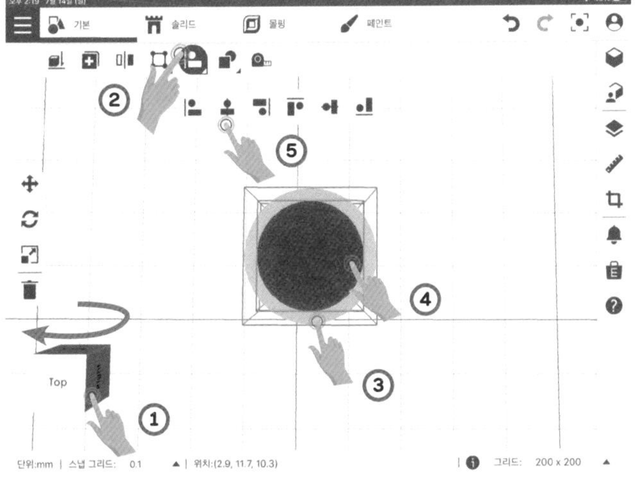

## 6

정렬 준비 후, 2번째 정렬 아이콘을 누릅니다.

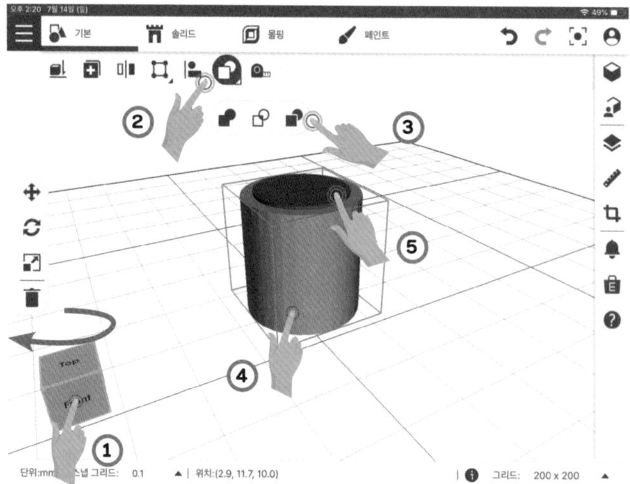

## 7

감산 준비 후, 그림과 같이 감산 아이콘을 누릅니다.

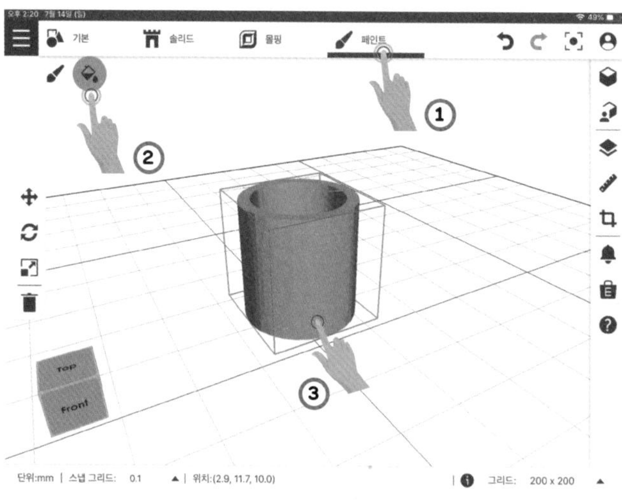

## 8

감산이 잘 되었는지 확인한 다음, 다른 색을 입힙니다.

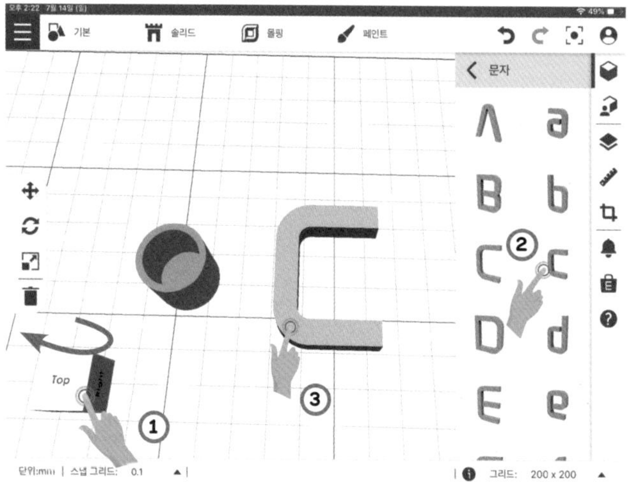

## 9

그리드판을 돌린 후, 문자 모델 [c]를 불러옵니다.

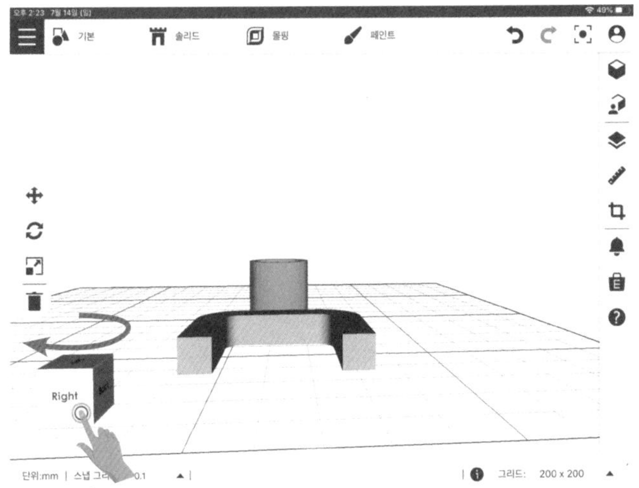

## 10

그리드판을 돌려 새로운 모델을 회전시킬 준비를 합니다.

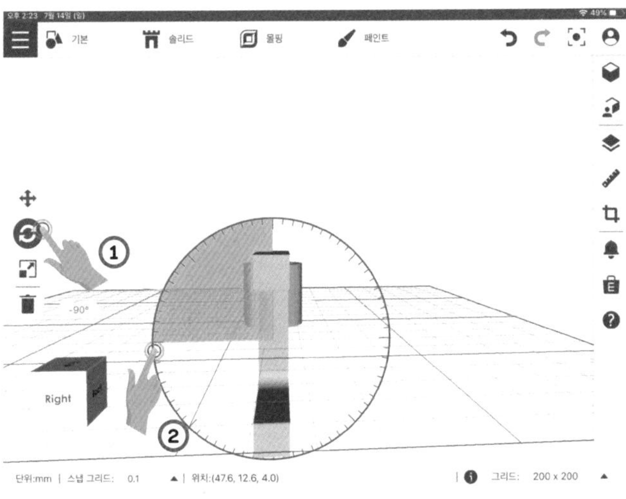

## 11

선택한 모델을 90도로 회전시킵니다.

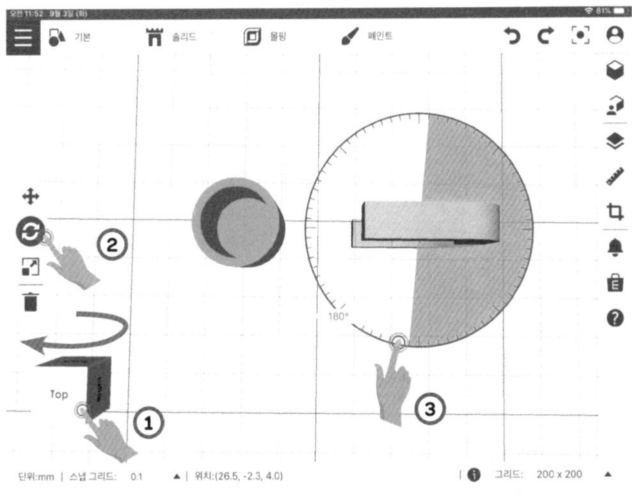

## 12

그리드판을 돌린 후, 180도로 다시 회전시킵니다.

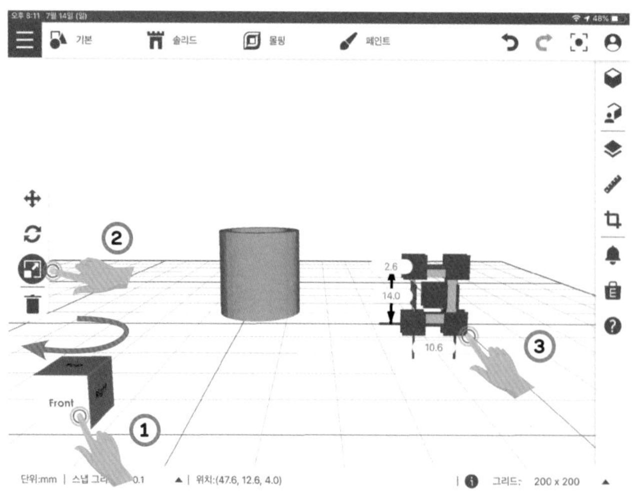


## 13

모델의 높이를 '14.0mm' 이하로 만듭니다.

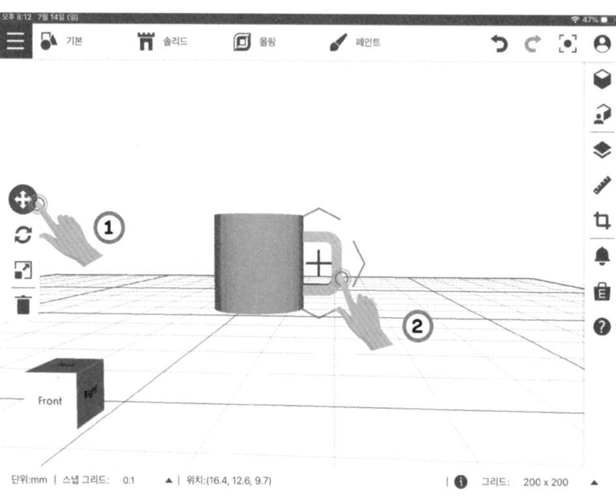


## 14

그림처럼 이동시켜 손잡이를 만듭니다.

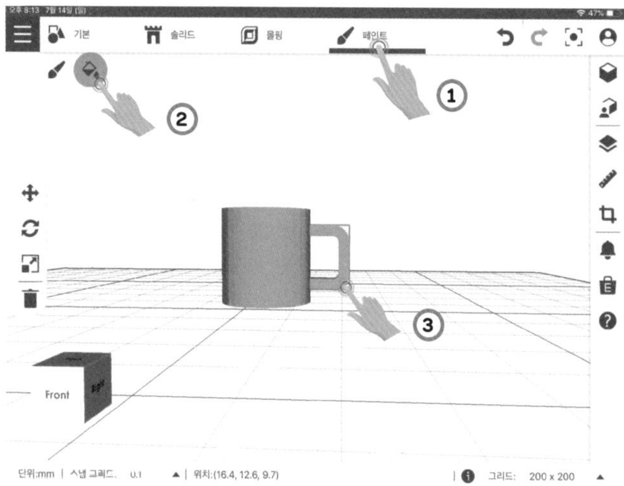


## 15

손잡이를 컵 색깔과 같은 색을 입힙니다.

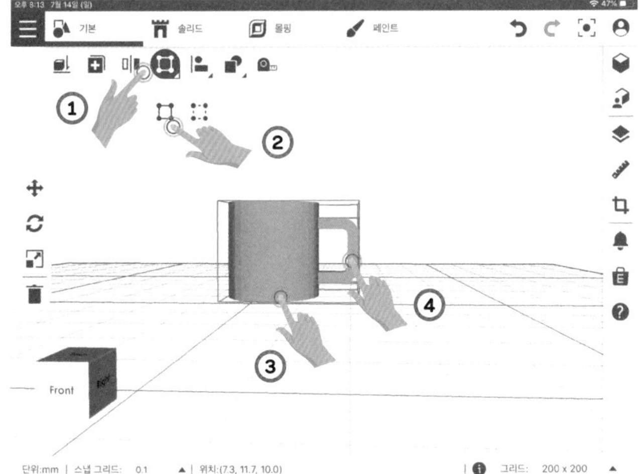

## 16

컵과 손잡이를 그룹화시킵니다.

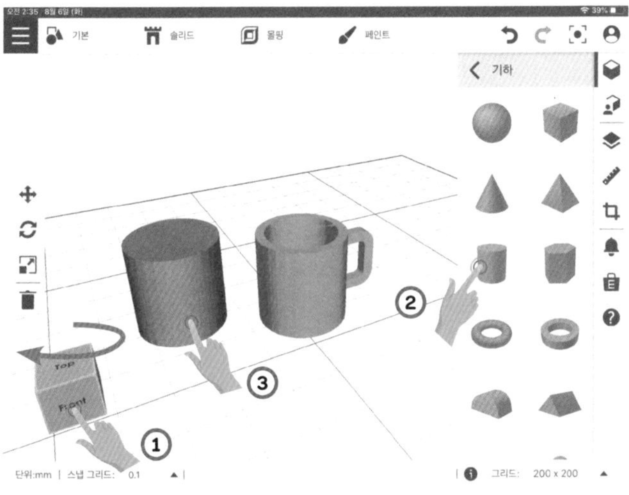

## 17

[기하] 메뉴에서 그림과 같은 모델을 불러옵니다.

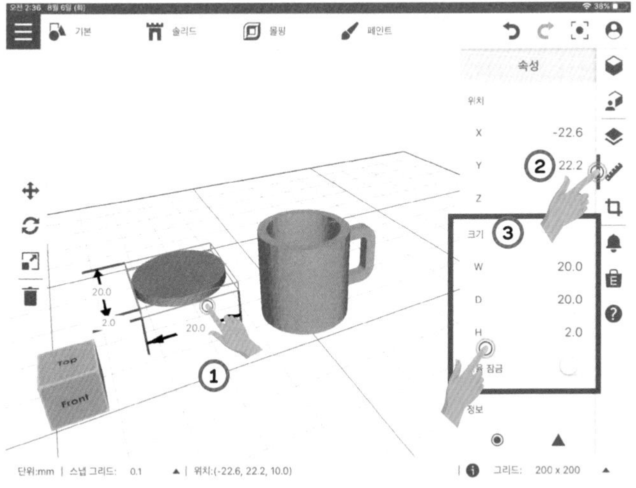

## 18

'W:20.0/D:20.0/H:2.0'mm 크기로 만듭니다.

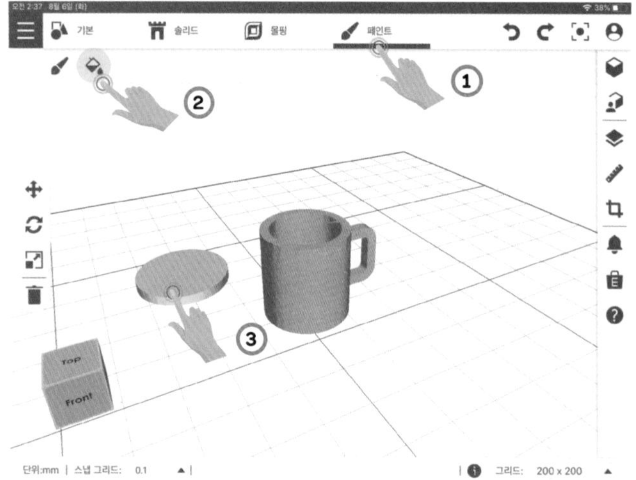

## 19

그림처럼 노란색 컵 뚜껑을 만듭니다.

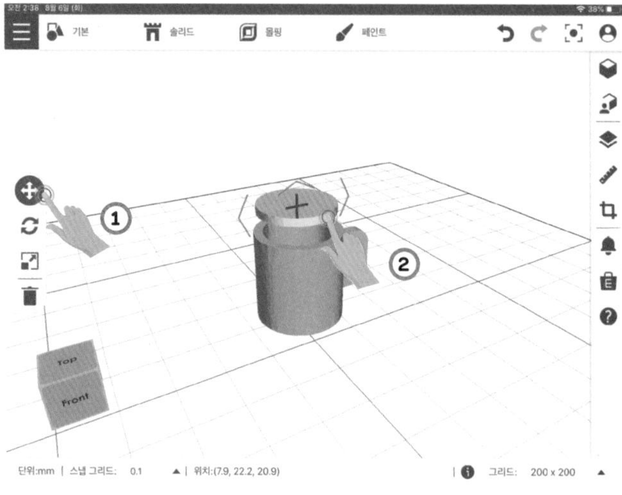

## 20

컵 뚜껑을 컵 위로 이동시킵니다.

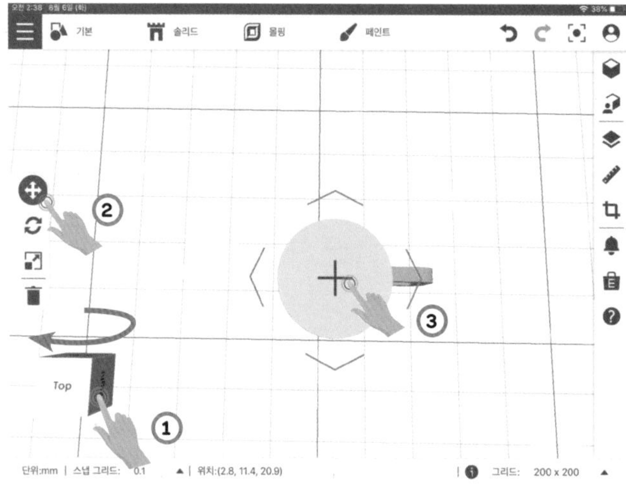

## 21

그리드판을 돌린 후, 컵 뚜껑을 옮겨 닫아 봅니다.

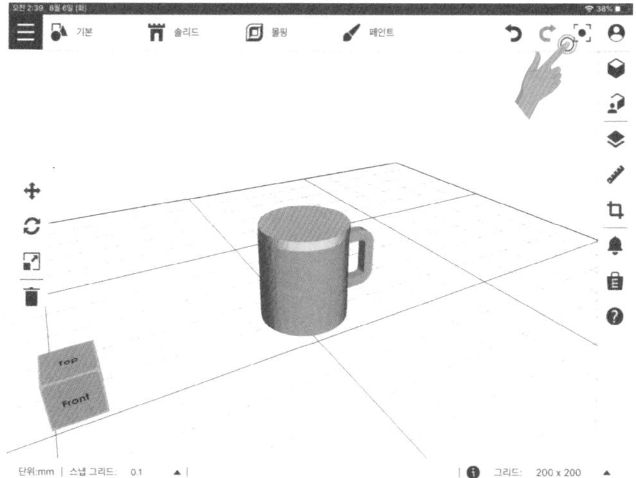

## 22

[기본 보기] 화면으로 확인해 봅니다.

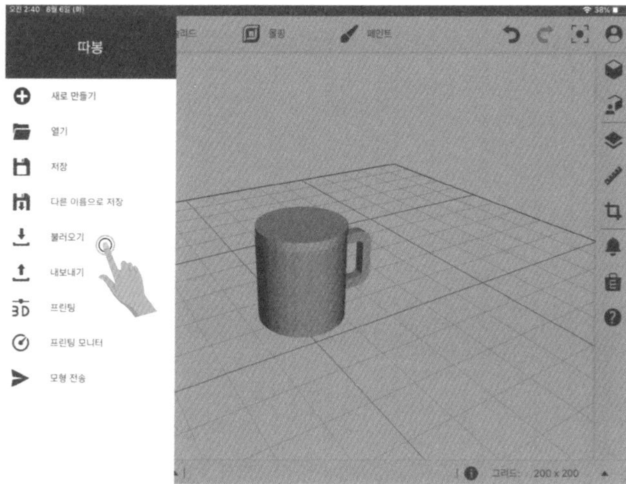


## 23

[불러오기] 아이콘을 눌러 봅니다.

## 24

저장한 모델 중 기린 피규어 모델을 클릭하여 불러옵니다.

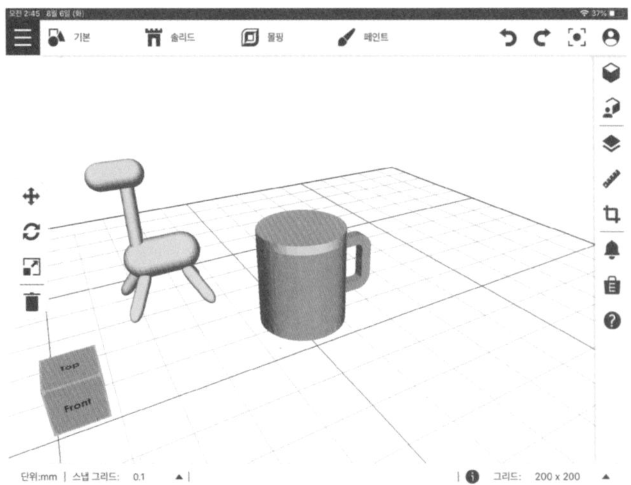

## 25

기린 피규어 모델이 컵 옆에 있는지 확인합니다.

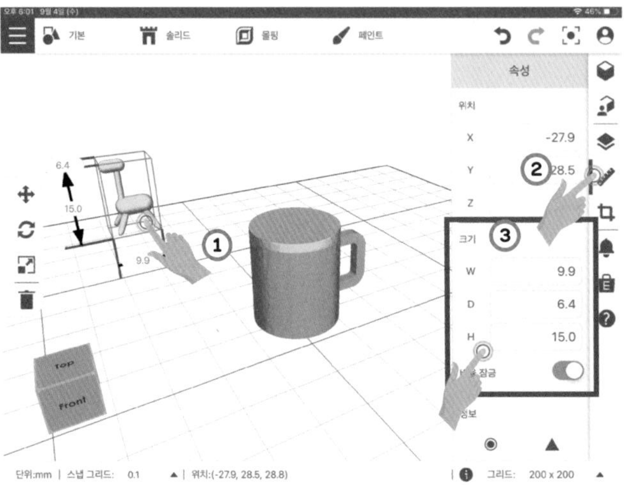

## 26

[비율 잠금] 상태에서 'H:15.0mm' 크기로 만듭니다.

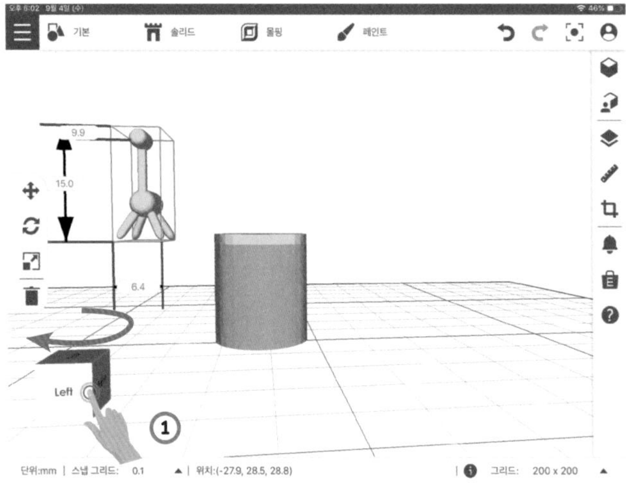

## 27

그리드판을 돌려 기린 피규어를 이동시킬 준비를 합니다.

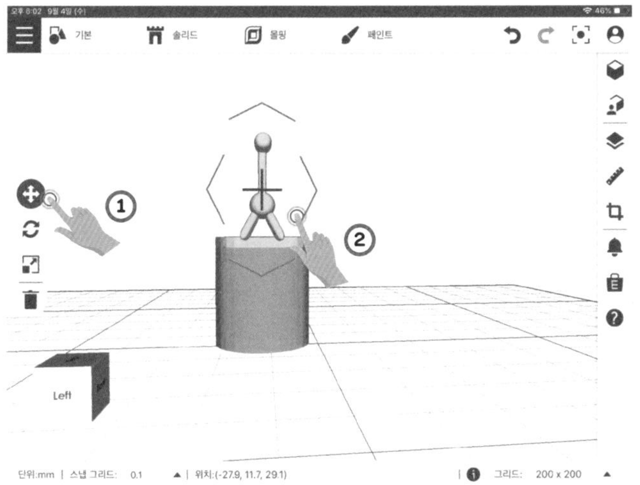


## 28

기린 피규어를 컵 뚜껑 위로 올립니다.

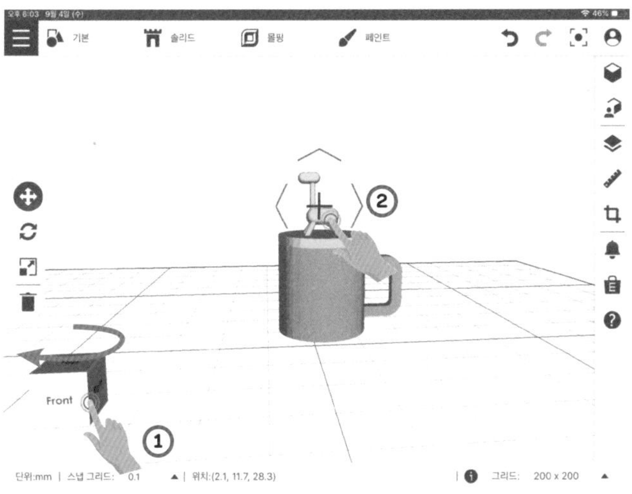


## 29

그리드판을 돌려 기린 피규어를 중앙 위로 올려놓습니다.

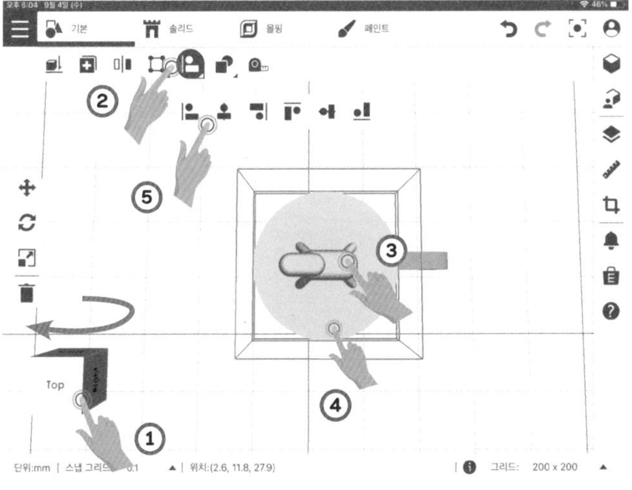


## 30

정렬이 필요하면, 가운데 정렬을 시킵니다.

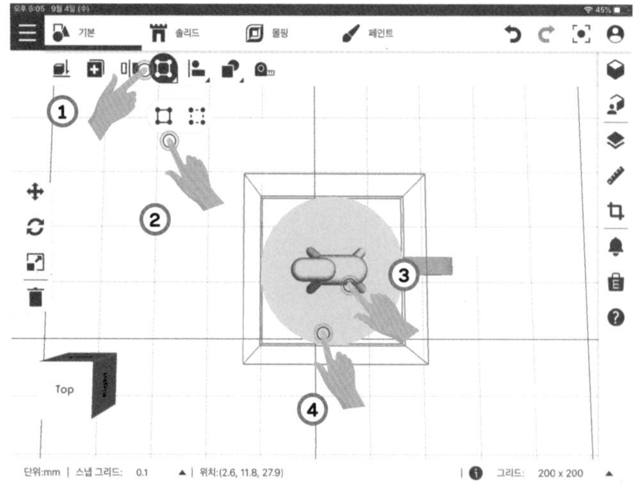

## 31

컵 뚜껑과 기린 피규어를 그룹화시킵니다.

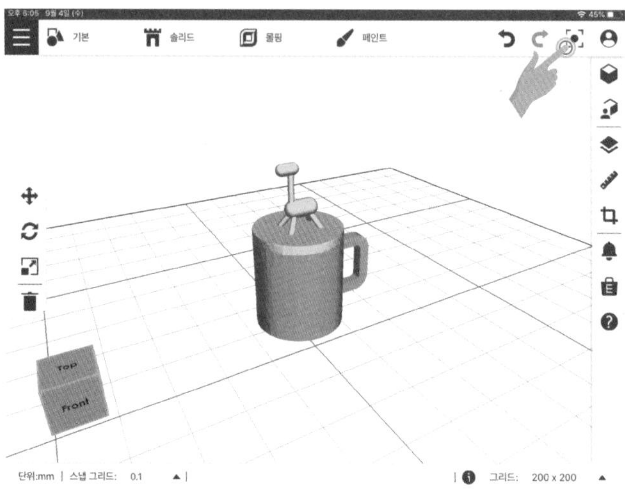

## 32

[기본 보기] 화면으로 만든 모델을 확인해 봅니다.

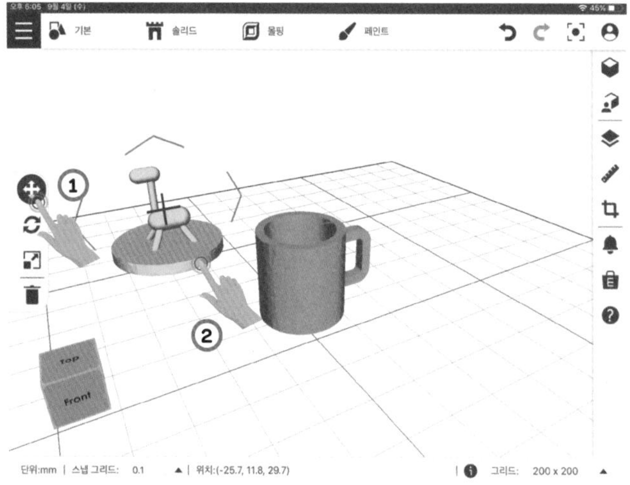

## 33

컵 뚜껑을 옆으로 이동시킵니다.

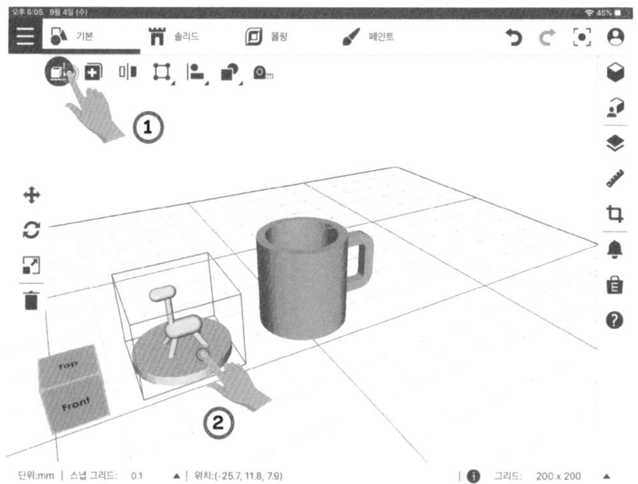


## 34

기린컵 뚜껑을 랜드시킵니다.

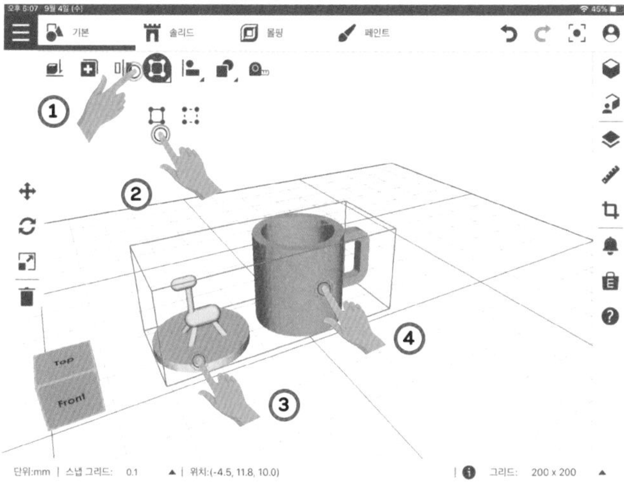


## 35

컵 뚜껑과 미니컵을 그룹화시킵니다.

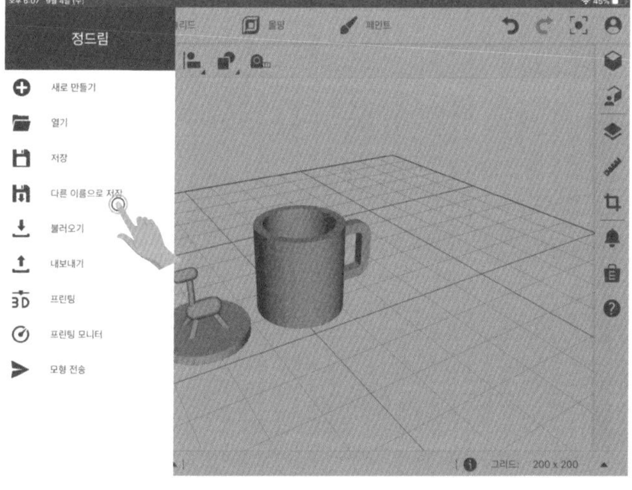


## 36

완성된 모델을 저장합니다.

## 미션 I'M POSSIBLE

**Q** 집에 있는 물건 중에 뚜껑이 필요한 물건을 찾아서 뚜껑을 만들어 주세요.

(예: 참치캔, 빨대구멍이 필요한 컵, 반찬 그릇 등)

| 스케치하기 | | | |
|---|---|---|---|
| | | | |
| 브랜드(상품)명 | | 용도 | |

## 조립식 가구, 이케아의 혁신

**"가구는 왜 이리 비쌀까? 지금보다 가구의 원가를 더 저렴하게 만들 수 없을까?."**

하고 끊임없이 질문을 던진 회사가 있었습니다. 그래서 이 회사에서는 완제품 가구 생산 공정을 없애고, 소비자들이 부품 가구를 직접 조립해서 완제품을 만들게 하는 시스템을 만들었습니다. 바로 가구 회사 '이케아' 이야기입니다.

이렇게 이케아는 소비자들이 부품 가구를 직접 조립해서 융합하게 만드는 DIY 문화를 만들어 가구의 이동성, 저렴한 가격, 스스로 만들어 보는 재미와 가치 등을 통해 혁신적인 서비스를 제공하는 가구 할인점이 되었답니다. 조립식 가구를 만들어 융합하는 서비스를 만든 이케아의 스토리를 통해 알 수 있는 것은 사람은 연결하고 융합하는 것에서 흥미를 느낀다는 것입니다. 또한 이런 융합능력이 흥미 뿐만 아니라 새로운 제품을 만드는 데 아주 큰 역할을 할 수 있다는 것입니다.

애플의 창업자 스티브 잡스가 창의성을 두고 연결하고 융합하는 힘이라 강조했던 부분이 바로 여기에 있습니다.

새로운 제품과 서비스를 싶다면
연결하고 융합해 보세요.

## Maker Note 무엇이든 만들고 싶을 때는 Maker Note를 활용하세요.

일시: 이름(닉네임):

| 스케치하기 |
|---|
| |

| 브랜드(상품)명 | | 용도 | |
|---|---|---|---|

| 동기 | |
|---|---|

| 학습내용 | 제품을 만들기 위한 학습 계획 또는 학습한 내용을 적어 보세요. |
|---|---|

| 방법(솔루션) | 제품을 보다 유용하게 만들 수 있는 방법을 적어 보세요. |
|---|---|

# 부르릉 자동차 만들기

## -시도하고 또 시도하라

## Maker Start

### • 미래 자동차는 3D프린터로

직원이 약 100명밖에 안 되는데, 자동차를 만들어 내는 회사가 있습니다. 바로 '로컬모터스'라는 자동차 제조 기업인데요, 다른 자동차 제조 회사의 100분의 1도 안 되는 인력으로 자동차를 만들 수 있는 가장 큰 비결은 무엇일까요? 바로 3D프린터를 활용했기 때문입니다.

'로컬모터스' 회사는 3D프린터를 이용해 40시간 만에 차체 하나를 만들어 내고, 이를 자동차 박람회에 시연까지 해서 그 기술력을 인정받게 되었습니다. 하지만, 여기서 3D프린터의 발전이 사람의 일자리를 뺏고 있는 것은 아닐까? 하고 우려하는 사람들도 있습니다.

이런 걱정을 '로컬모터스' 회사는 우리에게 좋은 해답을 제시해 주고 있는데요. 그것은 '로컬모터스' 회사 직원은 100명 정도 밖에 안 되지만, 새로운 자동차 1대를 제조하는 데에 있어서 커뮤니티를 통해서 수만 명이 자신의 아이디어와 디자인으로 참여를 하고 있으며, 좋은 아이디어와 디자인을 제공하는 이에게 그에 따른 보상을 해 주는 시스템을 만들었다고 합니다.

앞으로 '로컬모터스' 같은 시스템을 통해 제조하는 회사들이 더욱 늘어날 것입니다. 누구나 좋은 아이디어와 디자인 능력이 있으면 그 회사의 직원이 아니더라도 참여를 해서 보상을 받을 수 있는 시스템이 시장에 자리를 잡을 것입니다.

이와 같이 3D프린팅 메이커 능력에 따라 당신의 일자리가 달라질 수 있습니다.

### MAKER 생각

**Q.** 자신이 '로컬모터스' 자동차 제작 프로젝트에 참여한다면, 어떤 아이디어를 내고 싶은가요?

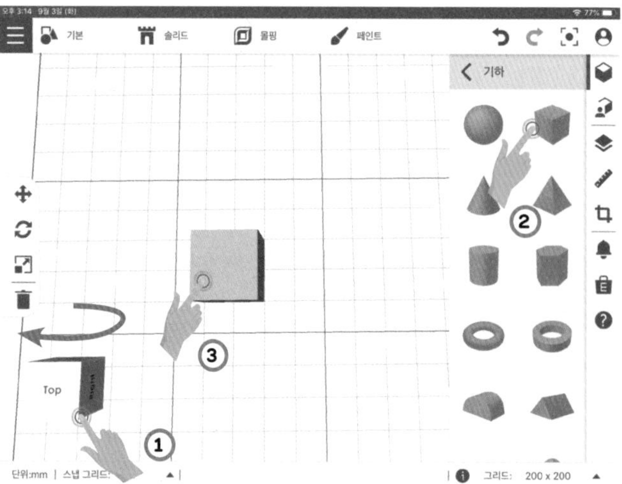

1

[기하] 메뉴에서 그림과 같은 모델을 불러옵니다.

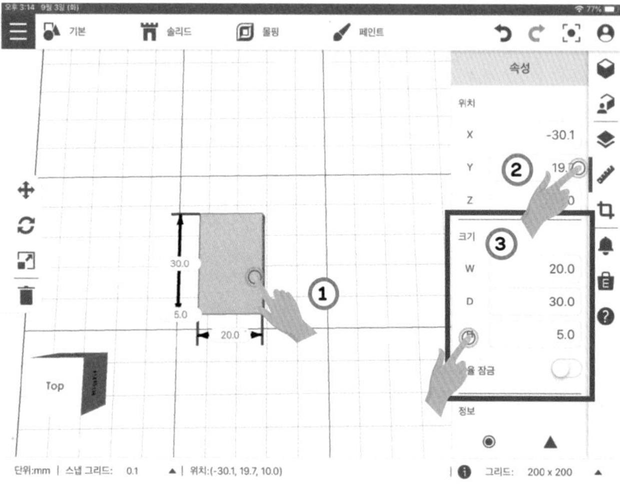

2

'W:20.0/D:30.0/H:5.0'mm 크기로 만듭니다.

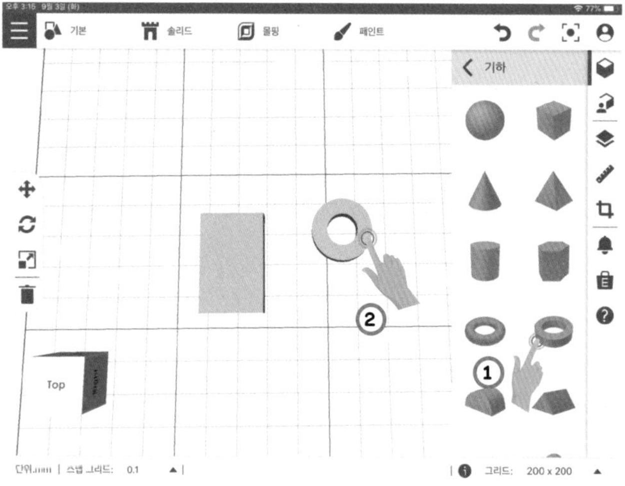

3

[기하] 메뉴에서 새로운 모델을 불러옵니다.

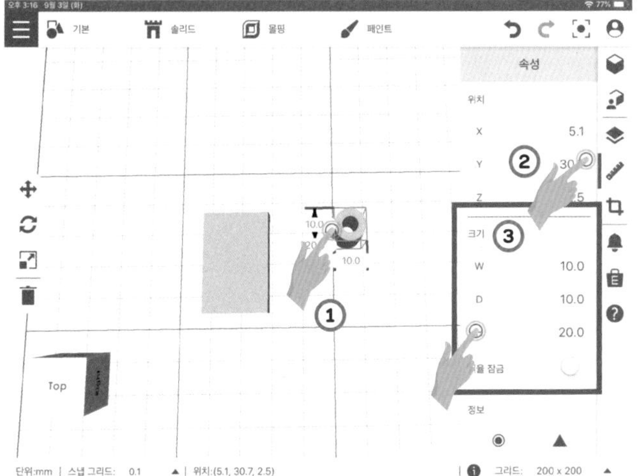

4

'W:10.0/D:10.0/H:20.0'mm 크기로 만듭니다.

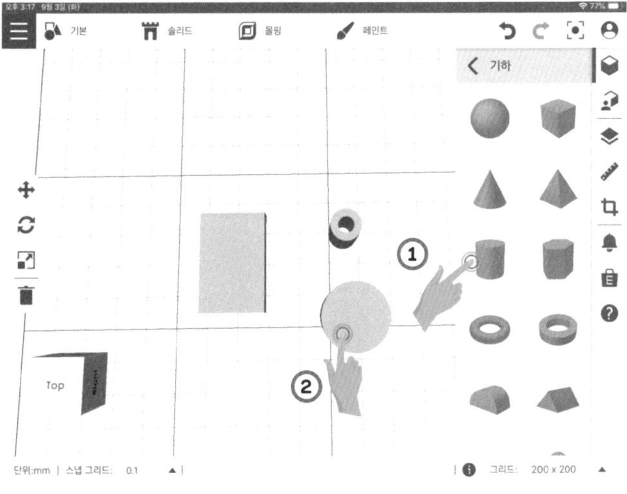

5

[기하] 메뉴에서 그림과 같은 모델을 불러옵니다.

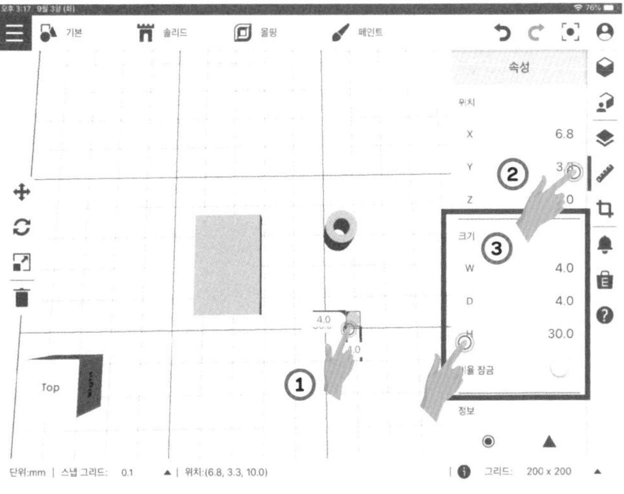

6

'W:4.0/D:4.0/H:30.0'mm 크기로 만듭니다.

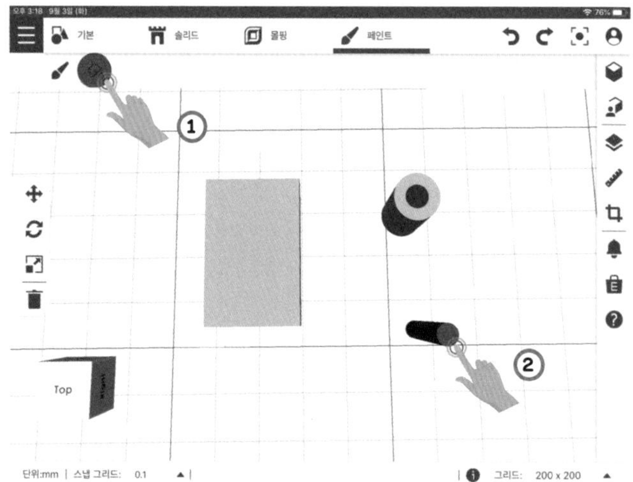


## 7

그림과 같이 모델 색을 입힙니다.

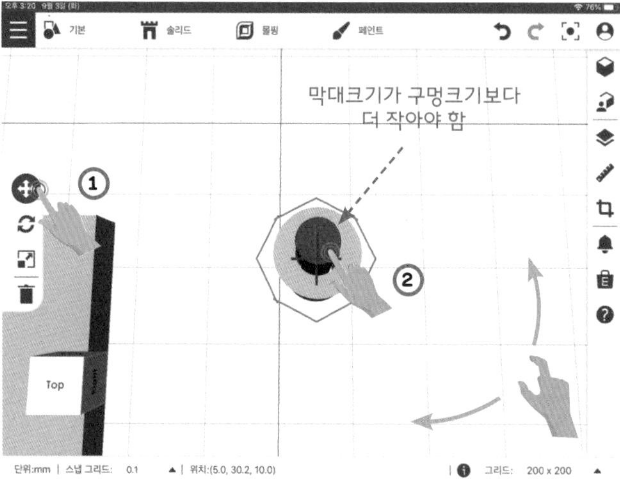


## 8

구멍에 통과되는지 막대를 이동시켜 크기를 확인합니다.

* [측정] 아이콘을 눌러 구멍 크기를 확인해도 됩니다.

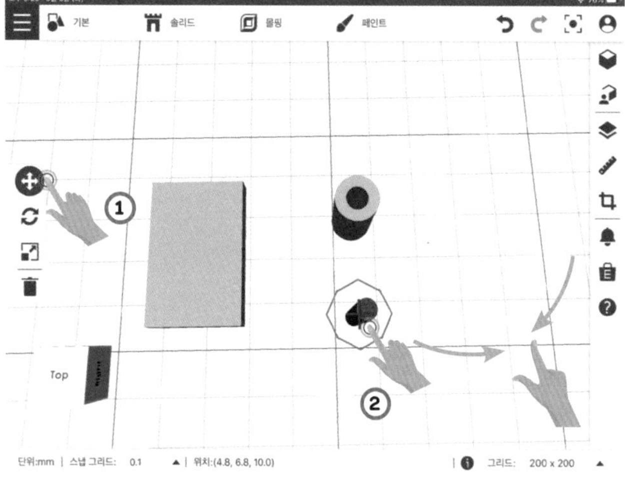


## 9

빨간 모델을 다시 원래 자리로 이동시킵니다.

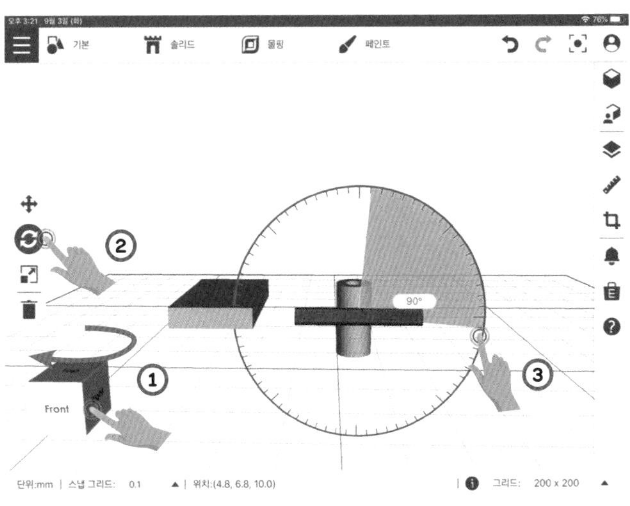

## 10

그리드판을 돌려 빨간 모델을 90도로 회전시켜 바퀴축을 만듭니다.

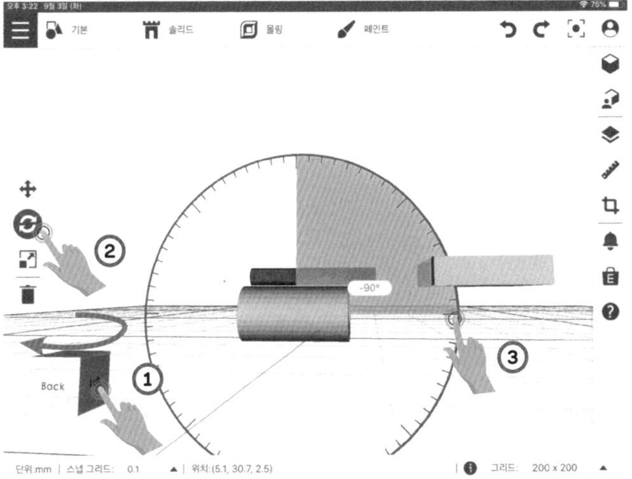

그리드판을 돌려 선택한 모델을 90도로 회전시킵니다.

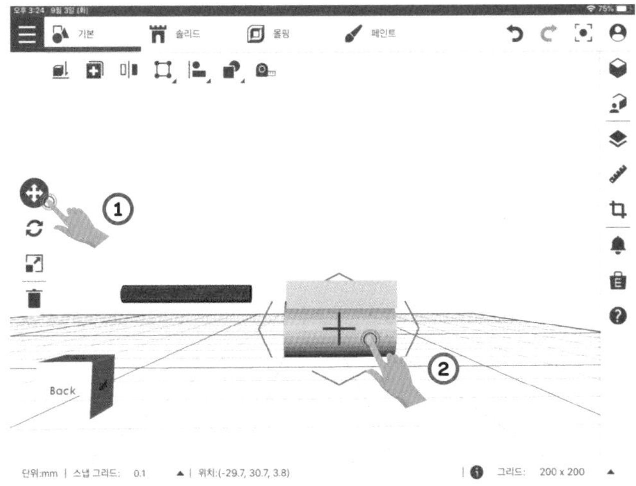

## 12

그림과 같이 선택한 모델을 이동시킵니다.

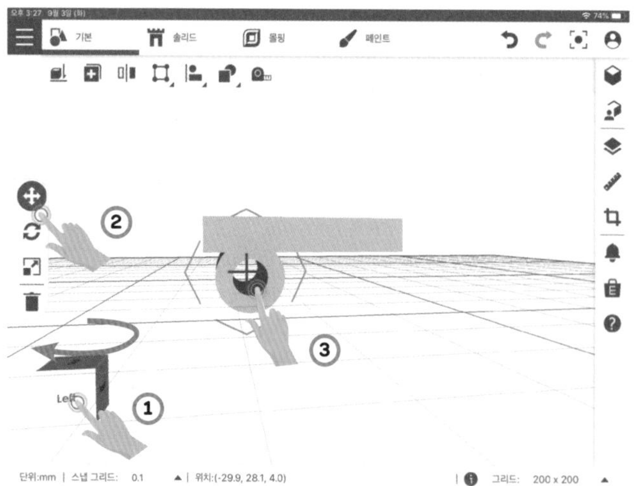


## 13

그리드판을 돌려 그림처럼 다시 이동시킵니다.

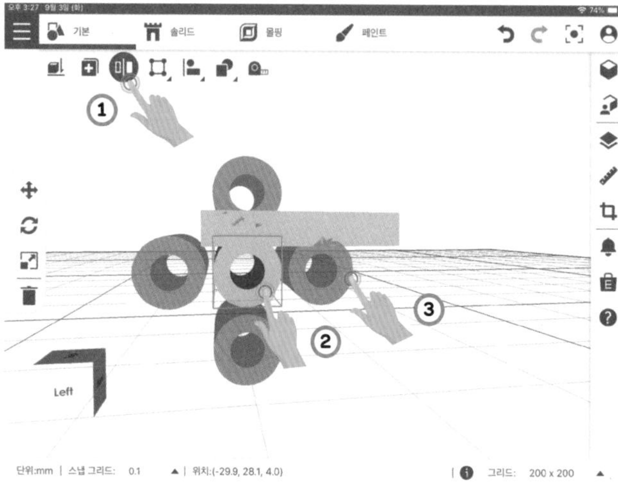


## 14

선택한 모델을 미러 복제합니다.

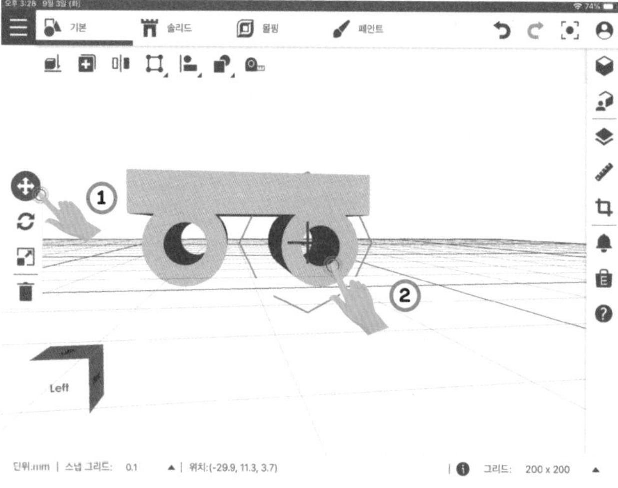


## 15

복제한 모델을 그림과 비슷한 위치로 이동시킵니다.

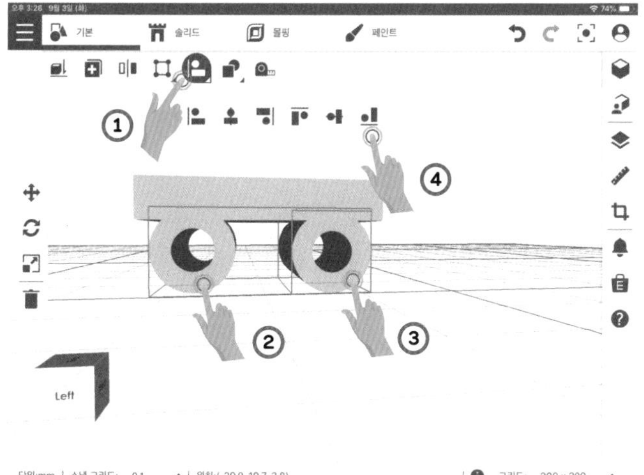


## 16

선택한 모델을 6번째 정렬 아이콘을 눌러 정렬시킵니다.

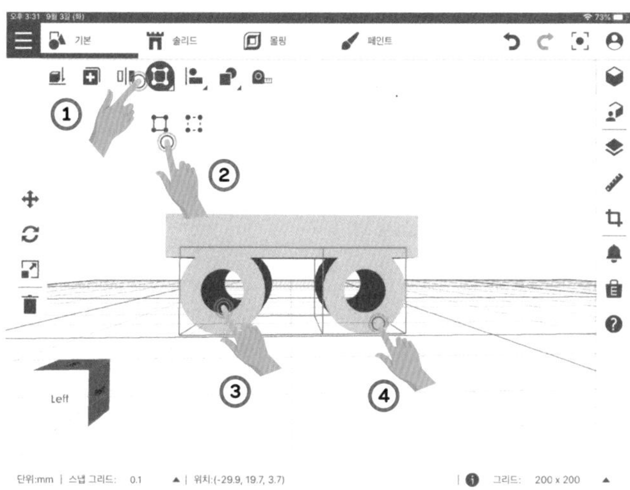


## 17

정렬이 잘 되었는지 확인 후, 그룹화시킵니다.

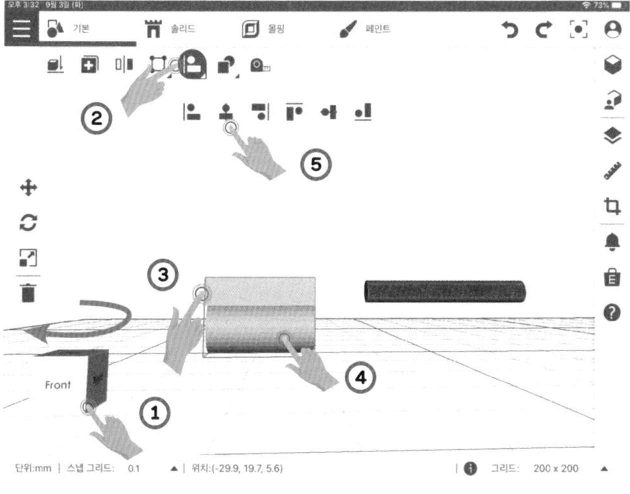


## 18

선택한 모델을 2번째 정렬 아이콘을 눌러 가운데 정렬시킵니다.

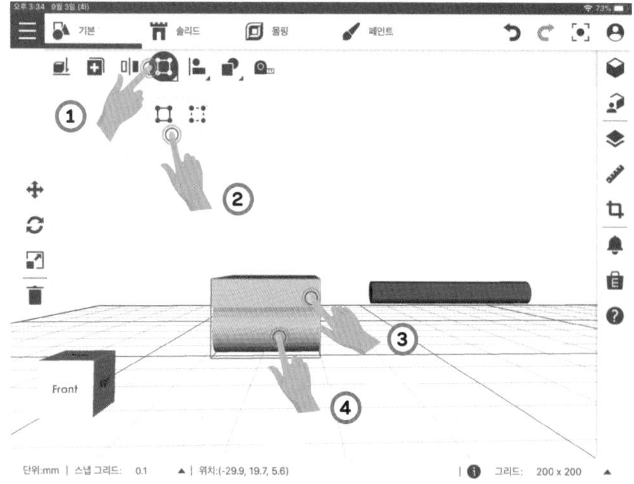


## 19

선택한 모델을 그룹화시켜 차체를 완성합니다.

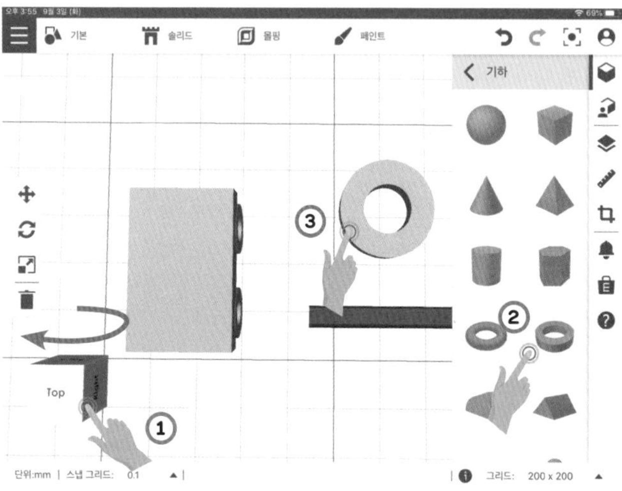


## 20

그리드판을 돌려 그림과 같이 모델을 불러옵니다.

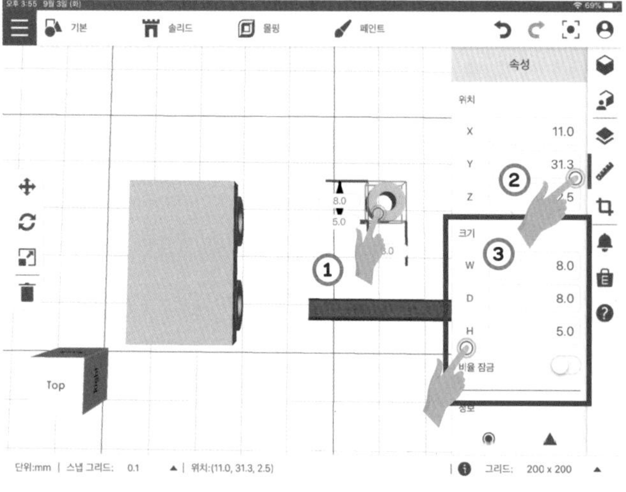


## 21

'W:8.0/D:8.0/H:5.0'mm 크기로 만듭니다.

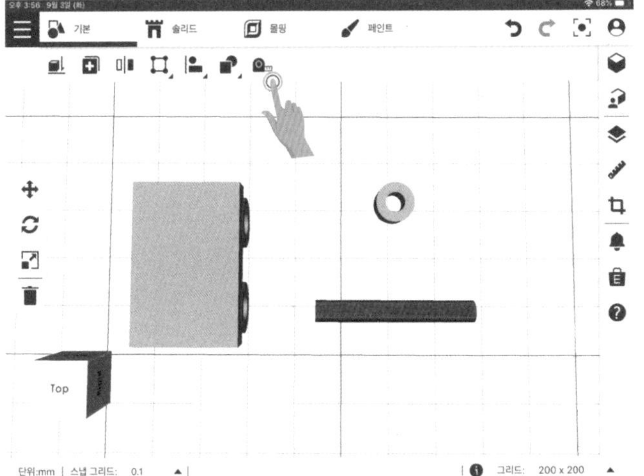


**22**

[측정] 아이콘을 눌러 모델을 측정할 준비를 합니다.

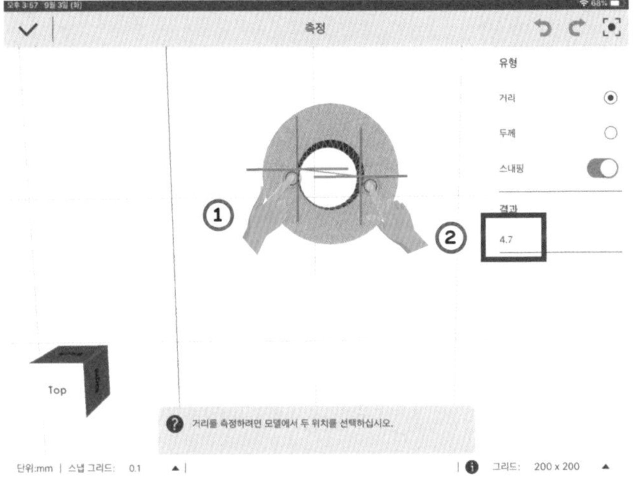


**23**

구멍의 크기가 '4.5~5.0mm' 사이인지 확인합니다.

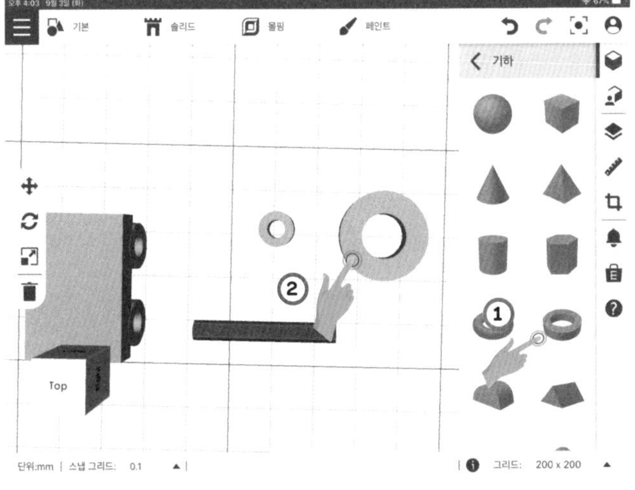


**24**

[기하] 메뉴에서 새로운 모델을 불러옵니다.

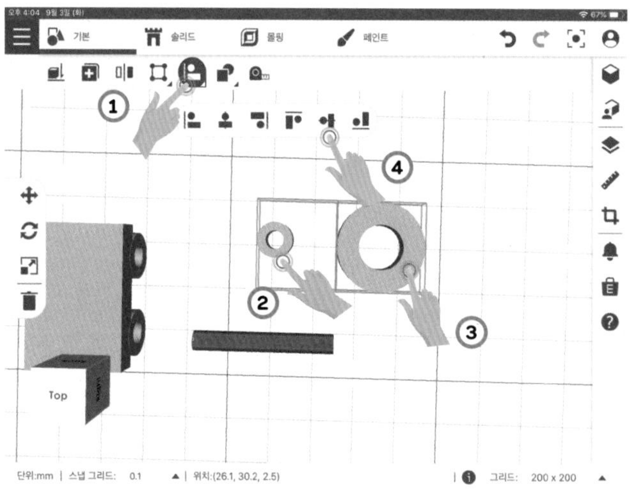

## 25

5번째 정렬 아이콘을 눌러 선택한 모델을 가운데 정렬시킵니다.

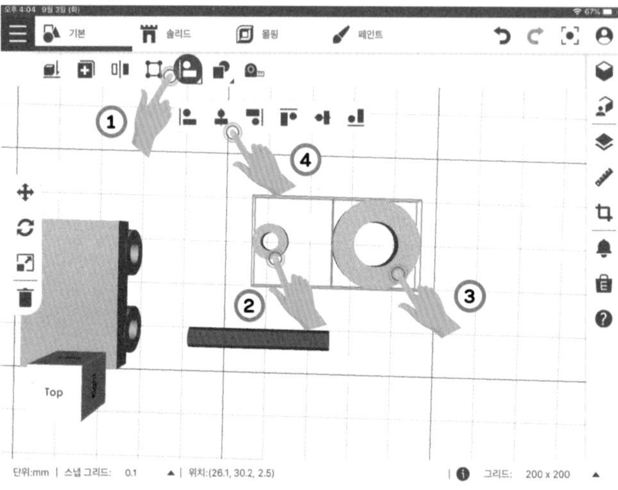

## 26

2번째 정렬 아이콘을 눌러 선택한 모델을 중앙 정렬시킵니다.

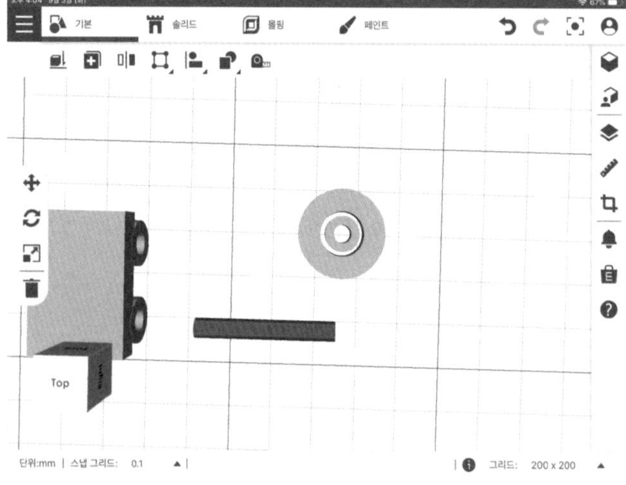

## 27

그림과 같이 정렬이 되었는지 확인합니다.

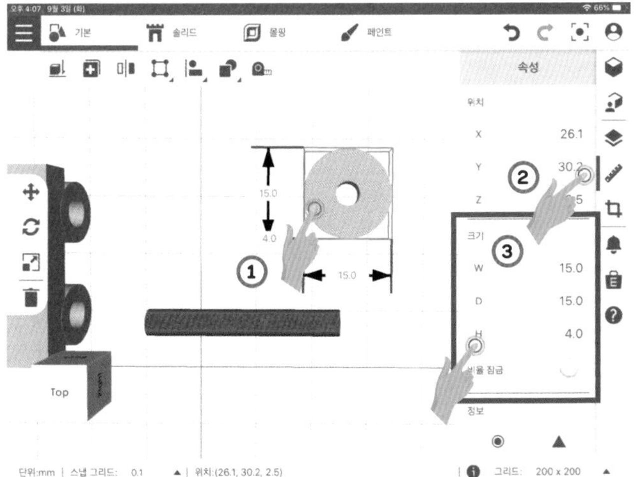

## 28

바깥모델을 'W:15.0/D:15.0/H:4.0' mm 크기로 만듭니다.

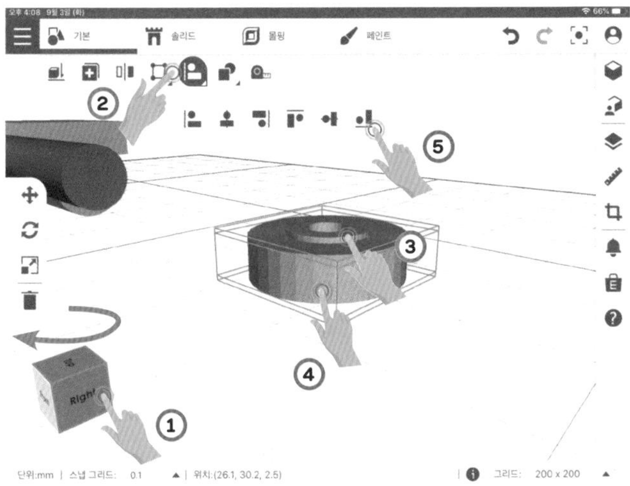

## 29

선택한 모델을 6번째 정렬 아이콘을 눌러 정렬시킵니다.

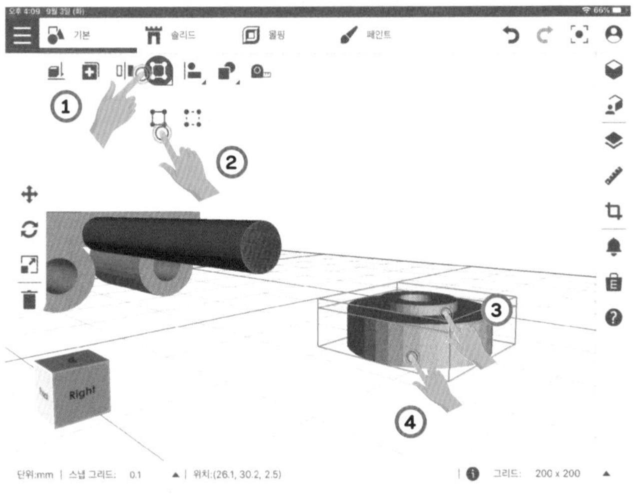

## 30

선택한 모델을 그룹화시킵니다.

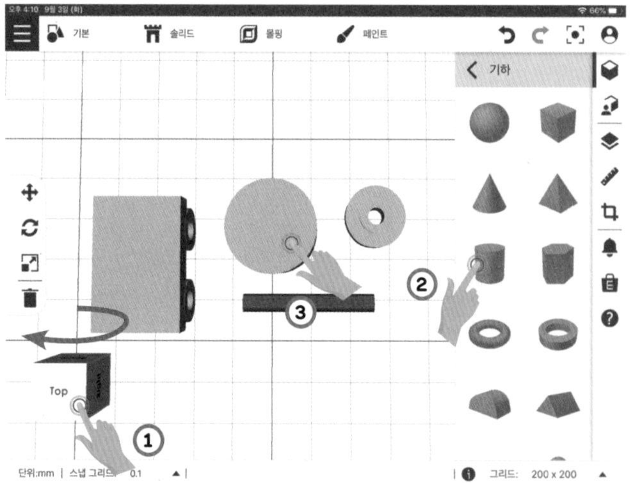

## 31

[기하] 메뉴에서 새로운 모델을 불러옵니다.

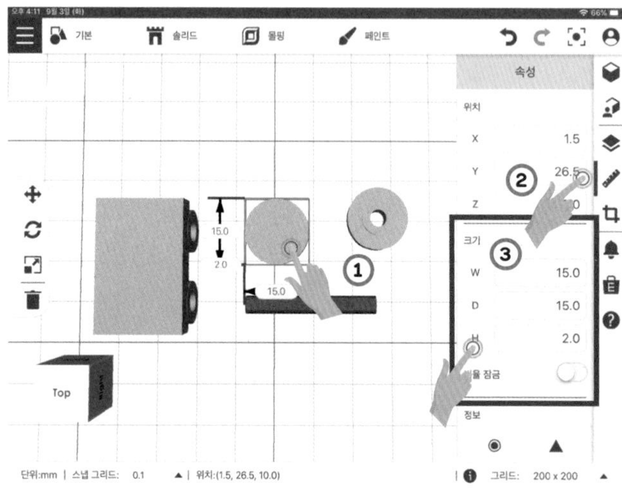

## 32

'W:15.0/D:15.0/H:2.0'mm 크기로 만듭니다.

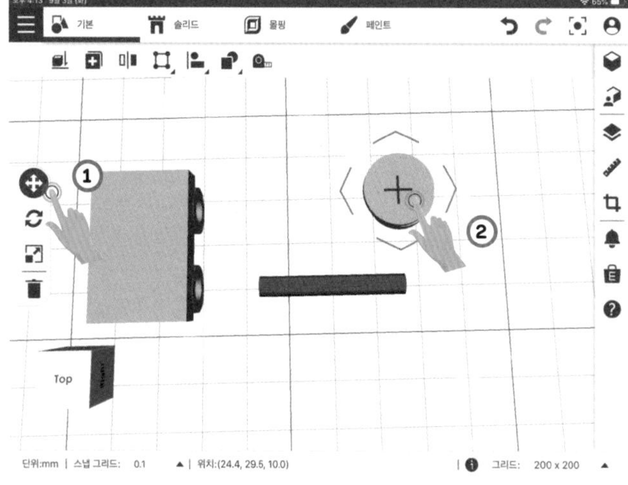

## 33

그림과 같이 새로운 모델을 이동시킵니다.

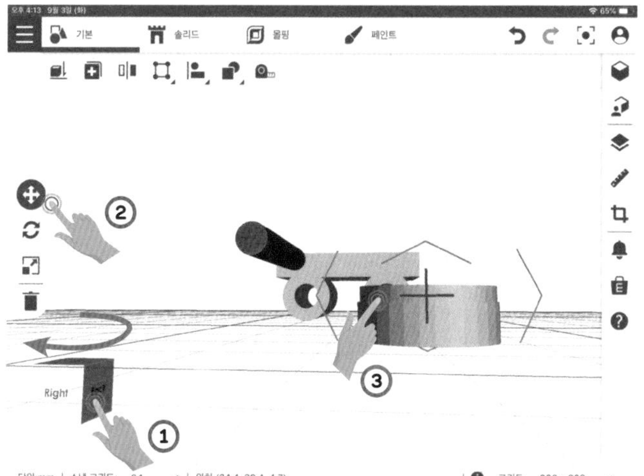

## 34

그리드판을 돌려 두 모델이 붙도록 이동시킵니다.

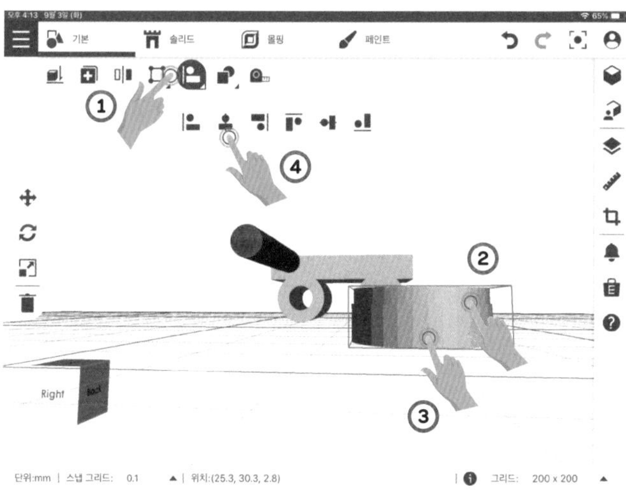

## 35

선택한 모델을 2번째 정렬 아이콘을 눌러 가운데 정렬시킵니다.

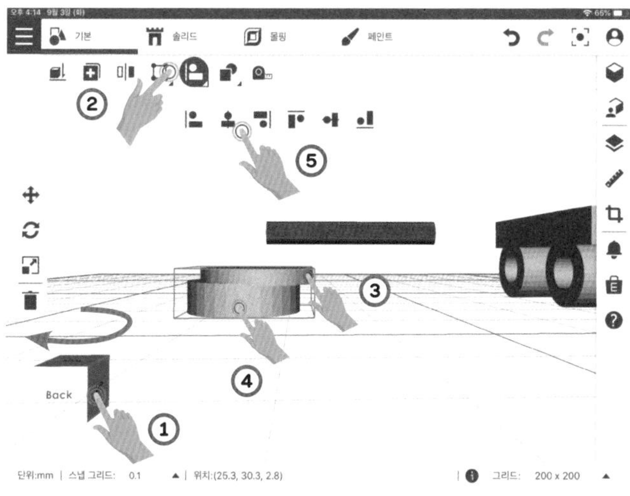

## 36

그리드판을 돌려 다시 한번 그림과 같이 가운데 정렬시킵니다.

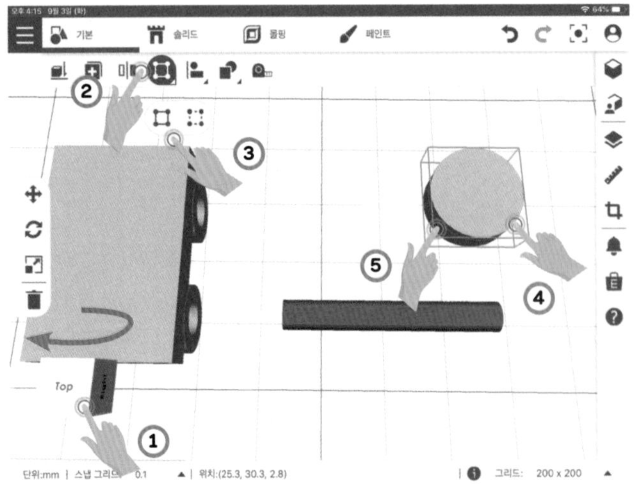

## 37

그리드판을 돌려 선택한 모델을 그룹화시킵니다.

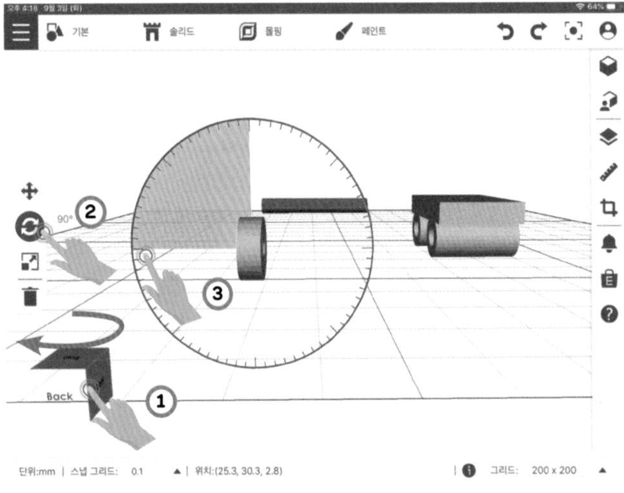

## 38

선택한 모델을 그리드판을 돌려 90도로 회전시켜 바퀴를 만듭니다.

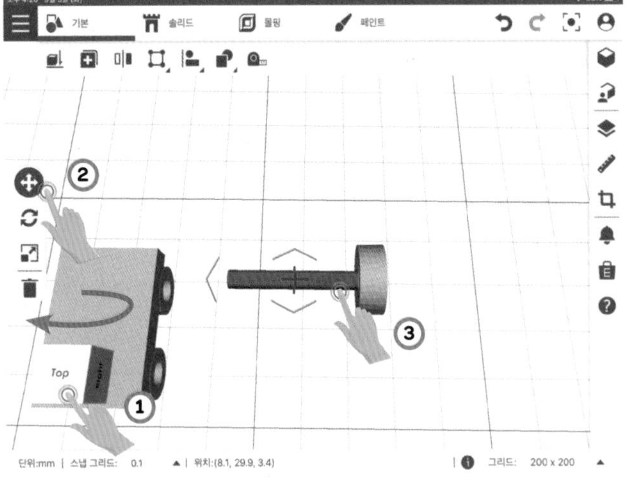

## 39

그리드판을 돌려 바퀴축을 그림처럼 이동시킵니다.

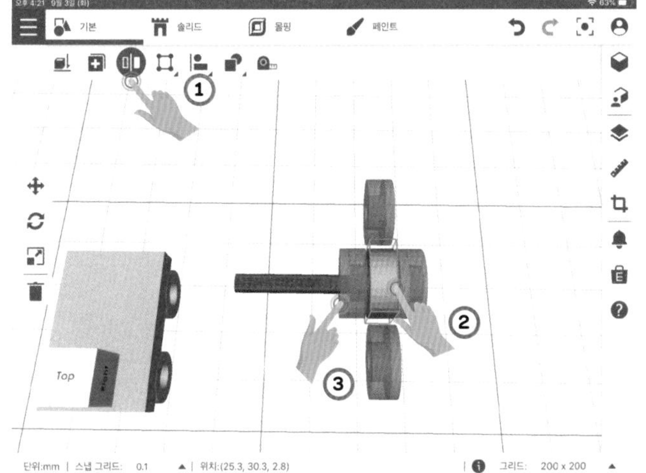

## 40

선택한 바퀴 모델을 미러 복제합니다.

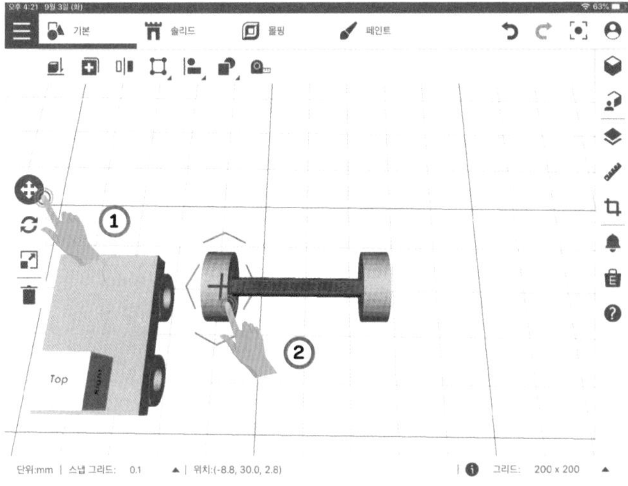

## 41

선택한 모델을 그림과 같이 이동시킵니다.

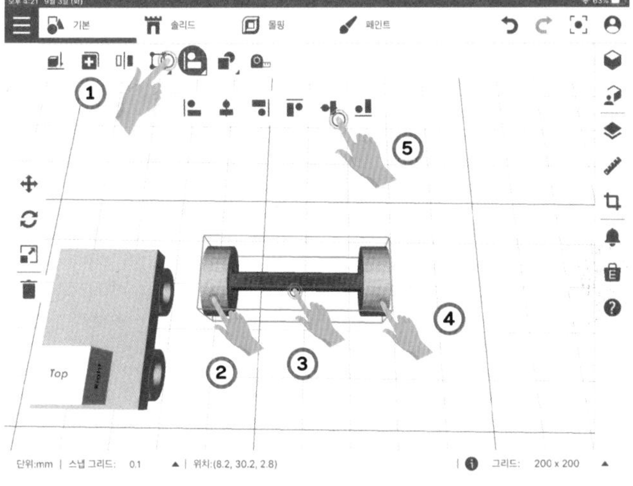

## 42

5번째 정렬 아이콘을 눌러 선택한 모델을 정렬시킵니다.

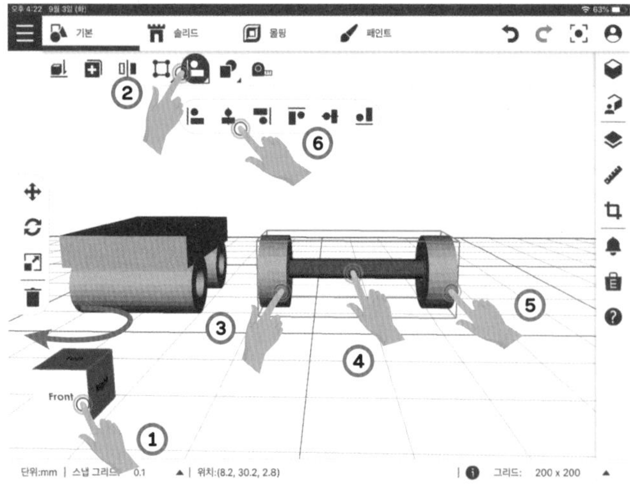

# 43

그리드판을 돌려 2번째 정렬 아이콘으로 가운데 정렬시킵니다.

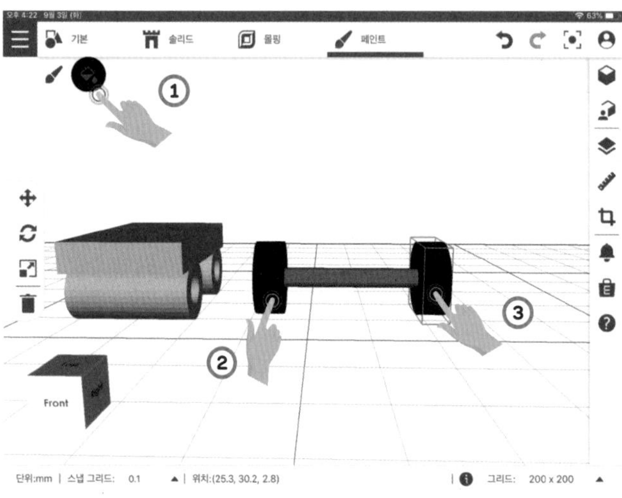

# 44

그림처럼 검은색으로 바퀴의 색을 입힙니다.

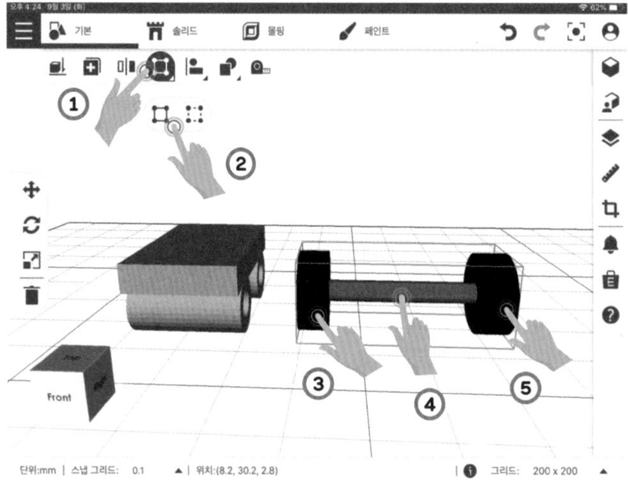

# 45

선택한 모델을 그룹화시켜 바퀴를 완성합니다.

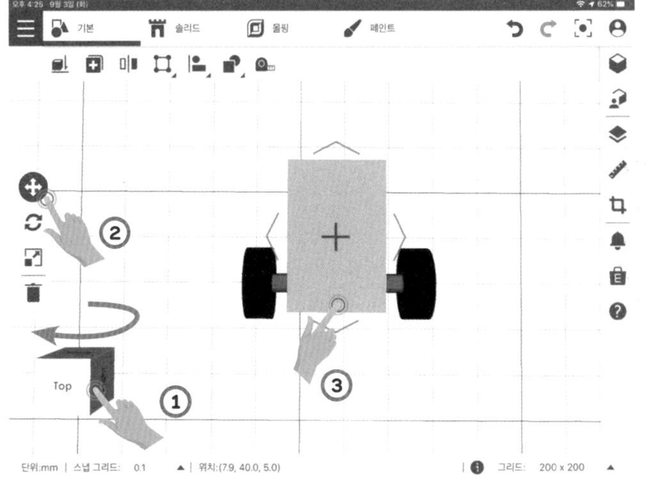

## 46

그리드판을 돌려 차체를 이동시켜 바퀴에 맞춰 봅니다.

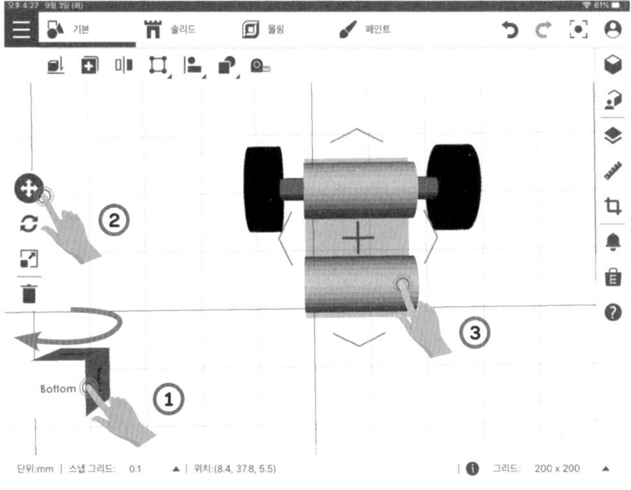

## 47

그리드판을 다시 돌려 차체와 바퀴를 맞춰 봅니다.

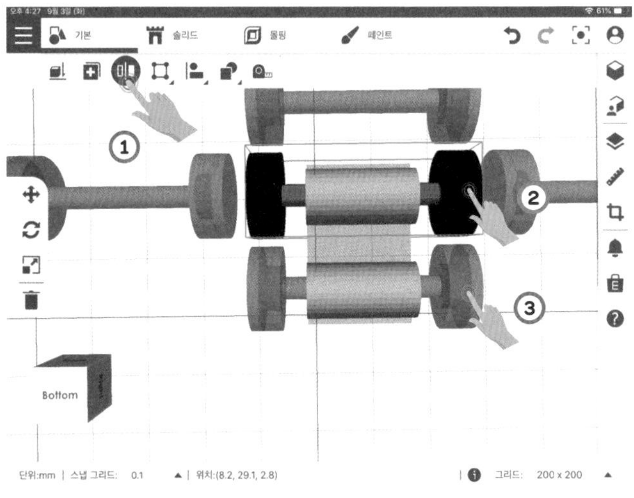

## 48

바퀴를 미러 복제합니다.

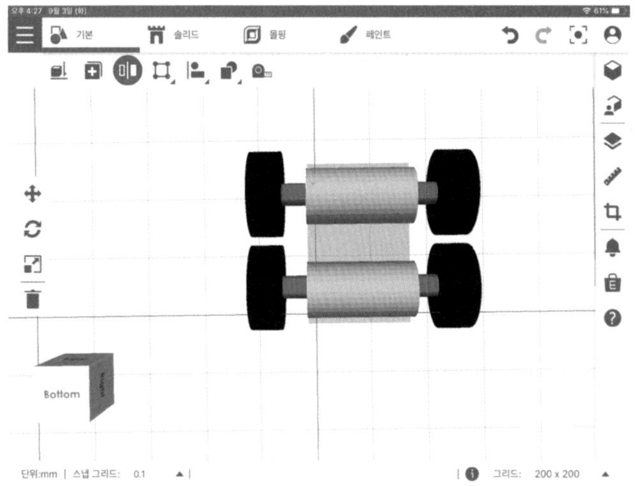

## 49

그림처럼 차체와 바퀴가 맞춰졌는지 확인해 봅니다.

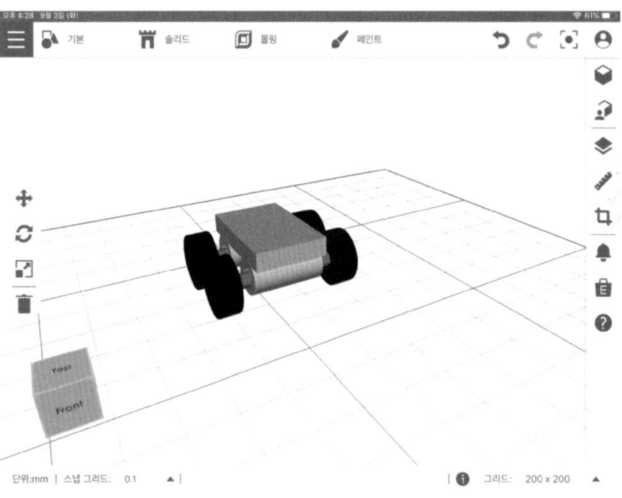

## 50

[기본 보기] 화면으로 자동차를 확인합니다.

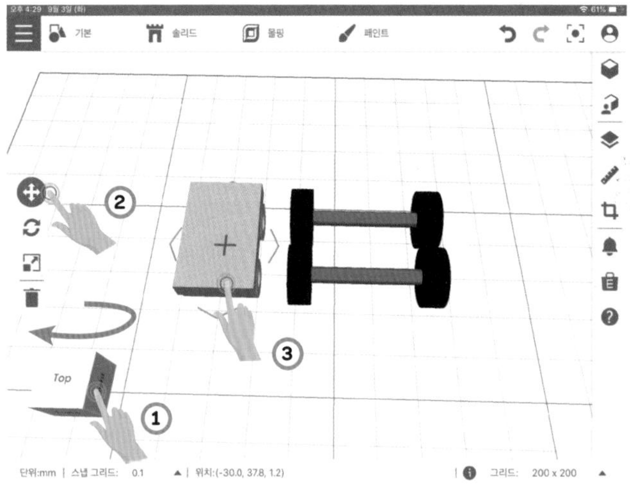

## 51

그리드판을 돌려 차체와 바퀴를 분리합니다.

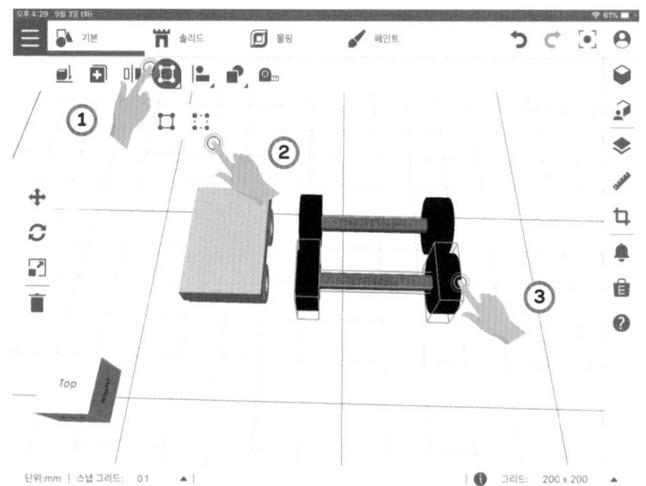


## 52

모든 바퀴를 그룹 해체시켜 분리합니다.

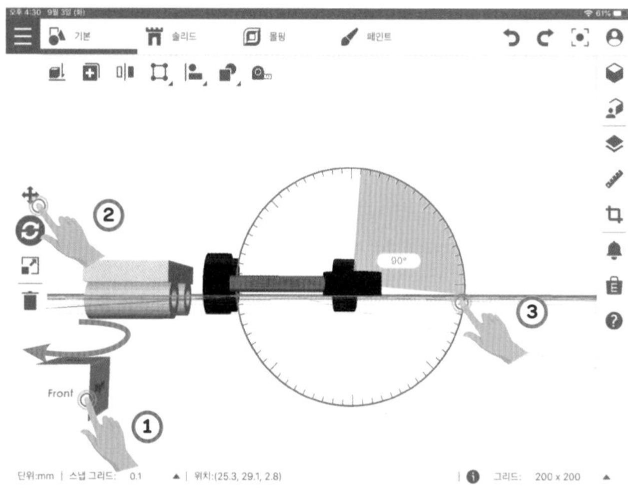


## 53

바퀴 하나를 90도 회전시키고, 나머지 바퀴는 없앱니다.

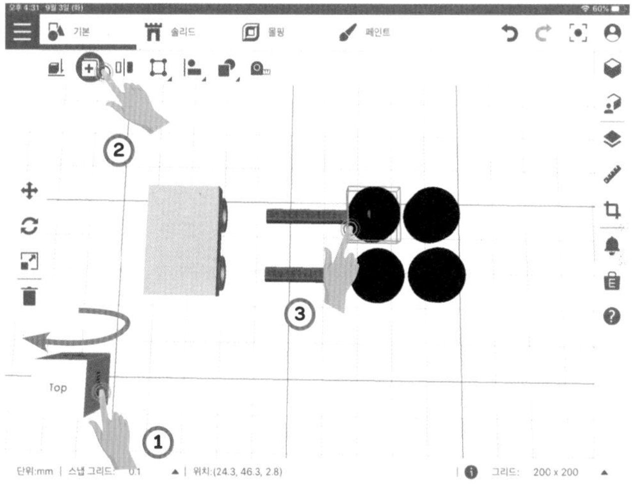


## 54

바퀴를 복제해서 그림처럼 바퀴 4개를 만듭니다.

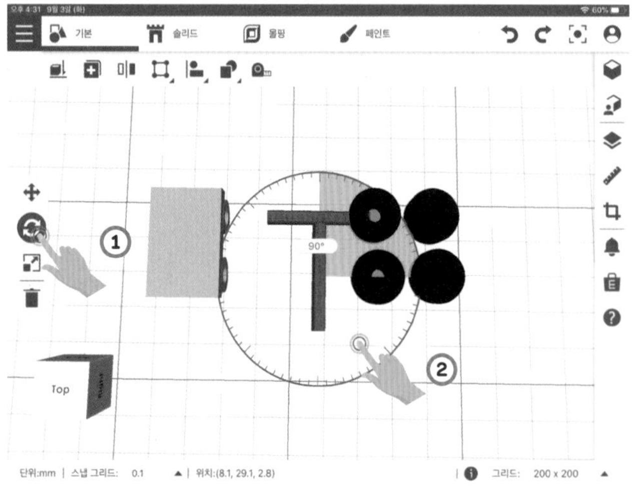

## 55

2개의 바퀴 축을 그림과 같이 90도 회전시킵니다.

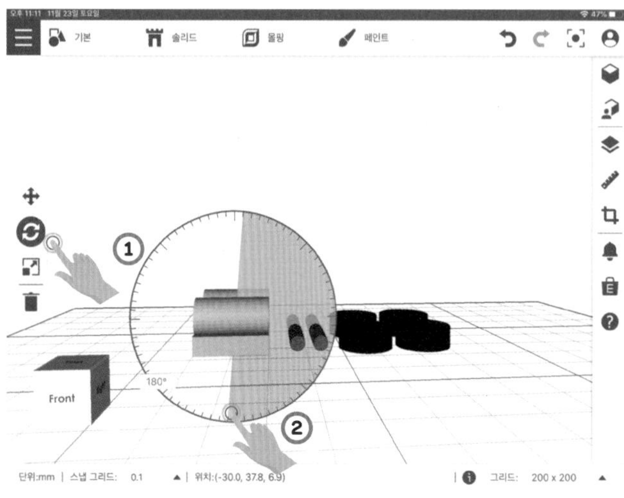

## 56

차체를 출력하기 좋게 그림처럼 180도 회전시킵니다.

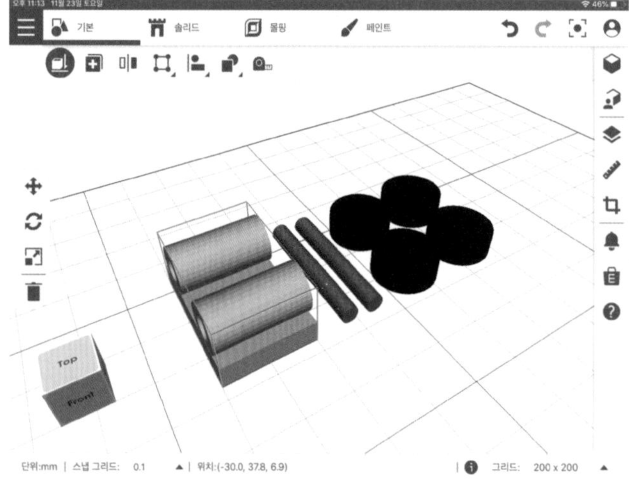

## 57

모델들을 클릭해서 전부 랜드시킵니다.

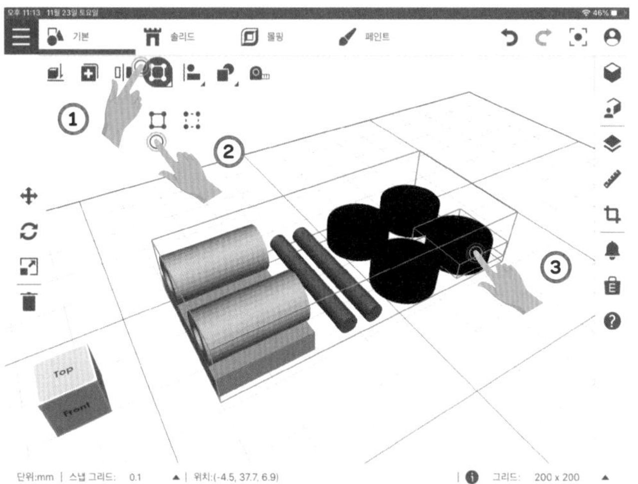

## 58

모델들을 클릭해서 전부 그룹화시킵니다.

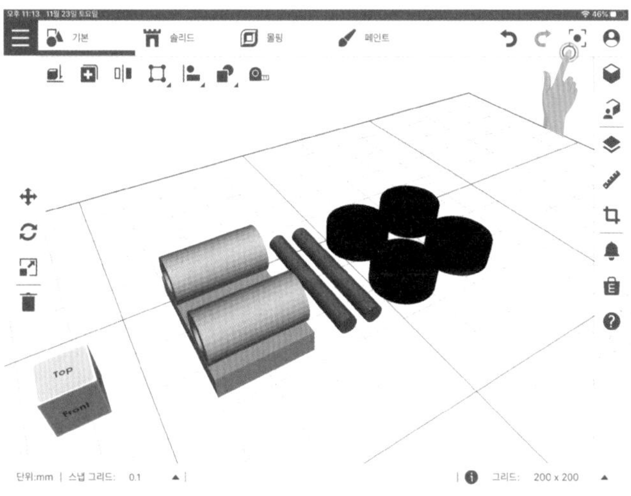

## 59

[기본 보기] 화면으로 모델을 확인합니다.

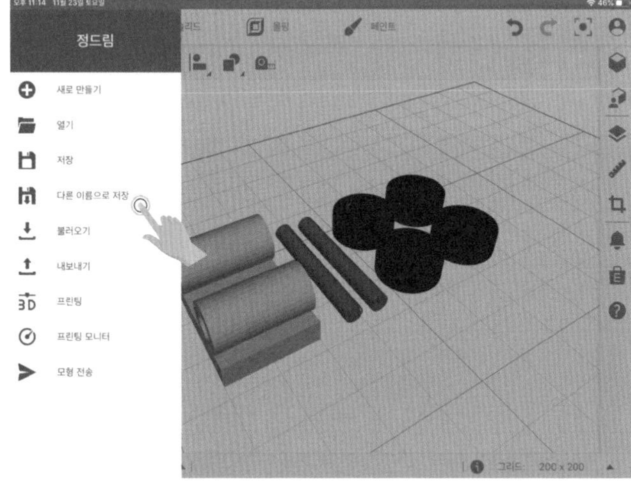

## 60

부르릉 자동차 모델을 저장합니다.

## 미션 I'M POSSIBLE

**Q** 지금까지 만들었던 부르릉 자동차 모델을 활용하여 나만의 멋진 부르릉 (          )자동차를 완성해 보세요.

(예: 부르릉 트럭, 부르릉 스포츠카, 부르릉 소방차 등)

| 스케치하기 |
|---|
| |

| 브랜드(상품)명 | | 용도 | |
|---|---|---|---|

## 치킨 할아버지의 도전

1

65세의 나이에 150달러를 가지고 자신만의 창의적인 치킨 조리법을 팔기로 한, 커널 샌더스 할아버지가 있었습니다.

2

그러나 할아버지의 조리법은 많은 식당들에게 거절당하기 일쑤였습니다. 하지만, 할아버지는 포기하지 않았습니다. 계속해서 식당에 들어가 열심히 자신의 치킨 조리법을 설명을 하고, 거절당하면 또 다른 식당을 찾아갔습니다. 그렇게 거절당한 식당의 수가 1008번에 달했습니다.
그래도 할아버지는 포기하지 않았습니다. 결국은 시도하고 또 시도한 끝에 1009번째 식당을 설득해서 지금의 KFC 1호점이 탄생시킬 수 있었습니다.

"훌륭한 생각을 하는 사람은 많지만 행동으로 옮기는 사람은 드물다.
나는 포기하지 않았다.
대신 무언가를 할 때마다 그 경험에서 배우고 다음번에는 더 잘할 수 있는 법을 찾아냈다."
-커널 샌더스-

3

그렇게 지금의 세계 최대의 치킨 프랜차이즈 KFC 브랜드는 커널 샌더스 할아버지의 끈질긴 도전 끝에 생겨 성장할 수 있었습니다.

## Maker Note 무엇이든 만들고 싶을 때는 Maker Note를 활용하세요.

일시: 이름(닉네임):

| 스케치하기 |
| --- |
| |

| 브랜드(상품)명 | | 용도 | |
| --- | --- | --- | --- |

| 동기 | |
| --- | --- |

| 학습내용 | 제품을 만들기 위한 학습 계획 또는 학습한 내용을 적어 보세요. |
| --- | --- |

| 방법(솔루션) | 제품을 보다 유용하게 만들 수 있는 방법을 적어 보세요. |
| --- | --- |